核心素养·名师课堂

# 深度语文

王开东／著

漓江出版社
·桂林·

**图书在版编目（CIP）数据**

深度语文 / 王开东著 . -- 桂林：漓江出版社，2015.5（2022.2 重印）
ISBN 978-7-5407-7525-4

Ⅰ. ①深… Ⅱ. ①王… Ⅲ. ①中学语文课—课堂教学—教学研究
Ⅳ. ① G633.302

中国版本图书馆 CIP 数据核字（2015）第 092923 号

深度语文

作　　者　王开东

出 版 人　刘迪才
策划组稿　文龙玉
责任编辑　章勤璐
封面设计　石绍康
责任监印　黄菲菲

出版发行　漓江出版社有限公司
社　　址　广西桂林市南环路 22 号
邮　　编　541002
发行电话　010-65699511　0773-2583322
传　　真　010-85891290　0773-2582200
邮购热线　0773-2582200
网　　址　www.lijiangbooks.com
微信公众号　lijiangpress

印　　制　三河市嵩川印刷有限公司
开　　本　710 mm × 960 mm　1/16
印　　张　20
字　　数　320 千字
版　　次　2015 年 5 月第 1 版
印　　次　2022 年 2 月第 3 次印刷
书　　号　ISBN 978-7-5407-7525-4
定　　价　59.80 元

# 诗意地攀登（代序）

窦桂梅

几年前，干国祥发起了深度语文民间团队，在语文教育界闹出了不小的声响。铁皮鼓和王开东就是其中最活跃的两个。

何谓深度语文？

干国祥的解释是，“经由思抵达诗”。就王老师而言，“深度”表现在课程理解之深，文本剖析之透，课堂把握之精到。

王老师的深度语文追求，淋漓尽致地体现在各种文体之中。阅读本书，你会在小说的教学情境中“经过与穿越”，品味祥林嫂命运的悲苦，蛮子大妈战争的辛酸，还有宝黛爱情的铭心刻骨；在散文教学的散淡与跳跃中，你会思索“眼泪为谁而飞”，美丽竟然是愁人的，而生命也必然如“铸铁一样站立”；在诗歌文本的课堂中，你又能涵咏“浪漫与精确”，体验“万里写入胸怀间”的自由和畅达；而在戏剧教学中，当你感受“当爱已成往事”的冲击，未尝没有一种从恶如崩的恐惧与战栗；在文言文教学中，你又能穿越历史的烟云和沧桑，领悟归有光的“至情语言”，当然，在王老师的作文教学中，你也必然会体悟到“山的沉稳，水的灵动”。

细细品读王老师的课，你还会发现，王老师的深度，是具有“文化深度”和“认识高度”问题驱动下的学生的情感、思维的有效激活，是师生合作碰撞的拔节提高。由于读者反映的介入，原先的文本在师生的对话中生成为一个新的立体的文本，一个经过师生创造性感知后赋予了新意义的文本。学生、教师、作者成了文本意义的生成者和创造者，课堂因此走向了多元主题、多元视界的解读和生成，成了知识的重新经历和复活，成了师生精神生命又一次苏醒。正如我校胡兰老师的读后感言：“慧敏睿觉，勇开风气之先；敦柔宽厚，不失先贤情致！其课如长风浩荡，裹挟千里，猎猎商商；其人若酣泉佳茗，甘冽馥郁，与之神交，每有进益，不觉使人忘俗！”

读王老师的课，我会万分认同这样的观点——语文学习不是“懂不懂”的问题，而是“好不好”“美不美”“深不深”的问题！

我的课在小语界也被称为深度的课堂。我曾提出主题教学的课堂应当有三个维度：温度，恒定性；广度，开放性；深度，发展性。任何时候，追求高度与深度都是一种学习的姿态。从王老师的课，我们看到，高度与深度并不是问题，关键就看你能否深入浅出。

我早年的课例，非常重视语文教学中的童真、情趣，但这并不意味着我忽视深度，只是年级和课型的限制而已。在《圆明园的毁灭》《晏子使楚》课例中，我所追求的深度，也绝不是强行让学生直面惨淡的人生、正视淋漓的鲜血，而是努力通过有节制的释放，使学生循序渐进地螺旋式上升。即便这样，对于那些值得思考，或许会存在疑义或争议的问题，我还是把选择权交给儿童。

同样，在王老师的教学中，我们也必将感受到，老师不是在增加知识数量与难度的高深玄妙，更不是脱离文本的任意拓展和拔高——而是在“最近发展区”（学生自主学习和师生合作学习所能达到的收益之间的落差）内着力，寻找最佳的一个“度”，进行智力挑战和思维训练。

也可以这样说，这种深度是基于年段特点、体裁特点、课时特点上的适度把握。深度不是难度，“深度”甚至只是揭示文本的内在逻辑的一种智慧。很多时候，文本的内在结构是恒定的，很少变化，变化的是外在。那种内在的心理和文化密码是不变的，而深度就是要把这种密码和集体无意识揭示出来。

我对王老师是很敬重的。

这种敬重不仅仅因为共同的深度追求，还因为他深深地热爱语文，热爱生活，舒展生命。开东的人生被一种执着包围着，他是审美的、灵性的、热情的、智慧的。他常常说自己累得像一条狗，但这只是一种解脱式的自嘲——里面没有牢骚，更没有埋怨。我甚至从这种话里听出了他的一种厚重的充实。每个人将工作做到极致，就会获得丰盈的快乐，自己也随之光彩起来。开东善于积累生活中的点滴，并巧妙地化作教学的重要资源，他让学生留心广告词、商店名、春联等，所有这些鲜活的语言和创意，使得他的课堂充满了源头活水。学生喜欢他的课，不仅是深度上的智力挑战，还有永远散发阳光的审美体验。

要知道，王老师这本书的实录，是每周20多节课，每天几乎精疲力竭的那些夜晚整理出来的。我能想象出他边听录音边整理的样子。——这，常常让我敬佩不已。我知道，我不能阻止他——正如我不能阻止我自己。面对教育教学的现状，任何人都没得选择，我们所能做的,只能是用我们手中所有的，用最大的努力去求得最好的结果。我们唯有充满希冀地耕耘，不断探求，走向语文的深度，生命的深度，走向海拔五千。

教育工作是一个让人灵魂容易结茧的工作。相当多的人把教学当成了一种苦役，在机械的周而复始中，一天天、一年年熬着，寸寸挪动，挨向可怜的退休工资。开东却坚持从生活中来，向生命里去，他的课堂构成了对生活高度的认识，并不断获得一种高峰体验。

我在2007年和王老师相识，在相互交流中，我们建立起了深厚的友谊。

因为外国语学校和清华附小的联谊活动，王老师多次听过我和我校年轻老师的课。我们曾就很多课一起探讨过，争论过。每一次听课之后，他都“虚怀若谷”地给我们进行点评——江南才子的儒雅，又不失高度的指点，给我们留下了太多美好的印象。让你心悦诚服地接受，又不至于让你觉得突兀而不可逾越。

想起王老师在《人民教育》读到我的《牛郎织女》实录，激动地给我发来的短信，那份鼓励，让我更加坚定自己主题教学的深度走向。《三打白骨精》中，王老师提供了他写的《猪八戒评优材料》，让学生们对猪八戒的人物形象有了丰满客观的认识。安徒生原文《丑小鸭》中的两个“藏”，多个“啄”的细节发现，都让我们的课锦上添花。《卖火柴的小女孩》中的“隐忍”也是在和王老师探讨中获得的共识……

友谊必须建立在彼此的认同与共同成长中。同在课堂行走的我，也常常试着对王老师的课堂提出一些看法。在看了他的《合欢树》后，我就写出以下读后感——

我觉得合欢树的意向应该是一种象征，也不仅仅就是指母亲这个人，应该是生命的象征，体现人之为人的一种对生命的意义与追寻，就好比合欢树一样，虽然第一年没有发芽，但是，第二年却长出枝叶，而且后来竟然开花，长高，年年开花——那棵生命的大树已经是精神意义的树。整堂课是否只围绕“合欢树”进行？例如读题目：这棵合欢树与谁有关？学生读书后就会说出母亲，“我”，邻居，小孩。于是，问题就来了：

1.谈谈母亲与合欢树有什么关系。

于是学生就找到文中关于母亲的描写。母亲在路旁，栽啊，挪啊……这些地方都可以让学生读读。然后追问，为什么母亲这样对待合欢树？于是又引出儿子的病，以及母亲的心情。这里，顺便把母亲原来的样子和现在的样子以及心情都理了出来——你看，文章的前半部分，就是一个问题引出一连串的问题。透过内容之后，接下来要追问：合欢树究竟代表了母亲的什么？（希望）生命的希望，自己的老去并不是悲剧，自己的不爱打扮也不是完全彻底遗忘生活，而是在路旁竟能栽活合欢树！这个时候，我们研究母亲的形象，母亲——就是一棵合欢树！母亲的离去，合欢树的开花与生长，就是母亲生命的延续！

2.接下来再讨论“我”与合欢树的关系。

这就是我们要抓的文章的第二部分，在这个部分中，你分析得很好：遗忘——对于悲伤的遗忘，也就是不忍心记住母亲的死去。难忘——想去看，可又不忍心看，因为到那里，一切的往事浮上心头，活生生的母亲却看不见了，只有看到树，越是看到合欢树，越是思念自己的母亲。铭记——我想，这个时候，合欢树就是“我”的精神支柱，合欢树，不就是“我”延续了母亲的写作，“我”延续了母亲的生活，“我”延续了母亲对生活的向往——所有的一切，都是因为合欢树！“我”怎么能忘记这棵合欢树？再延续下去，可以说，如今的“我”也成了这棵合欢树！于是，生命必须升华，“悲伤也是享受”！

总之，这个环节我解读得不够深。不过，你还要找到段落和句子，要读起来！你就会引发学生的感慨：她（合欢树）对“我”施恩时，也许只是于无声处，当奇异的恩典幻化成“我”成长的动力，“我”借这恩典得以收获福祉，心中想到感恩与回报的时候，早已物是人非，所以，爱需要珍惜，需要记住，因此“我”不看那树，“我”便记住了那树。

3.邻居孩子心中的树。

孩子望着影子，想着什么？这是生命的一种好奇与渴望，也是生命本身。邻居说着合欢树，自然而然，没有一点奇怪——这就是生命本身！

4.最后，回到“我们与合欢树”。

读了文章，你心中的合欢树究竟是什么？他们（指书上的人物），你们（指同学们），连起来，就是——我们。那么我们心中应该种上怎样一棵合欢树？

我想，母亲于我，天下父母于孩子，将来也会成为父亲母亲的孩子们，心中种下的一定是今天你理解的合欢树！因此，史铁生的这篇文章，已经不仅仅写给自己，自己的母亲，而是写给天下所有的人。因此，合欢树才真正在心中长成一棵参天的生命的、精神的树！愿天下的人心中永远拥有这棵树！最后齐读课题。这样，从开头的题目入手，最后再回到题目！朋友啊，愿我们都是这棵合欢树！

王老师很感动我评点的细致，很是鼓励了我一番。当这堂课的实录呈现之后，我也一一进行了认真的学习和点评。

之所以罗列这么多“曾经的讨论”，就是要说明，我的学习态度是认真的，我以上的表达是真诚的。

我知道，王老师一直朝着心中明亮的地方一步一步艰难而诗意地攀登。我坚信，他必将在语文课堂上收获春天，也必将迎来自己事业的巅峰时刻。

# 目 录

## 第三辑 课堂亮剑



## 第四辑 课堂视野

第一辑

# 课堂现场

# 第一节

## 语文序曲

——未成曲调先有情

### 开门见山第一课

一、导语

同学们好，我们受了这么多年的教育，有没有想过教育到底是什么？迄今为止，我想可能还没有谁比爱因斯坦说得更为透彻。他说：“当你把学校教给你的东西全部忘掉之后，剩下来的才是教育。”也就是说，在教育活动中，我们不只是学习知识，也不只是训练能力，更重要的是要丰富我们的心灵，完善我们的人格，只有这些东西才是滋养我们一生的东西。因此，我所倡导的语文教学，当然也注重结果，但更注重过程，那就是我们学得是不是轻松，是不是快乐，是不是丰富了心灵，完善了人格，涵养了生命。

二、关于语文这门学科

语文是我们的母语，母语啊！在《最后一课》中，韩麦尔先生这样说：“一个国家，哪怕是亡了国，只要记住自己的语言，国家就有复兴的希望。”反过来说，一个国家连自己的母语都不重视，那么，这个国家离亡国也就不远了。正因为认识到母语的重要，现在我们有很多大学特别重视语文学习，它们通过新概念作文选拔人才，一篇作文就能进入一流高校，这在其他学科中是很少见的。

从功利的角度上说，现在有不少大学毕业生都去考公务员，靠什么拿分？也是一篇《申论》定终身，而《申论》基本上等同于我们所学的议论文。

因此，无论从哪个层面上来说，我们一定要学好我们的母语，千万不能数典忘祖，丢失我们安身立命的根。

## 三、我理想中的师生关系

《语感论》上说："作为心灵，教师未必比学生高尚；作为人，教师未必比学生高贵；作为读、写、听、说的语言主体，教师也未必比学生高明。"所以，我主张我们师生应该互相学习，我给我们关系的定位就是："做朋友，做风雨同舟的朋友，做生死与共的朋友；干事业，干激动人心的事业，干前无古人的事业。"这是我的理想，希望也是我们的理想。

同学们，如果我的课堂不能给你们智慧的挑战，情感的共鸣，发现的愉悦；如果我的课堂不能让你们产生对未知世界的惊奇，对于解决困惑的满足；如果你们的生命不能在课堂里发光，你们的魅力不能在课堂上展现，这些都将是我的责任。那么，同学们，为了度过三年的旅程，你们应该注意哪些问题呢？

## 四、我给你们的一些建议

1. 要积累

学习其实就是一个积累的过程，西方哲学说，一个人不能两次踏进同一条河流。这就是说，事物是变化的。怎么变化？当然要通过积累，量变以至引起质变。怎么积累？当然要通过持之以恒的学习，俗话说："一天不学自己知道，两天不学老师知道，三天不学同学知道，四天不学地球人都知道了。"

那么，究竟怎样做到每天都学习？每天都该学习些什么呢？

准备一个摘抄本，摘抄以下内容。字的音、形、义，近义词辨析，病句积累，名言警句，名段名篇，尤其要把"有趣的事，感动自己的事，发人深省的事"记载下来，日积月累，涵养情思。

比如，我看到有人把张惠妹的碟片《妹力四射》作为商店的名字，感觉很有创意，就进去看了看，里面全部是"妹妹"的服装。用这个动感十足的名字，再适合不过了。

还有，中国太平洋保险公司的广告是，“平时注入一滴水，难时拥有太平洋”，这个广告很有味道。一滴水和太平洋对比鲜明，平时只要投入一滴水的保险，危难时就能获得太平洋一样的援助和关怀，不由得人不动心。

我有一个网友，她的网名叫“抚花香满衣”，来自唐诗里的“弄花香满衣”，如果说，“妹力四射”让人感觉到动感的美丽，那么“抚花香满衣”则不仅让人有动感的妩媚，还散发着淡淡的香味，内在的格调高雅，具有如诗如画的意境美，简直色香味俱全。同学们要学会感悟，要在感悟中体会细节的美，然后积累运用。你们说，这个网名是不是很有美感？

前几天，在来学校的途中，我坐在公交车上，有个妇女说：“某某人的问题很多，他翻脸比翻书还要快……”我被这句话深深吸引了，翻脸是多么抽象的一个概念，但是，她用了一个翻书，不仅形象化了，而且采用了夸张的手法，把人的反复无常揭示得淋漓尽致。

积累不仅是知识的积累，还是感情、品质、思想和体验的积累。这些才往往是一个人由平面单薄走向立体丰厚的关键。

2. 要自信

毛泽东说：“自信人生二百年，会当水击三千里。”刘翔在奥运会夺冠之后，气壮山河地喊出了“中国有我，亚洲有我”，这是多么豪迈的誓言。可以说，没有伟大的自信，也就很难创造出高贵的人格。

有一天，几个侵略维也纳的拿破仑军官，发现了大名鼎鼎的音乐家贝多芬，就要求贝多芬给他们演奏，贝多芬拒绝了。李希诺夫斯基公爵为了逢迎这些侵略者，竟然强迫贝多芬演奏，贝多芬愤怒到了极点，他一脚踢开大门，回到住处，立即把公爵送给他的胸像摔在地板上，然后留下一封信：

“公爵，你所以成为公爵，只不过由于你偶然的出身；我所以成为贝多芬，却完全靠我自己。公爵在过去有的是，现在有的是，将来也有的是，而贝多芬却只有一个！”对啊，贝多芬只有一个，独一无二的一个，多么自信的声音！

据说，亚历山大大帝去看望哲学家狄阿杰尼斯，狄阿杰尼斯正在一个木桶里晒日光浴，亚历山大大帝就走上去问候他，问他需要什么东西，狄阿杰尼斯就讲了一句话，他说：“请你不要挡住我的阳光。”这种哲学家，皇帝过来了他也不买账，不在乎。难怪亚历山大感慨地说："如果我不是亚历山大，我希望我是狄阿杰尼斯。"这就是自信带来的魅力。

还有我亲身的经历。2000年的时候，在高考的最后一个学期，我和学生做了一个游戏。我特意准备了一个最大的信封，让学生写下自己最真实的梦想，鉴定好自己的高考目标，然后，我和学生一道把这些梦想装进大信封中封好，等待收获的那一天，来看这些梦想的实现指数。那个大信封就躺在讲台上，每天学生都看到它，看到自己的梦想，他们的兴趣很高。高考成绩揭晓了，让我怎么也想不到的是，几乎所有的同学都实现了自己的目标，连一个进校只有390分的学生都考上了本科。但其中也有一个优秀的学生，让我们大跌眼镜，因为他对自己的要求不高，结果只有他一个人没有考上理想的学校。那时候，我才真正理解到，人的潜能是多么的深不可测，人是多么需要自我肯定啊！

可以说，不怕做不到，就怕想不到，不敢想。

不自信的人，总是活在失败的阴影里，这种心理的危害很大。一个总是暗示自己不能成功的人，他就绝对不会获得成功。

有一个借千斤顶的故事很能说明道理。

一个风雨交加的夜晚，一个年轻小伙的汽车在偏僻的山路上抛锚了。他一边检查车况，一边大声咒骂着。的确，他应该咒骂，因为他实在太倒霉了："公司这么多人，怎么就要自己在深夜中、在雷鸣电闪中驱车送货？为什么货主偏要住在远离城市的山区？为什么在偏僻的山路，这辆除了喇叭不响，哪里都响的老爷车偏偏就抛锚了？"修车需要工具——千斤顶，但小伙子没有。他抬头四望，发现远处有一盏灯，发出昏黄灯光。"那应该是一户人家吧？"

小伙子决定前往那户人家借千斤顶。风声呼呼，雨声簌簌，小伙子不禁心里暗想：

"如果那户人家没有人在家，怎么办啊？"

"如果那户人家有人在家，但没有千斤顶，怎么办？"

"如果那个家伙有千斤顶，但就是不肯借给我，怎么办？"

"如果我反复乞求，他还是不借给我，怎么办？"

小伙子越想越气，在急促的敲门声后，主人打开门，小伙子按捺不住了，他冲口而出："他妈的，你有千斤顶有什么了不起！"

小伙子所有的想法都是消极暗示，全都是往坏的一方面去想，所以越想越气，而事情就往往会朝着你想的方向进行，最后的结果可想而知。

凡事往好处想，阳光就在你眼前。

3. 会思维

没有思想的人，是没有灵魂的人。那么，思想从何而来？当然从思维中来，没有思维就没有思想，没有思想就失去了灵魂的家园，精神的寄托。语文也特别要讲究思维。

亚里士多德有一个著名的论断——物体下落和它的重量成正比。一千八百多年来都没有人对此提出过疑问。但伽利略通过简单的思维推理就推倒了这个论断，而这个简单的推断，连一个小学生都能看得懂，这就是思维的力量。他先假设亚里士多德是正确的，那么对于A（重）和B（轻）两个物体，A下降得一定要比B快。现在，把A和B捆绑在一起，即A+B，按照亚里士多德的观点推断，A的重量小于A+B，那么，A下降得比A+B慢；还是根据亚里士多德的观点，由于A的重量大于B，那么，在A+B中，B一定阻止了A的下降，也就是说，A的下降又要比A+B快。这两个结果截然相反，所以亚里士多德的这个判断明显不正确。

上一届我上李密的《陈情表》，课前我引用了苏轼的一句话："读《出师表》不堕泪者，其人必不忠；读《陈情表》不堕泪者，其人必不孝；读《祭十二郎文》不堕泪者，其人必不友。"然而，《陈情表》读下来了，却没有一个学生堕泪，难道我们的学生都不孝吗？这个问题很有价值，我顺势布置给学生思考。

结果有一个学生的思维让我大开眼界。她是这样分析的，她说，我绝对是一个孝敬的人，但我读完《陈情表》，却一点儿也没被感动。这让我玩味起"感动"这个词，玩味起《感动中国》这个节目。刹那间，我豁然开朗。田世国，这个普通的工人，因为给母亲捐肾，让全中国的人潸然泪下，成为感动中国第一人，但我想，乌鸦尚有反哺之情，母亲给了我们生命，现在我捐给母亲一个肾，挽救母亲的生命，这不是很正常的一件事吗？为什么它却深深打动了我们？每年中国有多少人给陌生人捐出器官，甚至也有捐出肾的，按理说，他们的德行不是比田世国更为高贵吗？但他们却感动不了我们，这是为什么呢？我的理解是，感动不全是为了别人，还因为它唤醒了我们内在的情感。我们产生了共鸣，我们的心弦被拨动，于是我们感动，我们泪流满面。

回到苏轼的身上，我们不难看出，哪里是这三个人感动了苏轼，明明是这三个人唤醒了苏轼，触发了苏轼的内心。“多情却被无情恼”，忠君爱国的苏轼，屡遭贬谪，看到披肝沥胆的《出师表》，如何不情动于衷，泪如雨下？乌台诗案的苏轼，给家里带来弥天大祸；常年贬谪在外的苏轼，照顾父母而不得，关爱弟弟而不能，看到《陈情表》中的孝道和《祭十二郎文》兄弟的友爱，如何不泣下沾襟，涕泪横流？

这样的思维就非常有力量，不断追问，结合自身的实际和体验，条分缕析，知人论世。后来这篇文章还发表在一家著名的杂志上。

最奇妙的是有一次我讲文言文阅读，主题是赞美杨震的廉洁。文章大意是说，杨震做了荆州刺史，路过昌邑，由杨震推荐担任昌邑县县令的王密，为了感谢杨震的知遇之恩，深夜带着十斤黄金赠送给杨震。杨震说：“老朋友，我了解你是怎么样的人，你却不了解我，这是为什么呢？”王密说：“深夜，不会有人知道，您就放心收下吧。”杨震勃然大怒，说：“天知，地知，你知，我知，怎么能说没有人知道呢？”王密羞愧地走了。这则材料常常被后世用作廉洁教育的范本，但却经受不了思维的审视。有学生说，这件事既然只有“天知，地知，你知，我知”，那么，究竟是谁说出去了？按理说，应该不会是王密，他是行贿者，如此猥琐不堪，如此狼狈，怎么会说出去？那么，唯一的可能就是杨震说出去的。杨震为什么要说出去？他说出去的动机究竟是什么？这个世界上，有人贪财，有人好名，好名是为了更好地升迁，升迁是为了更大地贪财，如此看来，杨震这个人就很值得分析了。我给他们分析了杨震的耿直、严于律己和正义感，被称作“杨四知”的佳话，同学们明白了良心会说话的道理。尽管杨震不是同学们所说的那种人，但同学们质疑的精神可嘉。

语文学习一定要养成这种会思维、爱分析的好习惯。胡适曾经说过：“学好语文要具备两个要素。第一是聪明，第二还要下笨功夫。”我觉得这里的聪明，就是指会思维，分析能力出众。

4. 能创新

郑板桥有一句名诗“删繁就简三春树，立异标新二月花”，杜甫也有“语不惊人死不休”之说。

创新，是一个民族的灵魂，是一个人发展的基石。可以说，没有创新就没有创见，没有创见就没有创造，没有创造就没有发展，没有发展就没有活路。

民间有一个老汉分羊的故事很有意思。有一个老头，临死的时候留下遗嘱，把17只羊分给三个儿子。小儿子分二分之一，大儿子分三分之一，二儿子分九分之一。老头死了，所有的人都犯踌躇了，没有办法分。这时候，有一个老汉从自己家牵来一只羊。现在正好是18只羊了。小儿子二分之一分9只，大儿子三分之一分6只，二儿子九分之一分2只，正好是17只。剩下老汉的那只羊，只做了一次道具，还是归还老汉自己。这虽然是一件小事情，但是可以看出思维的力量。

很多年前，罗马尼亚和塞黑参加欧锦赛篮球比赛，那时候还需要计算小分，罗马尼亚只有赢塞黑6分才能顺利出线，当时，时间只剩下7秒钟，罗马尼亚领先2分，当所有的人都认为大局已定的时候，突然，罗马尼亚的后卫运球来到自己的篮筐下，把球轻轻投进自己的篮筐……石破天惊！比赛时间结束，两队战成了平局。后来在加时赛中，罗马尼亚终于赢了塞黑6分，罗马尼亚出线了！这个伟大的合理利用规则的创新思维，成了扭转赛事的关键，而这次比赛也成了历史上最伟大的比赛。

创新，有时候就是打破常规，出人意料。

圆珠笔诞生之初，名字叫原子笔，几乎引起了笔界的一场革命。但不久后问题出现了，原因是圆珠笔的笔芯磨到最后，珠子被磨损，笔管开始大量漏油，刚刚写好的纸面，就会被污损。

如何解决这个问题？集团投入了巨大的资金和精力，最后却一无所获，因为耐磨损的笔芯，要不转动不灵敏，要不成本过高。这个巨大的瓶颈，差点让集团放弃圆珠笔了。就在这个时候，一个小员工提出一项建议：

能不能在笔芯里少装一些油，使得笔芯在还没有被磨损坏的时候，笔油就没有了。

就是这个不起眼的华丽转身，拯救了圆珠笔。

创新，有时候就是换一条路子，换一下视角，就会换一个天地。

美国有个青年，他的创业故事对我有很大的启发。那个时候，摄像机还是一种奢侈品，这个美国青年也并不富裕，但却举债买了一架昂贵的摄像机，然后跑了很多小学，免费为孩子们摄影留念。只有一个要求，就是请孩子们留下详细的家庭住址。他越来越贫穷了，房子里堆满了盒带，很多人都认为他是傻子，连亲戚都疏远了他，但他就是乐此不疲。很多年过去了，当初的那些孩子都长大了，有的成了商界巨子，有的成了政坛新锐，有的成了社会名流。这个时候，他给每个人写信，告诉他们，自己保留了他们人生中最单纯时候的记录，如果他们感兴趣，可以花钱买回去……也就是在一夜之间，他很快声名鹊起，成了一个有名的富翁。他的发迹史很值得我们探究。

创新，是在没有路的地方走出一条路。眼光、坚持，还有长久的等待，很可能会柳暗花明。

5. 需感悟

学习中，我们常常有这样的感受，开始是“山重水复疑无路”，后来有了顿悟，不知不觉中“轻舟已过万重山”。感悟不仅是用眼睛，还要用心灵。央视上说：“用心品味，生活本来有滋有味。”

欧阳询是大书法家，有一次在野外看到一块碑帖，初看大笑，认为写得很糟糕，于是继续出发，走了一会儿，又觉得那块碑帖似乎还有点意思，就折回去，看了一会儿，还是觉得没有什么。可是走到半路上，欧阳询突然感到一些疑惑，于是又一次赶回去，结果越看越好，以至于在碑旁露宿三天三夜，舍不得离开。

我也有这样的体验。有一次我去乡下听课，在路上看到一则标语——棉花要打杈，生育要计划。刚看到这则标语，我气不打一处来，这摆明了不把人当人看嘛。但我走着走着，却越来越觉得这则标语妙不可言。这里是棉产区，老百姓都懂得棉花要打杈的道理，但却未必接受“只生一个孩子好”的道理。用棉花要打杈类比生育要计划，确实是一大创造。这个思想变化的过程，就是感悟的过程。

生活中处处都需要感悟。前段时间，电视里正好播放两则丝袜的广告，一则是“丽娜丝袜——抓不破的丝袜”，还有一则是“浪莎丝袜——不只是吸引……”对这两则广告的比较阅读很有意思，“丽娜丝袜——抓不破的丝袜”强调了丝袜的质量很好，但是，谁会去抓丝袜呢？而且即使用老土布做袜子，也未必能抓得破。这则广告，没有抓住女人的心理，没有衬托出女人穿丝袜的美感和风情。反观“浪莎丝袜——不只是吸引……”却意味深长，它牢牢抓住了女人的心理，浪莎丝袜很漂亮，能够极大地吸引男人，这点一定是女人的首选，而且它又进一步提出，“不只是吸引”，就是说质量、价格、款式、潮流，还有一切的一切，凡是你能想到的优点，它都包含了。“浪莎”可能还有“大浪淘沙”之意，就是说我这个丝袜，是大浪淘沙留下来的，是精品。但为什么不用“浪沙”？我觉得这一定要符合女人心理，看见了“浪沙”，女人的脚底下可能就不舒服。而用“浪莎”，则可能不仅有这层含义，而且“浪莎”这个名字很女性，很有洋味。生活中到处都是教育资源，都是文本，需要我们发现和解读。

有一次，我上街买菜，回来的时候，伞上的柄丢了。我顺着原路一直找回去，找了很长时间，快要找到街上了，我终于彻底失望，打道回府。在路上看到我的一个学生放学回家，于是，我拜托他帮我留意一下。一会儿学生就追上我，把伞柄送给我。我问他在什么地方找到的，学生告诉了我找到伞柄的地点。原来就是在我快要走到的那个地方，我于是特别震撼。我们往往经历千辛万苦，义无反顾，可是，却常常在快要到达成功的最后一瞬功亏一篑。这就是我从这个故事中得到的启发，而这个启发明显要从感悟中来。

6. 少定式

什么叫定式思维？有个故事很能说明这个道理。一位聋哑人到五金店买钉子，先是左手做持钉状，然后右手做捶打状。售货员便递过锤子，聋哑人摇摇头，指了指做持钉子状的左手，售货员终于明白了他是要钉子。这时候，又来了一位盲人顾客……同学们，请想象一下，盲人将如何用最简单的方法买好一把剪刀？有人说，写下来；有人说，用手比画，他们就是忘记了盲人是可以说话的啊。这个就是定式思维的危害。

为了避免定式思维，我常常看古代的一些经典的破案推理，法官就是常常利用一些人的定式思维来破案。

湖州有个商人叫赵三，和姓周的书生约好了去南都做生意。赵三的妻子不让他去，吵得热火朝天。到约定的日子，赵三早早上了船，因为时间还早，就在船舱里打起盹来，船夫张潮看中了他的钱财，把船摇到僻静处，把他杀了，沉尸江底。然后，张潮把船摇回来，假装熟睡。等周生来了，张潮谎称赵三还没有来。等了很久，仍不见赵三来，于是，周生就让张潮去赵家催请。张潮来到赵家，喊叫："三娘子——"问赵三为什么到现在还不出门。孙氏很惊讶，说赵三早就出门了，怎么会没有上船呢？结果找了3天还没有找到，周生怕受累，写信给官府报案，官府就把孙氏抓起来，怀疑她谋害了亲夫。大理寺杨评事看了那封信后，断定那个喊叫三娘子的就是凶手。审问下来，张潮只得承认了。

杨评事何以一眼看穿？道理说穿了并不复杂。张潮到赵家找赵三，按照常情应该直接叫赵三，因为他找的是赵三，而且他应该认为赵三还在家，所以才会上赵家去找。但在叫门时，他没有喊赵三，却喊了三娘子，这表明他实际上已经知道赵三不在家。那么，他既然说赵三没有来，又知道赵三不在家，这里面就有破绽了。

人虽然会装假，但真实和假装在心理上所形成的定式是不一样的。装假者必须要把原有的心理定式去掉，然后，以装假的情形做出反应，这谈何容易！原有的心理定式只是暂时被打入深层之中，成为某种潜在的定式而已。人在遇见一些突发的情境时，往往从原有的心理定式出发做出即时反应。因为这种反应是在下意识的状态中，直接提取，所以，很少有不露馅的谎言，也很少有不暴露的伪装。

还有一个笑话特别逗，说的是一对夫妻，他们靠酿酒生活。因为贫穷，妻子每天早晨就用酒酿烘成的饼给丈夫充饥，这种充饥的饼使得丈夫每天都醉醺醺的。一天，有个老头问他，今天喝酒了吗？丈夫回答说，吃酒酿了。回来后，妻子不高兴，说："下次人家问起来，你就说喝酒了，面子上也好过得去。"丈夫答应了。第二天老头又问他："今天吃了几个？"丈夫回答道："两个。"老头诡秘地一笑，说："还是酒糟。"回家之后，妻子数说他："你应该说，吃了几两，怎么能说吃了几个？那不是饼子是什么？"丈夫点了点头。第二天丈夫一早出门，又看见老头了，老头问："冷饮乎？热饮乎？"丈夫回答："炕的。"老头大笑："还是酒糟饼子！"

这个故事可以告诉我们，定势思维的巨大力量我们要警惕，战胜定式思维，树立创新的因子，我们才可能真正拥有一个属于自己的未来！

同学们，这就是我们开门见山的第一课。

学好语文有没有方法？答案是——有方法。学好语文有没有捷径？答案是——永远没有捷径。

# 为什么而读书

又是一届的第一课，我走进去，感觉有点热，高一还没有来得及安装空调。上课了，我让学生安静下来。想了想，还是没有做自我介绍，他们应该认识我了，我曾经给他们做过报告——《外国语学校：左手清华，右手北大》，那一次演讲，除了主会场之外，还要直播给每个班级。他们应该都认识我了。我于是直截了当地发问："假如有这样一个人，他一直在行走，但是，他根本不知道自己往哪里走，根本不知道他的目的地在哪里，你们觉得这个人怎么样？"

学生大笑，有这样的人吗？这不是太愚蠢了吗？

我说，昨天晚上，我想到今天的第一节课，既兴奋又期待，还有一些惶恐。但是，我突然想起一个重大的问题，我为什么而教书？

也就是说，我教书这么多年，居然没有正儿八经地思考过我为什么教书。然后，我就一直在想，我认为不解决这个问题，我的教学很难获得持久的动力。

同学们，你们有没有想过，我们从5岁就开始读书，不少人甚至一直读书到30多岁。一生中最辉煌的、最亮丽的、最精彩的时间都给了读书，这是我们所经历的最浩大的工程。那么，我们有没有认真想过，我们为什么读书？如果我们没有想过，那么，我们这么多年岂不是在黑暗中奔波？这和你们嘲笑的那个人有什么区别？

今天，我给你们时间来拷问自己，我希望听见你们心灵深处的回答。可以不高尚，可以很功利，甚至很自私，但一定不能虚假，真实是我们的生命。

10分钟过去了，看到同学们准备得差不多了，我开始让他们自由发言。

有同学说，为了理想而读书。我说，不错，生活是灰色的，唯有理想之树常青。

有一个女同学说，为了让母亲感到骄傲。我表扬了她的真诚，并且说了史铁生的故事。这个像铁一样铸立的男人，为了让自己的母亲感到骄傲，终于用笔劈开一条路。我说：你和史铁生英雄所见略同，你应该是史铁生的知音。将来我们要一起学习他的《我与地坛》。

还有一个同学说，是为了净化我们的心灵，让我们不至于那么俗。这个观点比较新，我稍微拓展了一下。我说在我们人生发展的过程中，面对各种压力或压迫，人会觉得越来越烦躁，心灵上堆积的东西越来越多，是读书让我们变得清洁和宁静，不至于那么猥琐。

还有一个同学居然说，是为了考试。他说，如果不是为了考试，我才不要读书。因为等待我们的是考试，所以我们要读书。我首先赞扬他的坦诚，但也指出，仅仅是为了考试是不够的，就像我们将来都有一个死等待着我们，但我们不能为死而活着。学生大笑。

还有一个男生说，因为没有不读书的理由，所以我读书。我说，这个回答很有意思，而且还很有哲理。你其实是用一种特殊的方式来表达你读书的愿望和追求。正如有一位哲学家说："这个世界上唯一不变的东西，就是万物时刻都在变。"

还有一个同学的回答让我很伤感，她说："我没有不读书的功能了。"她看了看我，又说："我是一台读书的工具。"我告诉她，就算是工具，我们也要做一台高效率地、快乐地运转的工具，好吗？她说好的。

有一个同学的回答让我很振奋，后来知道他的名字叫许天豪。

在短短几分钟的时间里，他写下以下的一段话。

坦白地说，许多人读书是被迫的，因为要升学，要文凭，要饭碗。书读得越多，饭碗也就越大，这是中国很长时间以来的一个不变的道理，而现在这个理论就更贴切了，基本上只有读书才能立足社会。

当然，也有一部分人是真实地热衷于读书，他们在读书中发现了快乐，他们得到了真理，找到了寄托。我以为这源于人内心的一种自私，一种占有欲，他们想要把这些精华吸收掉，成为他们自己的一部分，他们的思想就会在不断的吸收中变得类似于强大；而在不断的吸收中，他们就可能产生自己独特的思想。

我以为一个人之所以和别人不一样，就在于他的思想，人可以什么都没有，但不能没有自己的思想。如果没有，那么现代人真的是一无所有了。

他的普通话一流，引起了一片掌声和尖叫，我很兴奋，说："短短的时间，下笔千言，倚马可待，而且观点非同凡响，做一个有思想的人。我们今年想要做有灵魂的教育，首要的就是你们要有思想，因此，我正式任命你为我们的语文科代表。"突然发现一个新的问题，有同学告诉我，班主任已经任命科代表了，我马上向那个同学表示歉意，并让许天豪担任荣誉科代表，学生大笑，表示同意。

我们继续讨论，一个女生说："读书可以增长知识，增长知识可以提高能力，提高能力可以找到好工作，找到好工作才有好生活。"

我说，说得不错，我把这句话重复了一遍，说，我一下子就都记住了，原因是你用了修辞手法。但是，增长知识和提高能力之间没有必然的逻辑关系，比如有一些高分低能的学生。我又问，你知道这是什么修辞手法吗？她摇摇头，说不知道。我告诉她，这叫顶真，就是下句话的开头用上句话结尾的词。我说你们喜欢易中天的《品三国》吗？学生都说喜欢。我说，蒋干和周瑜是老同学，后来中了周瑜的反间计。周瑜假装喝醉了酒，喝醉的时候唱了一首歌，你们知道吗？同学们说不知道，都笑着说，老师，您唱一唱。我说，古人说唱，其实就是吟。我来吟诵一遍。

> 丈夫处世兮立功名，
> 立功名兮慰平生。
> 慰平生兮吾将醉，
> 吾将醉兮发狂吟！

我问写得怎么样，学生都说好。我说，以前老师也写过一篇文章《语文是什么》，也就是用了这种手法，才能够使文章文气贯穿，一泻而下。

后面的一个男生说："读书是为了求知，求知是为了生活，生活是为了梦。"我问，你们俩有没有商量啊，都用了顶真的手法，他们说没有。我说看来又是英雄所用略同。我评价说，你的这个发言最后突然拨云见日，让人眼前一亮。要知道现在我们很多学生都不会做梦了，而一个没有梦的青年是颓废的，一个没有梦想的民族是猥琐的。学生若有所思。我接着说，这种先平后起的手法也很有特点，而且是中国古代文章写作的常见方法。

我举了芦花诗。

一片二片三四片，
五六七八九十片。
千片万片无数片，
飞入芦花看不见。

这首诗前面写得很平，结尾突然波澜起伏，云涌风起，让人大开眼界。漫天的芦花和满天的风雪交相辉映，天地白茫茫一片，境界全部出来了。

看到学生很感兴趣，我于是又卖弄了一首同类诗歌。我说，明朝有一个神童伦文叙，曾经应邀帮胡员外在苏东坡真迹《百鸟归巢图》上题诗。

伦文叙开始题写的两句是："天生一只又一只，三四五六七八只。"胡员外大失所望，真迹被毁，心痛如焚。伦文叙一言不发，停了停，然后一挥而就："凤凰何少鸟何多，啄尽人间千万石。"一时举座皆惊，拍烂手掌，都说："诗情画意，亦可为今日忠良寥落，奸臣当朝，民不聊生之讽刺矣！"伦文叙说，且慢，此诗的前两句也大有文章。第一句"一只又一只"即两只；第二句"三四"相乘即十二只，"五六"相乘即三十只，"七八"相乘即五十六只，加起来正好是一百只。众人闻听，又是满堂喝彩。

伦文叙把深刻的主题包含在平凡的词语之中，平中见奇，平中见险，实在不可多得。

一个红衣女孩子说，我读书是想让我模糊的世界变得清晰。

我说这个表述很有诗意，从书中借一双慧眼，把世界看得清晰，然后寻找一条适合自己的人生道路。

还有一个女生说，读书是为了看看自己到底能有多成功。我哈哈大笑。我说，我有一个朋友，他是一个中师生，但现在却能指导博士，还被北京请去做万人培训的专家，他本来是做市长秘书的，但现在他要做一个高一的老师，他的梦想是——看看自己究竟能飞多高。你的这个想法和他很相似，什么时候他过来我让你们成为朋友。同学们一片惊呼。

最有意思的是一个男生，胖胖的，发言有领导人的架势，他说，我为了世界的繁荣、富强和民主而读书。班级笑声一片。

我也笑了，马上让他们安静下来，我说，这个理想很崇高，当年周总理是“为中华崛起而读书”，你走向了世界，好，有志向。

马上有一个同学表示反对，他说，我读书是为了自己做一个文明的人，我不赞成那种不切实际的高大。比如，我读书出息了，就能富裕；我不随地吐痰，就是文明。

同学们觉得很有意思，我对那个宏大叙事的同学说，怎么办？人家提出反对意见了，你有没有什么反驳的？

他激动得脸红了，说，你是管住自己不吐痰，而我，是要影响所有的人不吐痰，你说，谁的文明追求更有价值？

我说，其实这两种文明都是文明，不过人生的视野和境界不一样。这不由得让我想起了两个伟大诗人，一个是白居易，一个是杜甫。白居易是“穷则独善其身，达则兼济天下”，我随便问了一下，这个“穷”字怎么理解，有两个同学自告奋勇，但都解释错了。我夸奖了他们，并且说，错误是进步的阶梯。白居易在“穷”的情况下，就管好自己不吐痰，做好一个文明人。但在“达”的情况下，是要“兼济天下”的。而老杜则不相同，他说：“安得广厦千万间，大庇天下寒士俱欢颜，风雨不动安如山。”他自己却宁愿“吾庐独破受冻死亦足”。

最后一个女生的发言非常有特点，她说：“我为什么读书？我常常自问，后来我发现，其实我们每个人的面前都有一堵墙，它在那里，阻碍了我们的视野。所谓的读书，就是不断地搬垫脚石，读书读得越多，垫脚石就越垒越多，而我们就会站得更高，看得更远。”我心里窃喜，于是，开起了玩笑。我说，同学们，我们就像那个寓言中的乌鸦，不断地往瓶子里扔小石子，有一天，我们终究能喝到香甜的清凉的水。我很喜欢这种比喻说理，它让我想起了韩东的《山民》。

小时候，他问父亲
“山那边是什么”
父亲说“是山”
“那边的那边呢”
“山，还是山”

他不作声了，看着远处
山第一次使他这样疲倦
他想，这辈子是走不出这里的群山了
海是有的，但十分遥远
他只能活几十年
所以没等到他走到那里
就已死在半路上
死在山中
他觉得应该带着老婆一起上路
老婆会给他生个儿子
到他死的时候
儿子就长大了
……
他不再想了
儿子也使他很疲倦
他只是遗憾
他的祖先没有像他一样想过
不然，见到大海的该是他了

朗诵完了这首诗歌，我说，同学们，好在我们不愿意做走不出山的山民，读书是越过山，看到海的一条重要的途径。

这时候，下课了。我简单总结，在《恰同学少年》中，为什么读书，毛泽东一开始也根本不知道怎么回答，但他用五年的时间，给了杨昌济老师一个完美的答案。

我想，今天的这个探讨，也许没有答案，但是，你们必须要有这个意识，在生活和学习中不断地修正和追求自己读书的意义，有时候我们甚至要用一生来回答。孔子说："朝闻道，夕死可矣。"

# 第二节

# 文体教学

——万紫千红总是春

## 经过与穿越：小说教学中的情与理

### 把“捣蛋”进行到底
——《祥林嫂》课堂实录

不久前，我参加一项教研活动，借班上课。上的是鲁迅的名篇《祥林嫂》，结果由于一个调皮学生的捣蛋，打乱了我的教学部署……

……

师：祥林嫂悲惨的人生遭遇深深打动了我们，也让我们认清了那个社会。

现在，我们共同探讨祥林嫂的性格特征。注意“焦点访谈”——用事实说话。

生1：我觉得祥林嫂很勤劳。

师：你从什么地方看出来的，能具体说说吗？

生1：好的，文中说，祥林嫂的力气很大。

师：力气很大，是不是就一定勤劳呢？比如说我，没什么力气，可我并不懒惰啊！

（不少同学善意地笑了起来）

生1：“祥林嫂整天的做，似乎闲着就无聊，又有力，简直抵得过一个男人。”

师：好，这就对了，这是正面地写祥林嫂的勤劳。还有哪些地方暗暗透露出祥林嫂的勤劳？能不能挑战一下？

生2：祥林嫂走了以后，四婶雇用的人，左右不如意，还时常提起祥林嫂，对别人左右不满意，恰恰是对祥林嫂的满意，满意用人什么呢？当然是勤劳。

师：很好，其他同学还有一些补充吗？

生3：祥林嫂第二次丧夫，按照鲁四老爷是断不肯要祥林嫂的，四婶之所以收留她，不是因为四婶善良，而是因为祥林嫂勤快。

师：你的这种推理有根据吗？我们可不能搞莫须有的罪名啊！

生3：（笑）有根据，当祥林嫂记性坏了，显得呆板的时候，四婶就当面警告她：“祥林嫂这是怎么啦？倒不如当时不要她。”直至后来把祥林嫂赶出家门，让她凄凉地死去。四婶的善良何在呢？

师：说得好！读书就要这样从字缝里读出字。谢谢你让我们看清了四婶的真面目。祥林嫂还有哪些性格特征呢？

生4：祥林嫂是遭受政权、夫权、族权、神权压迫下的下层劳动妇女形象。

师：能具体说说吗？

生4：比如鲁四老爷对祥林嫂的压迫，可以看成是政权的压迫；祥林嫂的婆婆之所以敢卖掉祥林嫂，就是凭借自己死去的儿子来行使夫权，因此，她完全有权力卖掉祥林嫂；贺老六死了，阿毛死了，因此大伯就可以凭借族权收去祥林嫂的房子；而柳妈阴世的说教，则是封建神权对祥林嫂的凶残压迫。

师：回答得很有深度。你是怎么想到这些的？能把你的学习方法展示一下吗？

生4：我是参考了一些资料，上面说，祥林嫂是被政权、族权、夫权、神权害死的。然后我对号入座，自己总结出来的。

师：很好，阅读不仅要调动自己的生活积累，还要吸收已有的研究成果，进行合理的判断，如此才能登高望远。而且，而且我还感觉你特别诚实。建议给他一点掌声。

（热烈的掌声）

师：同学们还有什么高见？

生5：祥林嫂克夫！（“克夫”拖着尾音，说得洋腔怪调）

（同学们哄堂大笑，教室里有点乱）

师：（稍稍沉默一会儿）你的这一观点的理由呢？

生5：祥林嫂嫁了两个丈夫，可是祥林死了，贺老六也死了。所以……

师：祥林嫂真的克夫吗？

生：（齐声）不是！

师：祥林嫂真的不克夫吗？

（学生很迷茫）

师：请同学们认真看书、思考，然后再交流一下。

（学生认真地看书、思考、交流）

师：好吧，谁来说说？

（没有人主动回答，学生有畏难情绪）

师：不同的阶级，不同的人，由于立场不同，或者认识不一样，都有可能做出相反的判断啊——

生6：（激动的）在鲁四老爷的眼里，祥林嫂就是克夫的。

师：何以见得？

生6：根据鲁四老爷的阶级立场，最主要是祥林嫂死后，鲁四老爷骂她是“谬种”。

师：你能不能设想一下鲁四老爷骂祥林嫂“谬种”时的心理？

生6：好的。在鲁四老爷的心里，祥林嫂嫁了两个丈夫，不干不净；又连续死了两个丈夫，这种克夫的女人绝对是不祥之物，因此不容许祥林嫂参与祭祀，“否则不干不净祖宗是不吃的”；还有就是“不早不迟，偏偏在祭祀的时候死去”，这就不仅是不祥，简直就是莫大的罪过，因此骂她是“谬种”。

师：回答得很好。鲁四老爷认为祥林嫂克夫，在普通的民众的眼里呢？

生7：肯定也是这样认为，因为民众受社会风俗的影响和统治阶级的愚弄，他们不可能超出社会的主体认识，只是他们没有很明显地表露出来罢了。

师：没有明显地表露出来，那就是说，还是透露了一点讯息，是这样吗？

生7：对，比如祥林嫂第二次来鲁四老爷家，只有在说起阿毛的时候，女人们才改换了“脸上鄙夷的神色”。“鄙夷”什么？当然是因为祥林嫂没能从一而终，还有就是祥林嫂克夫，因此特别鄙夷她。按照我的推理，民众对婆婆卖掉祥林嫂持理解的态度，当然对祥林嫂克夫也会持赞成态度。另外一直到今天，在我们那个地方，“克夫”的观点还是很有市场。

师：条分缕析，很好，请坐下。祥林嫂自己如何认识的呢？

生8：我认为祥林嫂不认为自己克夫，因为祥林嫂的性格充满了反抗性，她对别人强加“克夫”的罪名是深恶痛绝的。

师：哦，其他同学的意见呢？

生9：祥林嫂是充满了反抗性，但可悲的是祥林嫂所有的反抗都是为了维护封建礼教。比如祥林嫂为了躲避婆婆的压迫，却落入了地主阶级的魔爪；祥林嫂拼命抗婚，却是为了维护封建礼教的“从一而终”；祥林嫂拿出所有的血汗钱捐门槛，却是因为相信封建迷信。因此，不能因为祥林嫂的反抗性，就否定祥林嫂受封建礼教的毒害。

生10：我也倾向祥林嫂认为自己克夫，正因为祥林嫂认为自己罪孽深重，害怕死后两个男人的抢夺和报复，所以才求爷爷告奶奶捐门槛，祥林嫂悲剧震撼人心的地方就在这里。

师：刚才同学们的分析很到位，我们对祥林嫂的认识又提高到了一个新地步。刚才一个同学的话提醒了我，就是现在的农村，还有“克夫”这种说法，给守寡的妇女精神上带来深重的折磨！那么，社会上有没有“克妻”这种说法？按常理来说，男人连续死几个妻子，也是很常见的啊！

生：（齐声）没有。

师：为什么呢？

（学生很受启发，跃跃欲试）

生11：因为男女不平等。

生12：妇女地位最为低下。

生13：是男权社会对女人的偏见。

生14：是妇女受侮辱、受损害的见证。

师：同学们说得都很好，能不能从文章中寻找一些依据？

生15：比如文章第一次写祝福的场景。“杀鸡，宰鹅，买猪肉，用心细细的洗，女人的臂膊都在水里浸得通红……女人五更天把‘福礼’陈列起来，并且点上香烛，恭请福神们来享用。拜的却只限于男人……”就透露了这一点。

师：谁能联系文章的背景谈谈这个问题？

生16：20世纪20年代，正是中国新文化运动的发展时期。新文化运动的口号是“民主、科学”，而阻碍中国进入民主、科学最大的障碍，就是中国两千年遗留下来的腐朽、愚昧的封建思想，因此鲁迅把批判的矛头指向了这一点。

师：白居易曾经说过：“文章合为时而著，歌诗合为事而作。”那么，请同学们根据这个时代背景，看看鲁迅塑造祥林嫂这个人物的价值是什么？

生17：鲁迅把批判的矛头指向腐朽、愚昧的封建思想，根据上面“克夫”等的分析，妇女处于社会的最底层，是封建思想最大的受害者，因此鲁迅选择妇女题材，更能深刻揭露封建思想文化的流弊和余毒。

师：最后，我想再问一下同学们，今天社会我们如何看待女性？请同学们自由发言。

生18：我国在法律上规定男女平等，男女同工同酬……已经实现了男女平等。而且通过三八国际妇女节，强化社会对妇女的尊重。

生19：我不这样看，我国对妇女节的强调，正是妇女的社会地位有问题，妇女是弱势群体，才有提倡的必要嘛！比如儿童节、护士节、劳动节都是如此。

师：你的思考很深入。

生20：我也认为妇女的地位有提高，但还不够。比如现在女大学生找工作难，比如各地的选美，搞“美女经济”，其实都是对女性的歧视。

……

师：那么生活中，我们应该如何去做？

生21：尊重女性，爱护女性，是我们唯一的选择。我听说过这样一个奇怪的现象，世界上无论哪一个国家的语言，对“妈妈”一词的发音都是一样的。因此，我感觉对女性的歧视，就是对生命的漠视，对人性的背离。

（热烈地鼓掌！）

生22：还有就是一个社会对妇女的尊重程度，可以看出社会的发展和文明进步。

师：同学们说得很好，从鲁迅借助祥林嫂对封建礼教的大力鞭挞，到今天女性意识的充分觉醒，中国女性逐渐挣脱了“三纲五常”“三从四德”“男尊女卑”的思想束缚，走上了自尊、自强、自信的人生旅途。然而毋庸讳言，就是在今天，男女平等还只是一种制度层面的“枷锁”被粉碎，意识层面的性别偏见依然存在。

如何真正让妇女成为我们社会的半边天，我们仍然任重而道远！

好，今天的课就上到这里，下课，同学们再见！

生：老师再见！（起立，热烈鼓掌！）

# 战争让人性走开

## ——《蛮子大妈》课堂实录

**时间：** 12月11日

**地点：** 知行楼一楼高二（3）班

**听课对象：** 全市高中语文老师代表

师：他是世界短篇小说巨匠。

他只活了43岁，就英年早逝。

他在短暂的生命里，共写了6部长篇，350多篇中短篇。

他是我们中学时代所选作品最多的外国作家。

世界文豪屠格涅夫认为他是19世纪末法国文坛上“最卓越的天才”。

托尔斯泰认为他的小说具有“形式的美感”和“鲜明的爱憎”。

左拉，对，伟大的左拉，用一个伟大的病句来表达对他的崇敬，他的作品“无限地丰富多彩，无不精彩绝妙，令人叹为观止”。

甚至连伟大的革命导师恩格斯也不例外，“对于他，我们应该脱帽向他致敬”。

他，就是法国一代文豪——莫泊桑。

（生惊叹不已）

师：我常常感到奇怪，不是说文人相轻吗？莫泊桑凭什么赢得这么多文豪众口一词的夸赞？他的作品到底具有什么样的特色？

研究者说，莫泊桑最大的特色是善于隐藏。美国的海明威在《午后之死》中提出一种理论——冰山理论。“小说家的写作只有八分之一在海平面之上，有八分之七在海平面之下。”需要阅读者发现和挖掘。难怪有人说，阅读就是一种对抗。阅读的快乐和快感就是这样获得的。莫泊桑善于隐藏，我们要善于发现，善于探究，在我看来，领悟是一种发现，疑问也是一种发现。没有疑问就是死亡。下面，发现之旅开始了，我们和莫泊桑之间的战斗也正式打响了。

《蛮子大妈》是一篇小说，那么，谁先来说说阅读小说的要点？

生：小说有三要素，环境、情节、人物。

师：老师来板书一下，便于同学们更清晰地认识。

环境<br>↓<br>人物（折射时代背景，反映社会生活）<br>↑<br>情节

师：小说中的人物有蛮子大妈和四个敌人。本来他们的关系怎么样？

生：本来蛮子大妈疼爱这四个敌人，这四个敌人照顾蛮子大妈。

师：（板书：疼爱、照顾）后来怎么样了？

生：在儿子惨死后，蛮子大妈仇恨这四个敌人，烧死这四个敌人。

师：这四个敌人对蛮子大妈怎么样？

生：他们听蛮子大妈的话，抱来柴火，堆成草墙，就是说很信任蛮子大妈。

师：（板书：仇恨、信任）士兵们如此信任蛮子大妈，但蛮子大妈却烧死了他们。某种层面上是蛮子大妈利用四个士兵对自己的信任，烧死了他们。而且烧死了他们之后，蛮子大妈还很镇定、心平气和，回答德国军官的时候，声音还是洪亮的。这里的原因很值得探究。课前我收集了你们的问题，并做了统计：

1. 蛮子大妈转变太快了，让人接受不了。（19人）

2. 蛮子大妈究竟是怎样的一个人？（8人）

3. 蛮子大妈抄下地址，要给那些士兵的母亲写报丧信，意图何在？（4人）

4. 为什么要花大量笔墨写第一大部分，删掉它并不影响故事完整。（15人）

5. 作者写这篇文章最本质的意图何在？（5人）

要知道你们的问题，就是我们的问题。

我把你们的1、3、2、5问题整合为我们的问题：蛮子大妈为什么会发生那么大转变？她的转变说明了什么？有不少同学认为这个情节设置并不合理。下面就请同学们分组讨论。

生：首先是蛮子大妈的个性。她是一个严气正性的老太太。不常露笑容，人们也绝不敢和她玩闹。心境窄，打不开。所以一旦遇见事情就不知道变通，很容易变得偏激。

师：也就是说，蛮子大妈有一种秉性在这里。其他同学补充。

生：蛮子大妈的名字叫蛮子，文章里说了两种可能。一种是她的姓，还有一种就是她的诨名。我觉得是她的诨名，从后文来看，她的姓名是威克多娃·西蒙，她儿子的名字叫威克多。可见蛮子大妈是她的诨名，诨名就是指这个人物的特征和个性。蛮子这个诨名，有一点粗野，有一点蛮横，为她的杀人做铺垫。

师：你考证了蛮子大妈的诨名，而诨名是和人的个性有关的，你这个探究非常有价值。

生：我感觉蛮子大妈的相貌有杀气。“这个高个儿的蛮子大妈看起来是古怪的，她微微地偻着背，在雪里慢慢地跨着大步走，头上戴着一顶黑帽子，紧紧包住一头从未被人见过的白头发，枪杆子却伸得比帽子高。”

师：也就是说，这个人的面相很可怕。

生：我觉得和她的身份也有关系，他们一家都是打猎为生的，见惯了血腥场面。胆子大，蛮子大妈连狼都不怕。

师：对，过去我们一直在说，在分析人物时，要注意人物的身份和语言。感觉这还都是外围的原因，能不能深入人物的内心去寻找原因？

生：我觉得还和她的遭遇有关。首先，他们全家都被叫作蛮子，没有得到适当的尊重。他们家住在远离村庄的地方。后来，丈夫被打死了，现在儿子又被炸死了，她唯一的支柱倒塌了。

师：他们家住在村庄外，估计和他们便于私自偷猎也有关系。儿子死了，难道就要杀人？这其中的逻辑关系到底是什么？

生：儿子死了，蛮子大妈对生活感到绝望了，她一定要为儿子报仇。是普鲁士士兵杀死了自己的儿子，而眼前的就是普鲁士士兵。

师：但杀死她儿子的不是眼前的普鲁士士兵啊？况且她还那么疼爱他们，而他们也像儿子一样照顾她。

生：所以，这里面必须有过渡，有照应，我觉得宰杀小兔子就是一个很好的铺垫。

“她立刻动手预备午饭了；但是到了要宰兔子的时候，她却失掉了勇气。然而宰兔子在她生平这并不是第一次！那四个兵的中间，有一个在兔子耳朵后头一拳打死了它。

“那东西一死，她从它的皮里面剥出了鲜红的肉体；但是她望见了糊在自己手上的血，那种渐渐冷却又渐渐凝住的温暖的血，自己竟从头到脚都发抖了；后来她始终看见她那个被打成两段的长个儿孩子，他也是浑身鲜红的，正同那个依然微微抽搐的兔子一样。”

蛮子大妈从眼前的小生命的遭遇联想到自己的儿子，儿子被炸成两段，肯定是浑身鲜血，全身抽搐。小兔子的惨死，引发了蛮子大妈对自己儿子遇难时的场景想象。对小生命的怜惜，对血腥暴行的厌恶，从潜意识里写出了她的痛苦和对占领者的仇恨，从而激发了她的复仇行为！这一段心理活动为她的复仇行为做了很好的铺垫。

师：就是说，自己最亲爱的儿子死了，是战争杀死了他，是普鲁士士兵杀死了他。儿子脆弱得就像小兔子一样，可是残忍的普鲁士士兵一拳打死了它。普鲁士士兵是杀死小兔子的凶手，也是杀死儿子的凶手，她一定要报仇。有没有看到一句话："那个兔子无疑是偷来的。"这句话说明了什么？

生：这句话太武断、太偏执了，可见蛮子大妈已经对这几个士兵产生了嫌恶。因为蛮子大妈曾经多次杀过兔子，她的兔子怎么来的？可能是买来的，可能是逮来的，为什么一定是偷来的？在蛮子大妈的心里，这四个她像儿子一样疼爱的人，现在已经至少是小偷，后来的虐杀小兔子又显示了他们是强盗，他们自然是该死的。

师：分析得非常科学，我们所有的推断都要从文本中探究，如胡适所说，要大胆假设，小心求证。说了这么多原因，同学们，你们觉得蛮子大妈报仇的核心原因是什么？

生：我觉得核心的原因是蛮子大妈对儿子的爱。

师：因为对儿子爱之深，所以对敌人恨之切。从文章中哪些地方可以看出这种爱？

生：那些普鲁士士兵"替她打扫厨房，揩玻璃，劈木柴，削马铃薯，洗衣裳，料理家务，俨然是四个好儿子守着他们的妈。但是她却不住地记挂她自己的那一个，这个老太太，记挂她自己的那一个瘦而且长的，弯钩鼻子的，棕色眼睛，嘴上盖着黑黑的两撇浓厚髭须的儿子"。一个转折可以看出，不论别人对待自己怎么样，自己最记挂的仍然是自己的那个儿子。

生："每天，她必定向每个住在她家里的兵问：'你们可晓得法国第二十三边防镇守团开到哪儿去了？我的儿子在那一团里。'"蛮子大妈每天都问，每个人都问，一一问过来，这种反常的举动可见蛮子大妈对儿子的爱。

师：有道理，李云龙的妈妈会不会问日本鬼子，请问，你们可晓得八路军独立团开到哪里去了？我儿子是独立团团长，他叫李云龙。

生：（学生大笑）不会的，这里照应了文章中的农人们不大懂得仇恨，战争是高等人士的事情。

生：文章的第一段说，15年前，蛮子大妈的丈夫早就被打死了，也就是说，小蛮子是被蛮子大妈一个人慢慢拉扯大的。这种情感格外真切。

师：所以，儿子的突然惨死，让蛮子大妈的精神世界彻底坍塌了。她活着的价值和意义没有了，不存在了。她必须要复仇。我们共同来赏析这一小段。同学们先读一读，再发表自己的看法。

她看了并没有哭。她呆呆地待着没有动弹，很受了打击，连感觉力都弄迟钝了，以至于并不伤心。她暗自想道：“威克多现在被人打死了。”随后她的眼泪渐渐涌到眼眶里了，悲伤侵入她的心里了。各种心事，难堪的，使人痛苦的，一件一件回到她的头脑里了。她以后抱不着他了，她的孩子，她那长个儿孩子，是永远抱不着的了！保安警察打死了老子，普鲁士人又打死了儿子……他被炮弹打成了两段，现在她仿佛看见那一情景，教人战栗的情景：脑袋是垂下的，眼睛是张开的，咬着自己两大撇髭须的嘴巴，像他从前生气的时候一样。

生：这里先是反常现象，因为蛮子大妈竟然没有哭，然后她失去了动弹能力，失去了感觉力。噩耗之后，她的脑海里一片空白。

生：她先要确认究竟发生什么了，慢慢地，她想起来了，她的儿子被人打死了。

师：然后眼泪渐渐地涌到眼眶里了，悲伤侵入她的心里了。

这种细节描写非常精彩，因为还有一点麻木，所以眼泪渐渐地，但很快就快了，所以选择的词是“涌”，眼泪涌出来，但悲伤却侵入骨子里去了。这种痛苦无法磨灭。

生：各种心事，难堪的，使人痛苦的，一件一件回到她的头脑里了。

这里必须是痛苦的，难堪的，还一定是包括了她的丈夫惨死的，这样才能让她感到不公，感到愤怒，才能激起她的复仇之怒火。

生：最后一段再写蛮子大妈想象儿子惨死的场景，前面对儿子肖像描写的作用全出来了。

师：同学们，我还抓住了两个词。她那个儿子，长个儿的儿子，她是抱不着了，永远地抱不着了。

这里的“抱”非常重要。儿子都那么大了，但她想的是再也抱不着儿子了，丈夫死后，蛮子大妈抚养儿子的含辛茹苦都看出来了，蛮子大妈对儿子的疼爱也都表现得淋漓尽致。

生：保安警察打死了老子，普鲁士人又打死了儿子……

蛮子大妈的悲苦可见一斑。但我的疑问是蛮子大妈的丈夫死了，为什么她没有报仇？儿子死了，她就报仇？

师：这个问题很有意思，谁来说说？

生：我觉得丈夫死了，蛮子大妈当然非常痛苦，但她还有儿子，可爱的儿子，儿子需要她的抚养，她当然要珍惜生命，不能拿生命去冒险。

师：我完全赞成你的看法。蛮子大妈对儿子的爱，还有什么地方体现出来了？

生：蛮子大妈死后，身体已经断为两截，浑身鲜血，但手里还拿着儿子的那封报丧的信。这个细节，让人潸然泪下。

生：我觉得蛮子大妈对那四个敌人的疼爱实际上是对儿子疼爱的一种反映。对蛮子大妈而言，这是一种爱的平衡。

师：也就是说，蛮子大妈需要一个儿子，而这些普鲁士士兵需要一个母亲，所以，在某种程度上，他们达成了平衡，他们形成了一种自然的母子关系。但儿子惨死后，这种自然的母子关系突然断裂，自然的母子关系转化为社会的敌我关系。

生：从心理学上来说，一个人遭遇重大变故，常常会有惊人之举。这个可能还是和刚才说的平衡有关，平衡打破了，需要新的发泄，达成新的平衡。

师：你用平衡来解释这个心理，非常有创意。文学史上也有一种解释，叫作把人物打出正常轨道。为什么要把人物打出正常轨道呢？因为在正常的情况下人的知觉、感情、意志、欲望是一个相当稳定的多层次结构，在多数情况下是稳定的，你只能看到它的表层。只有在动态、动荡的情况下，把人物打出正常的轨道之外，这时候，他的内心深处就一览无余。小说的艺术就在于冲击人物静态的感觉、知觉，使之发生动乱，这样，他内心的情感、深层结构就不难释放出来，心灵的秘密就在刹那间暴露。

我们可以举出很多的例子。

比如，同样是莫泊桑的作品，《项链》也是如此，项链的丢失，把玛蒂尔德打出了正常的轨道，但正是这种不平衡的心理状态，使得人物的内心，甚至不被作者自己发现的内在突然之间显现，玛蒂尔德一夜之间完成了自我的超越。她变得勤劳、踏实、勇敢、诚实，她承担起了天价的债务。

同样是描写普法战争的《最后一课》也是如此。那么不爱读书，那么贪玩的小弗郎士，当知道自己所学的是“最后一课”时，知道自己从此再也不能学习母语了。突然的断裂，让他发生了天壤之变，他突然间认真起来了，往日艰难的语法很好懂，他一下子对法语充满了深厚的感情。

你们只要想想自己看过的作品，就会知道小说家这种创作的妙处。

生：比如林教头风雪山神庙，本来忍辱负重的逆来顺受的林冲，在大火烧掉草料场之后，终于杀死陆虞候，走上了水泊梁山的道路，而且从此成为斗争最坚决的一个人。

师：是啊，在水泊梁山中，最富有斗争精神的有三个人，李逵、武松，还有一个就是林冲。现在，我们回到作品中来。谁来分析一下蛮子大妈被打出正常轨道之后的心理变化。

生：应该说，蛮子大妈是一位勤劳善良的老太太，她爱自己的儿子胜过生命。但是战争到来，她的儿子去了前线，老婆婆在对儿子的万般思念中，迎来了四个像儿子一样年轻的普鲁士士兵。他们被分在老婆婆的家里宿营，并且像她的儿子那样帮她干一些力所能及的体力活。生活对于他们来讲还是公平的，老婆婆身边没有儿子，而普鲁士士兵身边没有母亲，他们很自然地像母子一样地相处，彼此都真诚地渴望从对方那里获得所需的爱。

一直到这里，我们读到的是和谐，小说充满着暖意，甚至一度让我们忘记了战争。我们为远离儿子的老婆婆庆幸，为离开亲人的普鲁士士兵高兴。但是，战争毕竟还是战争！在愉快的氛围中，老婆婆突然接到她儿子阵亡的消息。老婆婆悲恸欲绝，她已经失去了丈夫，现在连唯一的儿子也失去了。这时候，人物被打出了正常轨道，老婆婆的念头只有一个，是战争夺去了她的亲人，是普鲁士人杀死了她的儿子。“在极度绝望中，她丧失了理智。那些平时像她儿子一样可爱年轻的普鲁士士兵转瞬之间成了杀人的魔鬼，成了杀人的凶手。”她痛恨战争，痛恨普鲁士人，仇恨使她的精神崩溃。经过沉痛的思索，她最终利用小伙子们对她的信任，残忍地将他们烧死在茅草屋里。火光里，老婆婆安静而满足地坐在旁边的树桩上，心平气和地向德国人承认了自己的罪行，并镇定地接受了对她枪决的处罚。临死前，她掏出两张纸，一张是儿子的死亡通知书，另一张是那四个死亡士兵的地址，她不慌不忙请求德国士兵通知他们的父母，让他们知道凶手是她——蛮子大妈。

师：分析得非常精彩，但这里还有两个问题需要我们继续挖掘。第一，你怎么知道蛮子大妈原先是一个善良的人？第二，蛮子大妈最后请求给四个士兵家里寄信和说明自己是凶手，究竟有什么意图？谁来说说。

生：第一大部分说，15年前，我来到蛮子大妈家的附近，我只是一个陌生人，但她请我过去，还送了一杯葡萄酒给我解乏。她和那四个士兵之间的关系，也可以看出她与人为善。

师：说得不错。蛮子大妈为什么要寄信和声明自己是杀人凶手？

生：我觉得这就是复仇。作为一个老母亲，她知道母亲在痛失爱子后的悲痛心理，她难以忘记亲人的离去，对敌人的仇恨，强烈的几乎异化的复仇心理支配着她，她要让侵略者也饱尝同样的灾难。

师：哦，你是说，战争扭曲了老太太的善良美好的人性，老太太变得很残忍，对吧？还有没有其他观点？

生：我觉得应该辩证地来看，这里既有老太太复仇的残忍，比如让他们的妈妈也尝尝丧子之痛，自己在声明自己是凶手之时，也有一种复仇的快感。但是不是也有给他们母亲报信，让她们知道儿子的下落，记住自己是凶手，让她们的仇恨有一个固定的对象，而不要像自己一样迁怒于他人的因素？

师：我喜欢同学们辩证地看待问题，老太太这种心理肯定异常地复杂，也许连她自己也说不清这些选择到底是为什么，但她的决定是果断的、清晰的。因为当德国军官问她的时候，文章中这样说：

“她就把这件事情从头说到尾，从收到那封信一直到听见那些同着茅顶房子一齐被烧的人的最后叫唤。凡是她料到的以及她做过的事，她简直没有漏掉一点。”只有深思熟虑的行为说起来才那么清晰，不漏掉分毫。现在谁来帮我们归纳一下蛮子大妈转变的原因？

生：蛮子大妈的个性，蛮子大妈的猎人身份，小兔子的强化铺垫，蛮子大妈支柱倒塌，最核心的是蛮子大妈对儿子的爱，对儿子爱之深，对造成儿子惨死的战争和普鲁士士兵就会恨之切。

师：总结得不错，你觉得蛮子大妈是怎样的一个人，有的人认为她残忍，有的人认为她勇敢，你的感觉呢？

生：作者认为蛮子大妈是“残忍的壮烈”，我觉得这两者都有。蛮子大妈是一个分裂的人。

师：是什么造成了蛮子大妈的分裂？

生：我觉得是战争，战争使得蛮子大妈从一个善良的、与人为善的普通老太太，变成一个冷静的、镇定自若的、声音洪亮的、理直气壮的杀人凶手，这是战争对人性的戕害。

师：我们还可以从看得见的推断出那些看不见的。从蛮子大妈丧子的痛苦中，你还可以看出哪些端倪？

生：从蛮子大妈丧子的痛苦中，我们还要看到那四个母亲失去儿子的痛苦、眼泪、挣扎和绝望，这是不写之写。我们完全可以从蛮子大妈丧子之痛上折射出来。

师：有没有发现那两张报丧的信，好几次重合在一起，这是不是一个暗示？

生：有道理，《我与地坛》中有一句话："凡是我车辙划过的地方都有母亲走过的脚印。"我觉得这个也是一种重合。

师：史铁生这句话的意思是，我从苦难中所走过的每一步，都有母亲精神生命的参与，母亲默默鼓励我从绝望中走出来。这两张报丧信重叠在一起，意味深长。战争不论是对战胜国，还是战败国，它对所有的民众都造成了一种普遍的伤害。大家都收到了报丧信，都是白发人送黑发人。文章中有一段作者对战争的看法，请找出来，好好地品味。

"因为农人们都不大有什么仇恨，这种仇恨仅仅是属于高等人士的。至于微末的人们，因为本来贫穷而又被新的负担压得透不过气来，所以他们付出的代价最高；因为素来人数最多，所以他们成群地被人屠杀而且真的做了炮灰；因为都是最弱小和最没有抵抗力的，所以他们终于最为悲惨地受到战争的残酷祸殃；有了这类情形，他们所以都不大了解种种好战的狂热，不大了解那种激动人心的光荣以及那些号称具有政治性的策略；这些策略在半年之间，每每使得交战国的双方无论谁胜谁败，都同样变得精疲力竭。"

生：这一段可以看出作者对这种战争的厌恶。

生：战争都是高等人士制造出来的。但最终伤害的却是底层民众，他们被屠杀，成了炮灰。那四个士兵就被烧成了灰。而蛮子大妈和她的儿子都断成了两截，是不是也隐含着他们都是分裂的，这都是战争的罪恶。

师：那四个士兵和他们的母亲应该属于哪一类人？

生：毫无例外，他们也是底层的人，他们也不大懂得什么仇恨，他们把蛮子大妈当作母亲一样看待。蛮子大妈可以向他们打听他们的敌人——法国二十三兵团的战士。他们尽管很胖，但也受着重大的煎熬，他们始终保持着好脾气，不刁。

师：到这里，文章的主题似乎已经很清楚了，那就是揭露战争对普通人的人性摧残和扭曲。但又是通过这么一个小人物来反思这么大的一场战争，这种以小见大的手法值得我们学习。

生：老师，我还有一个问题。

“一道口令喊过了，立刻一长串枪声跟着响了。响完之后，又来了一声迟放的单响。”

这迟放的单响是怎么回事？我一直在想，我的解释有三点：第一，这样写完全没有必要。第二，是不是某个士兵想起了自己的母亲，一开始没有射击，后来才射击了？第三，是不是那个德国军官看蛮子大妈佝偻着身体还没有倒下，所以才补了一枪，如果是，那么作者为什么这样写？

师：好，我们先来看看你的第一个问题，这样写有没有必要。

生：我觉得有必要，但具体怎么解释没有必要。

师：我觉得都有必要。这样写，一下子就有了细节，至少使得文章真实起来了，有了现场感。后面的分析，我觉得也有必要。关键是看哪一种分析，能够在前后文找到依据，还有就是有助于表达文章的主题。

生：老师，我知道了。我觉得解释成军官射击好，能够表现他对蛮子大妈的仇恨。或者其他的士兵打完之后不解气，接着补一枪也好。这正好和高等人士制造了战争的仇恨相吻合。

生：我还有一个证据。蛮子大妈儿子死了，她要报仇；普鲁士士兵被烧死了，他们也要报仇，不仅杀死了蛮子大妈，还烧毁了很多的村庄。这样写能够表示仇恨的加深。

师：很好，老师为你们感到骄傲。同学们，我们学习到这个地方有没有发现，第一部分似乎游离于故事之外，所以有人说把这一部分去掉，最后到蛮子大妈手里还拿着那张带血的报丧信结束，这样小说反而显得更加干净，更加震撼人心。你们的观点如何，请同学们分组讨论，等一会儿交流。

生：我们觉得完全可以删掉，因为那个结尾太经典了。到这里戛然而止，留给世界的就是这一封带血的报丧信，更能激起我们对战争的反思和思考。

师：你们的观点是删掉，以取得“言已尽而意无穷”的效果。有没有反对意见？

生：我们不赞成。当然我们也觉得手里拿着报丧的信的结尾很精彩，但现在的这个结尾也不赖，而且意蕴更加深厚。那么多年过去了，小石子的煤烟痕迹还在，战火的痕迹还在，战争给人们心底的创伤还在。这就是作者深邃的地方。

师：两种说法都有一定道理。我们继续听听其他小组的意见。

生：我们认为不要删掉好。这样小说构成了倒叙，使故事跌宕起伏。

师：你们是从小说的结构安排上来选择的。这种倒叙手法有很多例证。比如斯皮尔伯格的《拯救大兵瑞恩》，就是瑞恩在烈士陵园开始回忆那一场刻骨铭心的拯救之旅。比如《泰坦尼克号》，也是衰老的露丝把一颗海洋之心投入大洋，涟漪渐渐地散开，美好的爱情故事也就此展开了。这样的倒叙还有很多，去年热播的间谍电视剧《暗算》也是这种构思，先是安在天衰老中的自叙，然后“听风”“捕风”“追风”的故事就此展开。

生：我也觉得不删好。

“小的树林子撒在四处，小的溪河像人身的脉络一样四处奔流，给大地循环血液，在那里面捕得着虾子、白鲈鱼和鳗鱼！天堂般的乐趣！随处可以游泳，并且在小溪边的深草里面时常找得着鹧鸪。”

这一段描写极言村子美丽祥和，远离尘嚣，简直是世外桃源。但战争摧毁了这一切，以此衬托战争给人带来的伤害，显得触目惊心。

师：你这是从艺术手法上来说的，通过前后的对比，战争不仅对善良的人性造成了伤害，也对美好的家园造成了毁灭。就是说，战争对一切美好的东西都造成了摧残。

生：我觉得加入了“我”和朋友之后，朋友就成了故事的旁观者，他目睹了故事的结局，故事显得更加真实。

师：不错，这不仅使得故事真实，因为旁观视角的出现，避免了全知全能的上帝视角，于是，作者能够隐藏蛮子大妈的内在心理，使小说充满了很多不可知，增添了很多意蕴。比如鲁迅的《孔乙己》《祥林嫂》等，都是用“我”的视角在叙说。这是从叙说的视角来分析这一部分的作用。

生：我觉得更重要的还是“我”。“我”的介入，不仅增强了故事的真实性，还使得情感更加深沉，艺术效果更为突出。

师：你这是从表达效果来看的。还有没有其他的角度？

生：我觉得第一段对蛮子大妈的性格做了一个很好的渲染。她那么善良，请“我”喝葡萄酒，他们家栽了那么多的葡萄树，养了那么多鸡，这是一个典型的自给自足的普通农家，他们本来过着安详的生活，是后来的战争毁坏了这一切。

师：有没有看过一部奥斯卡获奖电影，叫《云中漫步》。那里面就是用葡萄园做背景，简直太美妙了。中国老子也用鸡犬相闻来描绘小国寡民最美好的一种生活场景。

生：我觉得这个美好的环境，还衬托出了人的美好的心灵。环境是美丽的、和谐的、清澈的、流淌的，心灵也是不设防的，美好的、和善的，真挚的，是战争毁坏了这一切。

师：你这样一说，我们似乎也可以在文章中找到一点依据。比如在那一段大火的描写中，一个是火势很大，一个是房子整个坍塌。是不是也可以看成是蛮子大妈复仇的怒火，还有就是心灵的坍塌？今天的探究十分有意思，现在谁来帮我们总结一下文章的主旨。

生：文章以小见大，揭示了战争对底层民众的心灵的伤害和扭曲，对自然环境和美好家园的破坏，以及给人们的心灵所留下的永久的创伤。

生：还有在本来没有仇恨的民众中间，上层人物制造了仇恨。这种仇恨因为不断地报复，还很难消除。

生：我觉得作者写出了战争对小人物的伤害，以及小人物在战争中无法保全自己的无能为力。从一定的侧面上，莫泊桑对普法战争做了一个总结。

师：同学们说了这么多。我想问你们，假如蛮子大妈是一个东北的大妈，那四个人是四个日本鬼子，蛮子大妈设计烧死了他们，你们还会这样评价蛮子大妈吗？如果不会，那是因为什么？

生：我肯定不会觉得蛮子大妈丧失了人性，或者说她是人性扭曲，包括她寄信回去惩罚那些鬼子的母亲，我都觉得很解气。因为他们都是侵略者，我们是在保卫自己的国家，我们是为自己的国家而战。

师：我明白你的意思了。也就是说，我们不能一味地谴责战争，因为战争有正义和非正义之分。比如普法战争就是一场由法国发起的，普法两国争夺欧洲霸权的一场战争。这场战争对双方来说，无所谓正义非正义，这是一场狗咬狗的战争。那么，是否正义的战争就一定是我们欢呼的？

诺贝尔和平奖获得者史怀哲提出过“敬畏一切生命”的主题。他认为：“善的本质是保持生命，促进生命，使生命达到其最高度的发展。恶的本质是毁坏生命，损害生命，阻碍生命的发展。”战争作为一种极端的考验方式，必然对人性造成巨大伤害，必然带来一些人性的伦理问题。只要战争发生了，任何个体都不可能置身事外，都不可能脱离战争的损害。底层人民都是战争的受难者，真正罪恶的制造者是那些所谓的上层人物，那些战争的发起者——无论他们是有意的，还是无意的，无论他们有没有打着真理或者爱国的旗号。正如弗洛姆在《爱的意识》中所说：“你爱你自己，爱你的爱人，如果这种爱不能穿越更广阔的空间，这种爱就是畸形的。”

师：好，今天的课就上到这里，同学们再见！

生：老师再见！

## 附录一　学　案

**一、你们的问题**

1. 蛮子大妈转变太快了，让人接受不了。（19人）

2. 蛮子大妈究竟是怎样的一个人？（8人）

3. 蛮子大妈抄下地址，要给那些士兵的母亲写报丧信，意图何在？（4人）

4. 为什么要花大量笔墨写第一大部分，删掉它并不影响故事完整。（15人）

5. 作者写这篇文章最本质的意图何在？（5人）

**二、我们的问题**

1. 蛮子大妈为什么会发生那么大转变？她的转变说明了什么？（综合

了问题1、3、2、5）

2. 有人说，第一部分可以删去，文章到“手里握着报丧的信”就结束，可能更加震撼人心。有一个版本就是这样，那个版本的名字叫《索瓦热老婆婆》，你的观点如何？（问题4）

**三、问题延伸**

1.《第四十一个》中的神枪手金发美女玛柳特卡，与押送的白军俘虏先是不共戴天的仇人，后来当他们流落到一个孤岛上，竟然相爱了，但当白军船只到来的时候，玛柳特卡又开枪打死了她的“蓝眼睛情人”。试分析这个情节设置是否合理。

2. 试比较《蛮子大妈》和美国影片《英国病人》中作者对战争的认识。

因为农人们都不大有什么仇恨，这种仇恨仅仅是属于高等人士的。至于微末的人们，因为本来贫穷而又被新的负担压得透不过气来，所以他们付出的代价最高；因为素来人数最多，所以他们成群地被人屠杀而且真的做了炮灰；因为都是最弱小和最没有抵抗力的，所以他们终于最为悲惨地受到战争的残酷祸殃；有了这类情形，他们所以都不大了解种种好战的狂热，不大了解那种激动人心的光荣以及那些号称具有政治性的策略；这些策略在半年之间，每每使得交战国的双方无论谁胜谁败，都同样变得精疲力竭。

——《蛮子大妈》

我们都将死去，我们将与爱的人和不同种族的人一起充实而热烈地死去。我们咽下彼此的味道；交换彼此的身躯，浮游于爱河之上；恐惧时我们躲藏起来，正如这凄凉的洞穴。我要把所有这些都镌刻在我的身体上。我们才是真实的国家，并非画在地图上的边界所示的，以掌权者命名的国家。我知道你定会回来抱着我，屹立风中。那就是我所要的——与你漫步在如此的土地上，与朋友们在一个没有地图的地球上。

——《英国病人》

# 蛮子大妈

莫泊桑

一

我有十五年不到韦尔洛涅去了。今年秋末，为了到我的老友塞华尔的围场里打猎，我才重新去了一遭。那时候，他已经派人在韦尔洛涅重新盖好了他那座被普鲁士人破坏的古堡。

我非常心爱那个地方，世上真有许多美妙的角落，教人看见就得到一种悦目的快感，使我们不由得想亲身领略一下它的美。我们这些被大地诱惑了的人，对于某些泉水、某些树林子、某些湖沼、某些丘陵都保存着种种多情的回忆，那固然是时常都看得见的，然而却都像许多有趣味的意外变故一样教我们动心。有时候，我们的思虑竟可以回到一座树林子里的角落上，或者一段河岸上，或者一所正在开花的果园里，虽然从前不过是在某一个高兴的日子里仅仅望见过一回。然而它们却像一个在春晴早起走到街上撞见的衣饰鲜明的女人影子一般留在我们心里，并且还在精神上和肉体上种下了一种无从消磨和不会遗忘的欲望，由于失之交臂而引起的幸福感。

在韦尔洛涅，我爱的是整个乡村：小的树林子撒在四处，小的溪河像人身的脉络一样四处奔流，给大地循环血液，在那里面捕得着虾子、白鲈鱼和鳗鱼！天堂般的乐趣！随处可以游泳，并且在小溪边的深草里面时常找得着鹧鸪。

当日，我轻快得像山羊似的向前跑，瞧着我两条猎狗在前面的草里搜索。塞华尔在我右手边的一百米光景，正穿过一片苜蓿田。我绕过了那一带给索德尔森林做界线的灌木丛，于是就望见了一座已成废墟的茅顶房子。

突然，我记起在一八六九年最后那次见过的情形了，那时候这茅顶房子是干干净净的，包在许多葡萄棚当中，门前有许多鸡。世上的东西，哪儿还有比一座只剩下断壁残垣的废墟更令人伤心的？

我也记起了某一天我在很乏的时候，曾经有一位老妇人请我到那里面喝过一杯葡萄酒，并且塞华尔当时也对我谈过那些住在里面的人的经历。老妇人的丈夫是以私自打猎为生的，早被保安警察打死。她的儿子，我从前也看见过，一个瘦高个子，也像是一个打猎的健将，这一家子，大家都叫他们做“蛮子”。

这究竟是一个姓，或者还是一个诨名？

想起这些事，我就远远地叫了塞华尔一声。他用白鹭般长步儿走过来了。

我问他：“那所房子里的人现在都怎么样了？”于是他就向我说了这个故事。

## 二

普法之间已经正式宣战的时候，小蛮子的年纪正是三十三岁。他从军去了，留下他母亲单独住在家里。他们并不很替她担忧，因为她有钱，大家都晓得。

她单独一人留在这所房子里了，那是坐落在树林子边上并且和村子相隔很远的一所房子。她并不害怕，此外，她的气性和那父子两个是一般无二的，一个严气正性的老太太，又长又瘦，不常露笑容，人们也绝不敢和她闹着耍。并且农家妇人们素来是不大笑的。在乡下，笑是男人们的事情！因为生活是晦暗没有光彩的，所以她们的心境都窄，都打不开。男人们在小酒店里，学得了一点儿热闹的快活劲儿，他们家里的伙伴却始终板起一副严肃的面孔。她们脸上的筋肉还没有学惯那种笑的动作。

这位蛮子大妈在她的茅顶房子里继续过着通常生活。不久，茅顶上已经盖上雪了。每周，她到村子里走一次，买点面包和牛肉以后就仍旧回家。当时大家说是外面有狼，她出来的时候总背着枪，她儿子的枪，锈了的，并且枪托也是被手磨坏了的。这个高个儿的蛮子大妈看起来是古怪的，她微微地偻着背，在雪里慢慢地跨着大步走，头上戴着一顶黑帽子，紧紧包住一头从未被人见过的白头发，枪杆子却伸得比帽子高。

某一天，普鲁士的队伍到了。有人把他们分派给居民去供养，人数的多寡是根据各家的贫富做标准的。大家都晓得这个老太婆有钱，她家里派了四个。

那是四个胖胖的少年人，毛发是金黄的，胡子是金黄的，眼珠是蓝的，尽管他们已经熬受了许多辛苦，却依旧长得胖胖的，并且虽然他们到了这个被征服的国里，脾气却也都不刁。这样没人统率地住在老太太家里，他们都充分地表示对她关心，极力设法替她省钱，教她省力。早上，有人看见他们四个人穿着衬衣绕着那口井梳洗，那就是说，在冰雪未消的日子里用井水来洗他们那种北欧汉子的白里透红的肌肉，而蛮子大妈这时候却往来不息，预备去煮菜羹。后来，有人看见他们替她打扫厨房，揩玻璃，劈木柴，削马铃薯，洗衣裳，料理家务，俨然是四个好儿子守着他们的妈。但是她却不住地记挂她自己的那一个，这个老太太，记挂她自己的那一个瘦而且长的，弯钩鼻子的，棕色眼睛，嘴上盖着黑黑的两撇浓厚髭须的儿子。每天，她必定向每个住在她家里的兵问：

“你们可晓得法国第二十三边防镇守团开到哪儿去了？我的儿子在那一团里。”

他们用德国口音说着不规则的法国话回答：“不晓得，一点不晓得。”后来，明白她的忧愁和牵挂了，他们也有妈在家里，他们就对她报答了许多小的照顾。她也很疼爱她这四个敌人；因为农人们都不大有什么仇恨，这种仇恨仅仅是属于高等人士的。至于微末的人们，因为本来贫穷而又被新的负担压得透不过气来，所以他们付出的代价最高；因为素来人数最多，所以他们成群地被人屠杀而且真的做了炮灰；因为都是最弱小和最没有抵抗力的，所以他们终于最为悲惨地受到战争的残酷祸殃；有了这类情形，他们所以都不大了解种种好战的狂热，不大了解那种激动人心的光荣以及那些号称具有政治性的策略；这些策略在半年之间，每每使得交战国的双方无论谁胜谁败，都同样变得精疲力竭。

当日地方上的人谈到蛮子大妈家里那四个德国兵，总说道：

“那是四个找着了安身之所的。”

谁知有一天早上，那老太太恰巧独自一个人待在家里的时候，远远地望见了平原里，有一个人正向着她家里走过来。不久，她认出那个人了，那是担任分送信件的乡村邮差。他拿出一张折好了的纸头交给她，于是她从自己的眼镜盒子里，取出了那副为了缝纫而用的老花眼镜，随后她就读下去：

蛮子太太，这封信是带一个坏的消息给您的。您的儿子威克多，昨天被一颗炮弹打死了，差不多是分成了两段。我那时候正在跟前，因为我们在连队里是紧挨在一起的，他从前对我谈到您，意思就是他倘若遇了什么不幸，我就好当天告诉您。

我从他衣袋里头取出了他那只表，预备将来打完了仗的时候带给您。

现在我亲切地向您致敬。

第二十三边防镇守团二等兵黎伏启

这封信是三星期以前写的。

她看了并没有哭。她呆呆地待着没有动弹，很受了打击，连感觉力都弄迟钝了，以至于并不伤心。她暗自想道：“威克多现在被人打死了。”随后她的眼泪渐渐涌到眼眶里了，悲伤侵入她的心里了。各种心事，难堪的，使人痛苦的，一件一件回到她的头脑里了。她以后抱不着他了，她的孩子，她那长个儿孩子，是永远抱不着的了！保安警察打死了老子，普鲁士人又打死了儿子……他被炮弹打成了两段，现在她仿佛看见那一情景，教人战栗的情景：脑袋是垂下的，眼睛是张开的，咬着自己两大撇髭须的嘴巴，像他从前生气的时候一样。

他的尸首是怎样被人拾掇的，在出了事以后？从前，她丈夫的尸首连着额头当中那粒枪子被人送回来，那么她儿子的，会不会也有人这样办？

但是这时候，她听见一阵嘈杂的说话声音了。正是那几个普鲁士人从村子里走回来，她很快地把信藏在衣袋里，并且趁时间还来得及又仔仔细细擦干了眼睛，用平日一般的神气安安稳稳接待了他们。

他们四个人全是笑呵呵的，高兴的，因为他们带了一只肥的兔子回来，这无疑是偷来的，后来他们对着这个老太太做了个手势，表示大家可以吃点儿好东西了。

她立刻动手预备午饭了；但是到了要宰兔子的时候，她却失掉了勇气。然而宰兔子在她生平这并不是第一次！那四个兵的中间，有一个在兔子耳朵后头一拳打死了它。

那东西一死，她从它的皮里面剥出了鲜红的肉体；但是她望见了糊在自己手上的血，那种渐渐冷却又渐渐凝住的温暖的血，自己竟从头到脚都发抖了；后来她始终看见她那个被打成两段的长个儿孩子，他也是浑身鲜红的，正同那个依然微微抽搐的兔子一样。

她和那四个兵同桌吃饭了，但是她却吃不下，甚至于一口也吃不下，他们狼吞虎咽般吃着兔子并没有注意她。她一声不响地从旁边瞧着他们，一面打好了一个主意，然而她满脸那样的稳定神情，教他们什么也察觉不到。

忽然，她问：“我连你们的姓名都不晓得，然而我们在一块儿又已经一个月了。”他们费了好大劲才懂得她的意思，于是各人说了各人的姓名。这办法是不能教她满足的；她叫他们在一张纸上写出来，还添上他们家庭的通信处，末了，她在自己的大鼻梁上面架起了眼镜，仔细瞧着那篇不认得的字儿，然后把纸折好搁在自己的衣袋里，盖着那封给她儿子报丧的信。

饭吃完了，她向那些兵说：

“我来给你们做事。”于是她搬了许多干草搁在他们睡的那层阁楼上。

他们望见这种工作不免诧异起来，她对他们说明这样可以不那么冷；于是他们就帮着她搬了。他们把那些成束的干草堆到房子的茅顶那样高，结果他们做成了一间四面都围着草墙的寝室，又暖又香，他们可以很舒服地在那里睡。吃夜饭的时候，他们中间的一个瞧见蛮子大妈还是一点东西也不吃，因此竟担忧了。她托词说自己的胃有些痛。随后她燃起一炉好火给自己烘着，那四个德国人都踏上那条每晚给他们使用的梯子，爬到他们的寝室里了。

那块做楼门用的四方木板一下盖好了以后，她就抽去了上楼的梯子，随后她悄悄地打开了那张通到外面的房门，接着又搬进了好些束麦秸塞在厨房里，她赤着脚在雪里一往一来地走，从容得教旁人什么也听不见，她不时细听着那四个睡熟了的士兵的鼾声，响亮而长短不齐。

等到她判断自己的种种准备已经充分以后，就取了一束麦秸扔在壁炉里。它燃了以后，她再把它分开放在另外无数束的麦秸上边，随后她重新走到门外向门里瞧着。

不过几秒钟，一阵强烈的火光照明了那所茅顶房子的内部，随后那简直是一大堆骇人的炭火，一座烧得绯红的巨大焖炉，焖炉里的光从那个窄小的窗口里蹿出来，对着地上的积雪投出了一阵耀眼的光亮。

随后，一阵狂叫的声音从屋顶上传出来，简直是一阵由杂乱的人声集成的喧嚷，一阵由于告急发狂令人伤心刺耳的呼号构成的喧嚷。随后，那块做楼门的四方木板往下面一坍，一阵旋风样的火焰冲上了阁楼，烧穿了茅顶，如同一个巨大火把的火焰一般升到了天空；最后，那所茅顶房子整个儿着了火。

房子里面，除了火力的爆炸、墙壁的崩裂和栋梁的坠落以外，什么声音也没有了。屋顶陡然下陷了，于是这所房子烧得通红的空架子，就在一阵黑烟里面向空中射出一大簇火星。

雪白的原野被火光照得像是一幅染上了红色的银布似的闪闪发光。

一阵钟声在远处开始响着。

蛮子大妈在她那所毁了的房子跟前站着不动，手里握着她的枪，她儿子的那一杆，用意就是害怕那四个兵中间有人逃出来。

等到她看见事情已经结束了，就向火里扔了她的枪。枪声响了一下。

许多人都到了，有些是农人，有些是德国军人。

他们看见了这个妇人坐在一段锯平了的树桩儿上，安静的，并且是满意的。

一个德国军官，满口法国话说得像法国人一样好，他问她：

“您家里那些兵到哪儿去了？”

她伸起那条瘦的胳膊向着那堆正在熄灭的红灰，末了，用一种洪亮的声音回答：

“在那里面！”

大家团团地围住了她。那个普鲁士人问：

“这场火是怎样燃起来的？”

她回答：“是我放的。”

大家都不相信她，以为这场大祸陡然教她变成了痴子。后来，大家都围住了她并且听她说话，她就把这件事情从头说到尾，从收到那封信一直到听见那些同着茅顶房子一齐被烧的人的最后叫唤。凡是她料到的以及她做过的事，她简直没有漏掉一点。

等到说完，她就从衣袋里面取了两张纸，并且为了要对着那点儿余火的微光来分辨这两张纸，她又戴起了她的眼镜，随后她拿起一张，口里说道：“这张是给威克多报丧的。”又拿起另外一张，偏着脑袋向那堆残火一指：“这一张是他们的姓名，可以照着去写信通知他们家里。”她从从容容把这张白纸交给那军官，他这时候正抓住她的双肩，而她却接着说：“您将来要写起这件事的来由，要告诉他们的父母说这是我干的。我在娘家的名姓是威克多娃·西蒙，到了夫家旁人叫我做蛮子大妈。请您不要忘了。”

这军官用德国话发了口令。有人抓住了她，把她推到了那堵还很火热的墙边。随后，十二个兵迅速地在她对面排好了队，相距约莫二十米。她绝不移动。她早已明白，她专心等候。

一道口令喊过了，立刻一长串枪声跟着响了。响完之后，又来了一声迟放的单响。

这个老婆子并没有倒在地上。她是弯着身躯的，如同有人斩了她的双腿。

那德国军官走到她的跟前了。她几乎被人斩成了两段，并且在她那只痉挛不住的手里，依然握着那一页满是血迹的报丧的信。

我们的朋友塞华尔接着又说：

“德国人为了报复就毁了本地方的古堡，那就是属于我的。”

我呢，我想着那四个烧在火里的和气孩子的母亲们；后来又想着这另一个靠着墙被人枪毙的母亲的残忍的壮烈行动。

末了，我拾着了一片小石头，从前那场大火在它上面留下来的烟煤痕迹依然没有退。

## 附录二　苏联经典小说

### 第四十一个

拉夫列尼约夫

一支红军残部从里海岸边向卡拉库姆沙漠撤退。从死亡的包围圈里冲出重围的有二十三名战士和政委叶秀可夫。他们中间，有一个女战士玛柳特卡，她是队里的神枪手，百发百中，每放一枪都要数个数，她的死亡簿上已经有四十个白卫军官了。

这天，玛柳特卡放哨时发现了一支骆驼队，叶秀可夫立即带着战士们追了上去。哥萨克兵躲在骆驼后面向他们开火，红军战士还击着。玛柳特卡举枪瞄准着一个中尉。一声枪响。“第四十一个。”玛柳特卡数着数。

可中尉并没有被击中，他从骆驼后面举枪投降了。战士们从他身上搜出一份文件，得知他肩负着重要的秘密使命。政委叶秀可夫决定把他押到司令部去。一路上，交给玛柳特卡看管。玛柳特卡走到俘虏面前，中尉正用一双碧蓝的眼睛望着她。玛柳特卡恶狠狠地说：“别以为我是个女人，你就可以逃跑，第一次打空了，下一次可便宜不了你！”

叶秀可夫和战士们带着缴获的骆驼队，继续沿着沙丘前进。不料，在一个风雪之夜，当地的吉尔吉斯人乘守卫的战士打瞌睡的时候，把骆驼全赶走了。队伍面临着严酷的困境，前面的征途是漫长的，需要穿过荒漠、战胜严寒，没有骆驼是不堪设想的。

队伍越来越艰难了，战士们衣衫褴褛，体力衰竭，有的战士倒下后就再也爬不起来，他们的坟堆像路标似的竖在这荒无人迹的征途上。只剩下八个人在沙漠里行进了。有人提出把白匪军官干了，免得白消耗一份口粮，可政委不答应。说他能供出不少材料，一定要把他带到司令部去。

这一天，他们终于到达了阿拉尔海，并且在海岸上发现了一个吉尔吉斯村落。

吉尔吉斯人对这些在二月严冬，从古列夫徒步穿过沙漠，来到阿拉尔的人，表现出恐惧和钦佩。战士们受到了热情的款待。他们在温暖的帐幕里沉沉地睡了一觉，又狼吞虎咽地饱吃了一顿抓饭。

吃完饭，玛柳特卡马上把中尉用缰绳捆起来。战士们嬉笑着说，又给他上套了！像一条戴锁链的狗！玛柳特卡没理会这些玩笑，此刻她的内心沸腾，诗兴大发，一心想把他们忍饥受冻，穿过沙漠的事写出来。她向吉尔吉斯人要了一张画报，又从行军囊里取出半截铅笔，坐在火盆旁边，歪歪扭扭地写起诗来。中尉用那碧蓝的眼珠看着，惊讶地说：“你在写诗？”玛柳特卡恼火地答道：“你以为只有你会跳几下法国舞，我就得是个乡下傻瓜吗？”

中尉表示并不是认为她傻，只是觉得现在不是时候。他要她读一段给他听听。

玛柳特卡对他说，你听不懂，你血管里是贵族老爷的血，我写的是穷人，是革命。

中尉说：“或许内容对我格格不入，可是人了解人总是可能的呀。”

“好，就依你……”玛柳特卡开始给中尉读她写的诗。两人不知不觉地谈论起诗歌艺术来了。

政委急于把中尉解到司令部去。他决定派玛柳特卡和两名战士押着中尉，由海路出发，其余的由他率领沿海岸前进。

黄昏，出发的人们都上了船。政委对玛柳特卡说，好好盯住俘虏，放跑了，你自己最好也别活着。万一遇到白党，不能把活的交给他们。

小船沿着平坦的海岸飞驶。风平浪静，水波涟涟。玛柳特卡望着逝去的海水，觉得海水蓝得什么都比不上。突然，她的目光与中尉的蓝眼睛相遇，不禁全身打了个寒噤："我的妈呀！你的眼睛蓝得跟海水一样……"

血红的晚霞映照着西天，吹起一阵冰冷的海风。不一会儿，乌云蔽天，浪涛击岸，小船在海浪头上颠簸。遇到风暴了！一个巨浪打折了桅杆，把一个战士卷下海去。又一个巨浪打来，另一个战士也被冲下海，玛柳特卡两手紧紧抓住船舷。中尉吓得直画十字。海咆哮着，浪头抛掷着小船，把小船冲向岸边。玛柳特卡和中尉把船系在岸上一块石头上，把船上的东西搬到岸上。她一次又一次地对着茫茫大海呼喊着自己的战友，寂无回音，她伤心地哭了起来。中尉冻得直打哆嗦："嘿，他妈的，真像小说里一样，鲁滨孙带着他的礼拜五。"

这是一个四面临水的小岛。他们找到了一个鱼仓，里面堆着很多鱼。两人又累又冷，一起用火药点着了火，用木板和肥鱼当柴烧。围着火堆烘烤衣服。

第二天，玛柳特卡发现岸边的小船被冲走了。中尉也病倒了，蓝眼珠浑浊无神，脸颊烧得烫人，嘴里还喃喃地说着胡话。玛柳特卡悲痛地说："他要死了，叫我怎么向叶秀可夫交代呀……我的蓝眼珠的傻小子呀。"

玛柳特卡悉心照料了几天几夜，中尉终于醒来了。他望着玛柳特卡憔悴的脸上一双温柔的眼睛和欢乐的笑容，感激地伸出纤细的手指，轻轻抚摸着她的臂弯，说："谢谢你，亲爱的姑娘！"

玛柳特卡说："我又不是野兽，能眼看着一个人死吗？"她给他弄来吃的，又从背包里拿出那张写着诗的画报纸，给他卷烟。中尉感动地说："谢谢，玛柳特卡，我永远忘不了这件事。"

春天来了，蔚蓝的天空，海鸥在飞翔。玛柳特卡找到了一所渔民小房，房里有渔民落下的大米和白面，还有一张木板床。他们搬进了渔民小房，高兴地围着火炉说笑。中尉称玛柳特卡"礼拜五"，并给她讲起了鲁滨孙和礼拜五的故事。玛柳特卡入神地听着。希望中尉每天给她讲一个故事。中尉告诉她，战前他是大学生，研究语言学的，家里有很多书……他感到身体虚弱，停下不说了，玛柳特卡怜惜地摸了一下中尉的头发，他惊异地抬起蓝眼睛，看着她。这目光，煽起了玛柳特卡的少女柔情，她情不自禁地吻他，中尉也吻她的嘴唇，他们紧紧拥抱了。

中尉本应是玛柳特卡死亡簿上的第四十一名，可是他却成为玛柳特卡处女欢乐簿上的第一名了。这天，玛柳特卡和中尉躺在沙滩上，中尉感慨地说，没想到人生最美满的日子是在这愁煞人的大海边度过的。他希望永远留在这里，远离战争、流血、仇恨。他还劝玛柳特卡跟他一起到高加索去，埋头读书。玛柳特卡激烈地反对他的观点，并且骂他是软体动物，讨厌的小湿虫！两人争论起来，玛柳特卡扬起手，给了他一记耳光。

吵嘴过后，两人都赌气不说话，可是在这荒岛上能躲避到哪里去？中尉感到别扭，他向玛柳特卡道歉，希望把吵嘴的事全忘掉。他爱她，也恨她，她对自己的信仰无限忠诚，使他们之间产生了不可逾越的鸿沟。玛柳特卡也为他们的分歧而难过，她哭着说："我为什么要爱上你呀？把我害苦了！我的心都折腾出来了。"两人重归于好了。这天，两人又坐在沙滩上，盼望着出现渔船。玛柳特卡说，她再也忍耐不下去了，再过三天，要是渔船还不来，她就朝自己的脑门开一枪。

正说着，中尉发现海面上出现了一只帆船。两人欣喜若狂，紧紧拥抱。他们挥舞着手臂，高声喊叫着。玛柳特卡让中尉回屋去拿枪，发信号。中尉连放三枪。玛柳特卡忽然发现情况不对，她看见舵柄跟前的人，肩上闪着金光。中尉发狂似的大叫起来："我们的人！我们的人！乌拉！……先生们，快来呀，在这儿……"他把枪丢在沙滩上，跑入水中。

玛柳特卡惊叫了一声，抓起步枪，声嘶力竭地喊："站住！你这下流的白党，回来！"

中尉沿着海岸在水中跑，跌倒又爬起。

"站住！"玛柳特卡举枪瞄准。中尉仍在跑。"砰"地一枪，中尉中弹，他转身面对玛柳特卡，喃喃地叫了声"玛莎"，倒下了。

玛柳特卡丢下手中的枪，朝中尉跑去。中尉躺在水里，玛柳特卡一下子跪到水里，拥抱他，把他的头紧紧搂在怀里，哭了，喃喃地喊着："蓝眼睛……我的蓝眼睛……"

海在咆哮，在狂吼，波涛汹涌，在一场激烈的搏斗中，互相冲击着……

# 附录三　美国经典影片

## 英国病人

“二战”期间，一架英国飞机在飞越撒哈拉沙漠时被德军击落，飞机上的机师面部被全部烧伤，当地的人将他救活后送往了盟军战地医院。由于受伤，这个机师丧失了记忆，不能想起自己是谁，因此被叫作“英国病人”。

法国和加拿大血统的护士汉娜是战地医院的一名护士，战争使她失去了男友麦根，在伤员转移途中由于误入雷区，又失去了最好的朋友珍，于是善良的汉娜决定独自留下来照顾这个英国病人。

这是意大利托斯卡纳的一个废弃的修道院，远离战争的喧嚣，显得宁静而闲逸，英国病人静静地躺在房间的木床上，窗头的一本旧书渐渐唤起了他的思绪……

匈牙利籍的历史学者拉兹罗·德·艾马殊伯爵跟随探险家马铎深入撒哈拉沙漠进行考察，在那里，他结识了皇家地理学会推荐来帮助绘制地图的飞机师杰佛和他美丽的妻子凯瑟琳·嘉芙莲。嘉芙莲的风韵和才情深深地吸引了艾马殊，并对她产生了无法抗拒的爱慕之情。杰佛由于回开罗筹集资金，留下嘉芙莲和考察队一同进行考察。在这段时间里，他们共同发现了沙漠深处的绘有原始绘画的洞穴，同时，嘉芙莲对机警、智慧、幽默的艾马殊也产生了好感。

终于，嘉芙莲倒入了艾马殊的怀抱，不尽的温存使艾马殊深陷情网而不能自拔。然而，身为有夫之妇的嘉芙莲深知这是一场没有结局的爱情，尽管她深爱艾马殊，但她无法逾越道德的屏障，最终她决定与艾马殊分手，这深深地伤害了艾马殊。

英国对德宣战，马铎也要回国了，留下艾马殊在沙漠继续他在原始人山洞的考察。已经察觉的杰佛一直保持着绝对的沉默，当他驾驶飞机来接艾马殊时，伤心的杰佛欲驾机撞向艾马殊……杰佛当场死去，同机的嘉芙莲也受了重伤，艾马殊抱起嘉芙莲将她送往山洞，嘉芙莲此时向艾马殊道出了自己一直都在深爱着他。

艾马殊要挽救嘉芙莲，必须步行走出沙漠求救。他将嘉芙莲安置在山洞里，对她许诺一定会回来救她。

然而，当走出沙漠的艾马殊焦急地向盟军驻地的士兵求救时，却因为他的态度和名字被当作德国人抓了起来，并送上了押往欧洲的战俘车。

时间在一点点地流逝，心挂嘉芙莲的艾马殊焦急万分。他终于找机会逃了出来，此时对他来说，没有比救嘉芙莲更重要的事了，情急之中，他用马铎绘制的非洲地图换取了德国人的帮助，用德国人给的汽油驾驶着马铎离开时留下的英国飞机返回山洞。他没有违背诺言，可是时间已过去太多，嘉芙莲已在寒冷中永远地离开了他……

在照顾英国病人的日子里，汉娜结识了印度籍的拆弹手基普，并产生了爱情，在战争的阴影下，他们的爱情显得谨慎而克制。就在此时，战争结束了，然而死亡并没有结束，身为拆弹手的基普，注定还要无数次地面对死亡。汉娜理智地和奔赴雷场的基普分手了。

由于艾马殊将地图交给了德军，使德军长驱直入开罗城，直捣盟军总部。马铎得知后深感愧对祖国，饮弹自杀。为盟军效力的间谍“会友”被切去了手指，使他对艾马殊充满憎恨，他通过打听找到这座修道院，想复仇杀死艾马殊，可当他听了艾马殊的故事后，却又无从下手。

艾马殊决定了结自己的生命，汉娜深深地理解他，协助他离开了这个世界，追随他的爱人去了。

汉娜也要离开修道院了，她怀抱着艾马殊留下的那本旧书，回望绿荫影中的修道院，心中无比的平静……

# 娶个宝钗做老婆

## ——《红楼梦》解读与教学

小说阅读是一个有我之境的创造性活动。

博大精深的《红楼梦》一方面给学生带来巨大的艺术享受，另一方面也给学生带来数不清的疑惑。尤其是人物的圆形性格，学生更是把握不住，分析不准。有学生在课后练笔中撰文《娶个宝钗做老婆》，更使我大跌眼镜。究其原因，学生在分析人物时，没有融入文体之中，完全是“无我之境”。由于没有真情实感的融入，人物性格的分析自然是浮光掠影。于是一个大胆的设想产生了。如果让高三的学生，不是以学生的眼光，而是以两性的眼光深入《红楼梦》，创造“有我之境”，融入真情实感，深入人物的灵魂，把握人物心灵的每一次跳动，也许各层次的学生都能有所悟，有所得。再让各层次的学生交流研讨，就不仅能圆满地突破教学难点，推动各层次学生和谐发展，甚至为以后小说的人物分析打开一扇科学之门。

我们知道，阅读是一种创造性活动，作者未必然，读者却未必不然，只有创造一种“有我之境”，钻进去感受情感，跳出来理性分析，学生才会懂得真正的阅读未必是追寻作者的原意，还可能是一种从文本出发的在实践中自我认知的创造性活动。

### 案例回放

#### 一、教师鼓励性谈话

教师：鲁迅说：“无情未必真豪杰。”今天，我想变换一下角色，作为你们的朋友来和你们谈谈情，谈谈爱情，希望同学们畅所欲言。下面请看大屏幕。

[课件：展示前几节课布置的话题：1.如果你是宝玉，让你选择宝钗或者黛玉做女朋友，你会如何选择？说明理由。（男同学）2.作为女性，你对宝玉的评价如何？理由何在？（女同学）]

**二、学生自由发言**

[课件：展示《红楼梦》中薛宝钗写《咏雪》时场景，背景音乐是范晓萱的《雪人》。]

教师：有同学在练笔中写《娶个宝钗做老婆》，下面请喜欢宝钗的同学自由发言。

生1：我选择宝钗，理由如下：

第一，宝钗有钱。文中说宝钗出身皇商世家，薛家是商人和贵族的结合。我认为有钱没有什么不好，有钱不是罪过，为富不仁才是一种罪过。

第二，宝钗有貌。《红楼梦》中说宝钗长得像杨贵妃，"梨花一枝春带雨"，而且宝玉见了姐姐常常忘了妹妹，由此可见宝钗比黛玉还要美丽。尽管美丽不代表一切，但是爱美之心，人皆有之。

第三，宝钗有才。宝钗的才气不让黛玉，黛玉勇夺菊花诗，宝钗也能写下"万缕千丝终不改，任它随聚随分。韶华休笑本无根，好风凭借力，送我上青云"这样的美妙诗句，也勇夺柳絮诗，在才气上，两个人不分伯仲。

第四，宝钗人缘好。在大观园里，上至领导阶层，下至平头百姓，没有人不说宝钗好，甚至连赵姨娘也对宝钗赞不绝口。能蒙蔽一个人容易，能蒙蔽所有的人，那就难了。大家都说好，才是真的好。所以，我认为宝钗不错。

生2：我也喜欢宝钗。

宝钗确实人好，一个贵族的女孩子却能很热情，难能可贵。她处事公平，关心人，体贴人，帮助人。她给黛玉送燕窝，替袭人做宝玉的针线，帮湘云开脱，拿螃蟹给湘云做东，把自己的衣服给金钏儿装裹，托自己家的铺店到参行买人参给凤姐配药，等等。可是，黛玉在贾府住了那么长时间，她主动去看望过什么人没有？她和谁有过比较长的谈话没有？都没有，因为黛玉关注的只是她的爱情，她的宝哥哥。对于其他的一切人，一切事，她都不闻不问。这既可以理解为黛玉的孤高出尘，也可以理解为黛玉的自私。

生3：我也喜欢宝钗。

我们常常陷入一个误区，因为我们倾向于宝黛的爱情，所以对一切干扰宝黛爱情的行为大加鞭挞。其实，哪个少女不怀春，情窦初开的宝钗，当然也有理由追求自己的爱情，追求自己的幸福。我们对宝钗一些正常的人性，是不是过于苛刻？就算宝钗爱宝玉，又有什么过错呢？更何况宝钗爱宝玉真的是发乎情，止乎礼！宝钗给我的感觉就是浓郁的书卷气和优美的诗人气质，她举止文雅，谦和得体，“不见奢华，惟见淡雅”，是一个标准的淑女，不仅可爱，简直迷人。

[课件：播放《红楼梦》中《黛玉葬花》片段，背景音乐设置孟庭苇的歌曲《谁的眼泪在飞》。]

师：下面请喜欢林妹妹的，谈谈自己的感受。

生4：我喜欢林妹妹，理由如下：

第一，情“真”“意”切。黛玉绝非多情，但一旦有了爱情，就会用生命去维护，她多次在宝玉面前说，“我为的是我的心”。可以说，黛玉什么也没有，只有这颗对宝玉的心。这颗心爱得越深，越要求对方全部的注意、全部的感情和全身心的投入，我认为这才是真正百分百的爱情。

第二，气节。黛玉“眼里揉不得沙子，心里装不下尘埃”，孤高自傲，在乌眼鸡一样的贾府斗争中，她用刀子一样的语言，拼死捍卫她少女的自尊，捍卫连她自己都不敢承认的爱情。她不会做人，但恰恰是这一点，显示了她的气节和绝不向封建势力妥协的精神。

第三，美丽的“弱者”。“倾国倾城貌，多愁多病身”，用在黛玉身上太恰当不过了。黛玉丧母丧父，寄人篱下，一年三百六十日，风刀霜剑严相逼，美丽的黛玉是令人同情的，同情产生怜爱，怜爱滋生爱情。男性天生就有保护弱者、爱护弱者的天性。这种爱常常能演化为爱情。

生5：我也喜欢黛玉。

很多人认为黛玉小性子，甚至把林黛玉当作了小性子的代名词，实际上是对黛玉的误读。黛玉小性子的背后，隐藏的恰恰是她十分强烈的自尊心。她一来到贾府就是“步步留心，时时在意，生怕被人耻笑了去”。周瑞家的送宫花给黛玉，黛玉却“冷笑”说：“我就知道，别人不挑剩下来的也不给我。”黛玉其实根本不在乎宫花的价值，只在乎别人对她的态度，她的敏感就是她的自尊。凤姐说一个戏子：“这孩子眉眼儿像一个人，你们再看不出来。”史湘云当着众人的面说：“像林姐姐的模样儿。”林黛玉非常动气：“我原是给你们取笑的，拿着我比戏子，给众人取笑。”当时社会最为低贱的莫过于戏子，这怎么能不让黛玉感到屈辱？怎么能不伤黛玉的自尊和人格？我们怎么能因此就说黛玉小性子？说黛玉小性子，是没有把黛玉放到黛玉所生存的环境里去。

生6：我补充一点。

我们往往会被黛玉的小性子蒙蔽，实质上黛玉善良、纯洁、率真、热情大方、温柔体贴，这些才是她的真面目。

不少人不喜欢黛玉，在于黛玉总喜欢和宝玉闹小别扭，哭哭啼啼的，很难缠。其实这是宝黛爱情试探的初期，到了爱情的成熟期，黛玉就对宝玉温柔细致，体贴入微。有一个刮风的晚上，宝玉来看望黛玉。“夜深了，”黛玉说，“你听那雨越发紧了，快去吧，可有人跟着没有？”又嫌他的灯不亮，把自己最好的一个玻璃绣球灯给了他。这些柔情蜜意才是黛玉的真性情。

## 三、学生评价性发言

师：刚才朋友们把自己的意中人和盘托出，终身大事不是儿戏，请同学们袒露自己的想法，谁来谈谈不选择黛玉的理由？

生7：黛玉好哭，婆婆妈妈的，又爱使小性子，说话带刺，老爱挑人的不是；另外，黛玉体弱多病，身体是革命的本钱。第一个原因让人很难和黛玉相处，第二个原因让黛玉很难让人相伴。

师：刚才同学们不是有人已经分析了黛玉好哭、爱使小性子的原因了？你不赞同？

生8：尽管黛玉内在上可能有各种各样的原因，但并没改变黛玉呈现出来的这些缺点。我还是不喜欢。比如黛玉父母双亡，史湘云有过之而无不及，黛玉在外祖母家一开始还是受人怜爱，而史湘云则是以半个丫头的身份寄养在叔叔家，但她却没有丝毫的委屈之态，反而活得极其舒展，连素日最善于察言观色的袭人都被她骗过了。史湘云还劝黛玉放开胸怀面对现实，这种人生姿态才是我所欣赏的。

生9：确实，黛玉个性太强，得罪的人太多，人际关系差，事事以自我为中心，这种人肯定让人受不了。尤其是黛玉对刘姥姥的捉弄，简直让人不能接受。既然自己寄人篱下，如此孤苦，为何还要在别人的伤口上撒盐，用自己的绝世才华来捉弄一个乡下的老太太呢？

师：这些都是不选择黛玉的理由，谁来谈谈不选择宝钗的理由？

生10：我来说说。第一，宝钗爱情的动机不纯。从姓名上看，宝钗取的是宝玉的“宝”，黛玉相中的却是宝玉的“玉”，也就是说，宝钗或许对宝玉真的有情，但这一切都是为了自己将来要做宝二奶奶，而黛玉欣赏的却是宝玉的“玉”，即在志趣高洁的基础上，追求志同道合、心心相印的爱情。

第二，宝钗会做人。但我从宝钗的会做人中，恰恰看出了宝钗的虚伪。宝钗聪明绝顶，但却装愚守拙，奉行“不关己事莫开口，一问摇头三不知”的行为准则。元春的灯谜本不新奇，她却故意说难猜；贾母要她点戏点菜，她就专点热闹的戏文和甜烂食品，简直是马屁精，这种人太阴险了。

第三，宝钗狠毒。宝钗“水亭扑蝶”，无意中听到小红的私事，怕小红将来暴露，反咬自己一口，于己不利，慌忙说：“颦儿，看你躲到哪儿去？”然后加重脚步，一路追去了，让小红误以为偷听的人是黛玉，巧妙地嫁祸给黛玉。另外，逼死金钏后，连最为狠毒的王夫人也伤心垂泪，宝钗为了讨好王夫人，却反说金钏糊涂，太太白疼她一场了。由此可见，宝钗的蛇蝎之心，这种女人还是能躲多远就躲多远。

生11：我非常不赞成这种看法。我们常常先入为主，不是在评价一个人，而是在表达自己的一种情绪，这很不好。宝钗揣摩和迎合一下长辈，怎么了？老人喜欢吃甜烂食品，难道我们偏偏要点“苦硬”食品和老人对着干？尊重老人，尽一尽孝道，这不是应该的吗？为什么在宝钗身上就成了大错大恶？

其实，我觉得宝钗的性格并非奸诈，她只是明哲保身，她只是按照封建正统思想去做，她之所以浑然不觉，如鱼得水，是因为她也是悲剧人物，她被封建礼教毒害了。她们是一体的，宝钗身上的虚伪正是封建道德的虚伪。她的心机和凤姐的两面三刀，“上头一脸笑，脚下使绊子”，是截然不同的。对宝钗我更多的是同情，我坚信作者也是如此。要不怎么说“千红一哭，万艳同悲”。宝钗被封建势力毁了一次，又被反封建势力毁了一次，今天又被某些人毁了一次，真是可悲！

师：这个分析很有深度，但似乎你也有一种情绪，呵呵。有人说宝钗“大奸不奸，大盗不盗”，曹雪芹多方面地展示了宝钗性格中的美好的、健康的因素和陈腐的、窒息的因素，这些矛盾又奇妙地统一在一个人身上。曹雪芹如此构思，所为何来？无非要尖锐地批判封建礼教对这个少女的摧残，批判封建礼教吃人的本质。要知道，宝钗和黛玉一样光彩夺目，两个人都是悲剧，宝钗是婚姻悲剧，黛玉是爱情悲剧，但最终都是时代悲剧、社会悲剧。她们都被封建礼教吞噬，前者的毁灭是叛逆者的悲剧，后者的毁灭是殉道者的悲剧。曹雪芹的伟大和深刻就在这里。

生12：关于宝钗，我不想多说。我还想为黛玉鸣几点不平。

我以为黛玉的敏感多疑，好哭，小性子，刀子嘴，恰恰是黛玉最令人同情的一面，也是最令我欣赏的一面。想想看，一个弱女子，寄人篱下，步步留心，时时在意，她怎么能不敏感多疑？她要捍卫自己的尊严，保护自己脆弱的一碰就碎的用生命执着的爱情，她能靠什么？她到最后甚至想要依靠宝钗的妈妈薛姨妈了啊！难道你们不觉得她可怜？我们要看到在黛玉刀子嘴、尖刻话的背后，是一颗多么孤独无助的心。而这颗心一旦解冻，又是多么纯真、开朗。香菱这个苦命的女子想学诗，她的嫂子宝钗嗤之以鼻，而黛玉却诲人不倦，悉心指导。黛玉在这里表现的才是她的真性情，一颗袒露的不设防的玲珑剔透的少女之心。

师：说得好，有没有对钗、黛都没有好感的？

生13：应该说我对黛玉还是有一点好感的，但这两人我都不会选择，我以为黛玉太出世，不食人间烟火，有点冷；而宝钗太入世，圆滑过了头，未免有点俗。如果让我选择，我就选史湘云，她才貌双全，性格直爽，胸无城府，率性而为，何其痛快也！

教师：宝玉呢？哪位女同学谈谈？

生14：我对宝玉没多少好感。

宝玉不爱读书，不求上进，说成是不走“仕途经济”也就罢了，我最瞧不起的是宝玉的多情，任什么女孩子都要献殷勤，一个大男人整天扎在脂粉堆里打滚，还寻死觅活，活脱脱一个花花公子，毫无男子汉的阳刚之气。

生15：我对宝玉的评价很高。

首先，我以为宝玉对女性的尊重，可以理解为对人的尊重，现实中的男人他觉得太丑陋太肮脏了，只有美丽的女性才能充当他塑造人的完美形象的原型。他唱的女性的颂歌，其实就是人的颂歌。宝玉可能是文学史上第一个为女性唱赞歌的人。“女儿是水做的骨肉，男人是泥做的骨肉。”这简直石破天惊。

其次，宝玉的整个性格，同当时的社会、他所属的阶层完全格格不入。他只好逃到女儿国去，尽管她们，包括黛玉，未必能从理智上真正理解他，但却能够爱他，暂时给他一个温暖的存身之所。黛玉从不劝宝玉走“仕途经济”，但对“仕途经济”的认识，却不可能达到宝玉的程度。而这认识上的差距，使得黛玉不可能充分估计到自己在宝玉心目中的分量；不理解自己在宝玉心目中是人世最高价值的体现；不理解如果自己死了，对宝玉不仅是爱情的毁灭，而且是人世最高价值的毁灭。也就是说宝玉是站在一个更高的层面上敬爱女性。中国几千年来，被否认的女性价值仅仅在宝玉的眼里反映出来，几千年来被遮盖住的女性悲剧，也仅仅在宝玉面前拉开帷幕，所以鲁迅说：“悲凉之雾，遍被华林，然呼吸而领会之，独宝玉而已。”这正是世人不理解宝玉之处。

生16：我还想补充一个旁证。

我们看《孔雀东南飞》，老实说，刘兰芝的爱情忠贞固然可贵，她“揽衣脱丝履，举身赴清池”何等从容！但焦仲卿的“徘徊庭树下，自挂东南枝”却犹为难能。“徘徊”一词丝毫没有削弱焦仲卿的光辉形象，恰恰是这一短暂的犹豫，折射出焦仲卿生死抉择的惨烈。焦仲卿终于抛下老母，不顾几千年的孝道伦理，毅然决然地殉情，这一壮举在封建官场可谓石破天惊，可以说焦仲卿是在背负更多的封建因袭上殉情，他殉情的意义比刘兰芝也更为重大。我觉得对宝玉也应该从这个角度上来认识。

## 案例分析

首先，作为一堂研究性的课，我觉得值得总结的是：研究的角度要小。过大，会让学生无所适从，从一个小的角度切入，反而能有真正大的收获。

小说阅读是一个很大的课题，更需要我们选择精巧的切入点，一旦学生研究成功，获得宝贵的第一手材料，学生就能摸着石头过河，以小见大，举一反三。这就是我选择小说中人物性格分析这一角度的最初想法。

其次，小说阅读应着眼全体，落实个体，使每个个体都能逐层推进，异步提高。分析人物性格，正是实现这一目标的有力载体。因为一千个读者的眼里有一千个林黛玉，着眼于全体的本质就是着眼于每一个个体的真实再现，再在内外合力的作用下使之稳步提高。一个苹果与另一个苹果的交换，仍是一个苹果；一个思想和另一个思想的交换却是两个思想的诞生，让每一层的学生都来交流他们心目中的林黛玉，就会有更多林黛玉的产生，学生自会在内心形成鲜明对照，发现自己的优点和不足，并进而去粗取精，这一过程其实是异步推进的过程。

最后，具体到这个案例上，第一，我打破常规，转换视角，让学生从两性的角度，深入人物心灵，创造“有我之境”来分析人物，让每一层的学生都感兴趣，都有参与的热情。

第二，注重思维的过程。在具体的教学过程中，我努力激活学生思维，让学生袒露自己选择的过程，并结合学生的发言，形成一种辩驳的态势。因此，最终学生获得的不是答案的互相交换，而是思维过程的交流，思想智慧的碰撞，这样下来，每层的学生都能有所得有所获。

第三，在具体研究的过程中，我要求学生以小组为单位，提高联系，加强合作，资料必须共享，观点可以独具。在具体的课堂教学中，因为人物性格分析，小组成员不一定有共同观点，我又适时地把他们分成“宝钗帮”和“黛玉派”，把小组的交流推向全班合作，实现个人的、分组的、全班的和谐学习和整体推进。

在整个课堂教学中，我始终面向全体，对每个学生都充满信心，发现他们的闪光点，倾听他们的声音，指导他们克服困难，体验快乐，循序渐进，螺旋发展，力争让每个学生在原有的基础上都得到提高，让不同层次的学生“各得其宜，各尽所妙”。

# 散淡与跳跃：散文教学中的意与境

## 让生命铸铁一样站立
### ——《合欢树》课堂实录

**时间：** 12月12日

**地点：** 钟华楼一楼高一（3）班

**听课对象：** 全市高中语文老师代表

师：早上给一个朋友发短信，说：我今天要上公开课了。同学们猜猜他怎么说?

生：（七嘴八舌的）不知道，他怎么说的啊?

师：他说，公开课=变态课。

生：啊……

师：不过没关系，我们不上变态课，我们只上常态课，尤其是要上生态课。在《游戏·平等·墓地》中，史铁生表达了和我们差不多的看法，他说：一个人死了，埋葬后，不要用冰冷的墓碑这种变态的方式来宣布一个人的死亡，而要种一棵生态的树，一直在那里长着。“但我想，为了记住这一棵树下埋的是谁，也可以做一面小小的铜牌挂在树上，写下死者的名字。比如说我，那铜牌上不要写史铁生之墓，写：史铁生之树。或者把树的名字也写上：史铁生之合欢树。”那么，史铁生为什么对合欢树有那么深的情感？为什么要把自己的生命和合欢树连在一起？今天我们就一起走进史铁生的《合欢树》，探究合欢树背后所隐藏的情感和故事吧。

师：同学们看，这就是合欢树。

生：（大声惊呼）太好看了。

师：是很好看，还有淡淡的香味，好像我们学校旁边本来有，后来修路时弄没了。

生：啊，太可惜了。

师：同学们课前质疑提出了很好的问题，老师帮你们做了一个统计。

1. 母亲说自己作文写得也很好，以及给自己做一条蓝底白花裙子的细节，是不是说明母亲很虚荣？作者为什么要从作文比赛得了第一说起？(13人)

2. 文章的标题是合欢树，为什么前面花大量的笔墨写“我”的母亲？(29人)

3. “我”为什么先不想去看合欢树，后来又想看？为什么对合欢树有这种复杂的感情？(12人)

4. 孩子反复出现有什么意图？(15人)

5. 为什么悲伤也成了享受？(11人)

6. 合欢树究竟有什么象征意义？(9人)

同学们这种质疑问难的阅读方式很好，提出问题永远比解决问题更重要。其实阅读就是一场发现之旅，如何发现呢？就是要看写什么（形象）—怎么写（手法）—为什么写（意图）。别看这种方法简单，恩格斯说，最简单的方法就是最有效的方法。今天我们就一道来发现，来揭示文本背后的奥秘。

老师把你们的问题做了一个归纳，你们的问题就是我们的问题嘛！

文章的标题是合欢树，为什么前面花大量的笔墨写“我”的母亲？(29人) 这是你们提得最多的问题，也是文章的核心问题，老师把它拆分为几个方面。

1. 文章前半部分是怎样写母亲的？(母亲各个阶段的特点、变化、变化的原因。)

2. 母亲与合欢树有什么样的关系？在母亲的眼里，合欢树代表着什么？

3. 母亲去世后，“我”和合欢树有着什么样的关系？在“我”的眼里，合欢树代表着什么？

4. 孩子和合欢树又有怎样的关系？在孩子身上，合欢树代表着什么？

5. 我们的合欢树?

请一个女生给我们读“我十岁那年”，一个男生给我们读“二十岁那年”。其他同学就“母亲各个阶段的特点、变化、变化的原因”标记。

师：读得不错，但许天豪读错了一个字，把残废人读成了残疾人，这个问题严重不?

生1：绝对不能换成残疾，因为残废能够表达作者这个时候已经彻底绝望了，而残疾就不能表达出这层意思。

师：回答得很好，再给同学们时间认真圈读，读出母亲两个阶段的特点，并琢磨母亲的变化，注意分析变化的原因。

师：（5分钟后）现在请同学们交流，然后回答。

生2：母亲很会享受生活，她给自己做一条蓝底白花的裙子。

师：给自己做蓝底白花的裙子，就是享受生活?中间好像还缺乏必然的逻辑。蓝底白花的裙子你觉得怎么样?

生2：很好看，很美。

师：那就说明母亲是一个什么样的人?

生2：（紧张，回答不上来）

师：好的，请坐下，哪个同学挑战这个问题?

生3：从外貌上来看，母亲年轻；从心理上来看，母亲是一个臭美的人。

师：回答得很棒，因为你能够从不同的角度来归纳。臭美，我觉得不是一个贬义词，这个词特别开阔，特别生动，我很喜欢。我顺便问一声，你也臭美吗?

生：（哄堂大笑）

师：母亲还有哪些特点?

生4：母亲好强，孩子气。因为母亲急着和“我”说她自己，说她那时候还要厉害。

师：你觉得这样的母亲怎么样?

生4：很可爱，很有亲和力。

师：我也这样认为，老师给你们看一个很好玩的母亲。链接李敖的《妈妈的梦幻》。

旧历年到了，爸爸总是预备九个红包，妈妈在原则上是绝不肯收这份压岁钱，可是当弟弟偷偷告诉她分给她的那包的厚度值得考虑的时候，妈妈开始动摇了，犹豫了一会儿以后，她终于没有兴趣再坚持她的“原则”了！

堂堂主妇被人当作孩子，这是妈妈最不服气的事。可是令她气恼的事还多着哪！妈妈逐渐发现，她的八个孩子也把她视为同列了。例如爸爸买水果回来，我们八个孩子却把水果分为九份，爸爸照例很少吃，多的那一份大家都知道是分给谁的，妈妈本来赌气不想吃，可是一看水果全是照她喜欢吃的买来的，她就不惜再宣布一次“下不为例”了！

生4：母亲在“我”十岁的时候，很年轻，二十岁时已不再年轻……

师：我提一个建议，我们先概括十岁时的母亲的特点好不好？特点这个词有什么特点？或者说特点的词大多数都是什么词性？

生：（不少人）都是形容词。

师：很好，那么现在谁来说？

生5：母亲是年轻的、聪明的、好看的、好强的。

师：二十岁时母亲有哪些特点？你们发现了哪些变化？

生5：母亲已经不再年轻了。

师：你觉得母亲不再年轻的原因有哪些？

生5：第一，年龄的增加；第二，内心苦痛的折磨。

师：回答得很好，请坐。还有哪些变化？

生6：母亲还由聪明变笨了。

师：从什么地方看出母亲变笨了？为什么变笨了？

生6：医院明确表示，病没办法治了，母亲还是不放弃，花很多的钱；甚至寄希望于偏方，还把“我”的胯熏成重伤，差点要了“我”的命。

师：母亲变笨，说明了什么？

生6：说明了母亲一门心思放在“我”身上，以致有点麻木，有点呆滞。这是母爱最集中的体现。

师：说得很好。想想看，一个母亲因为儿子的病变笨了，这是一个多么伟大的母亲。写母亲的聪明、好强、好看、臭美，就是和母亲日后的命运对照，突出母亲的不幸，而儿子的不幸在母亲那里是要加倍的啊。还有吗？

生7：第一是铺垫，写“我”作文得了第一名，为“我”将来走写作之路做好了铺垫。第二是对比，母亲关于写作的两次评价正好形成对比。前者是为了炫耀自己，有点虚荣；后者是为了鼓励“我”好好写作。这个变化也可以看成是母爱。

师：说得不错，“我”三十岁获奖的时候，母亲已经不在了，这个时候应该和母亲没有关系了吧？

生8：有关系，而且关系很大。从母亲这个角度来说，儿子写作的成功是母亲鼓励的结果。比如提醒儿子作文得了第一，到处给“我”借书，顶着雨冒着雪推“我”看电影。从儿子这个角度来说，儿子写作的最初动机是要让母亲骄傲。

师：你们看，能够从一定的角度来回答问题有多好，体会一下这一段的复杂感情。

生9：母亲承担了“我”所有的痛苦，却没有能分享“我”的喜悦，这是母亲命运的悲苦；“我”能够让母亲骄傲了，但母亲已经不在了，这又是“我”内心深切的惨痛。

师：对，这两种感情交织在一起，纠缠在一起。同学们再来读，就能体会这中间的两个“也”字。“母亲却已不在人世”“母亲已离开我整整七年”。两个“也”字体现出来的是思念和愧疚。母亲去世之后，“我”感情上出现了一个巨大的空白，于是合欢树出现了。现在我们再来研究“母亲和合欢树”。

生10：母亲是去劳动局找工作的路上，挖下含羞草，种在花盆里，竟是一棵合欢树，后来移出盆，栽在窗前的地上，还念叨……

师：注意母亲种植合欢树的时间。

生11：是在“我”双腿残废之后。

师：何以见得？

生11：因为当时母亲的心思全在别处，就是一门心思在“我”腿上的意思，和前文呼应。母亲去劳动局给“我”找工作的路上，而且还没有找到工作，挖合欢树是绝望中抱有的希望。母亲给“我”治腿也是绝望中蕴含着希望。

师：很好。你读出了绝望中蕴含着希望，这不容易。我们来看，母亲为治“我”的腿经历了“希望—失望—终于也绝望—重新抱了希望”这样的过程，我们还可以根据虚实相生的理论来推理母亲。可以说，每一个偏方都会让母亲经历“希望—失望—绝望”的过程，而下一个偏方又会让母亲重新燃起希望，于是，痛苦的轮回又开始了。母亲那么年轻头发就全白了，49岁就怆然过世，实在是心力交瘁啊。那么，在这个时候，在儿子腿病这么严重的时候，还要种植含羞草，这说明了母亲什么特点？

生12：母亲热爱生活。

师：在什么情况下热爱生活？

生12：在苦难命运的打击之下，仍然热爱生活，仍然对生活充满希望。

师：说得好，这让我又想起了文章第一部分母亲的好强，你们觉得“我”的腿残废之后，母亲的好强有没有什么变化？

生13：没有什么变化，母亲的争强好胜，转化为对苦难命运的不屈服。医院明确说治不好，母亲不管，一次次失败，母亲还是锲而不舍。

师：归纳得很准确，《合欢树》绝不仅仅是写母爱，母亲爱自己的孩子，那是连动物也会啊。母亲面对苦难的那种好强，那种坚忍的意志，那种永远热爱生活，永远对生活和生命充满希望，才是给作者最大的财富。我们继续研究，母亲对合欢树为什么抱有那么大的希望？

生14：第二年合欢树没有发芽，母亲叹息了一回，舍不得扔掉；第三年合欢树却又长出叶子来，母亲高兴了好多天，以为那是个好兆头，后来，有时念叨这种树几年才开花。母亲对合欢树的希望中寄托着对儿子的希望。

师：有道理，我们不妨研究一下母亲对儿子的希望。第一个是对“我”治好病的希望，第二个是对“我”写作的希望。两者有哪些相似点？

生15：希望合欢树发芽、长出叶子来，寄托着希望儿子治好病的愿望，这是母亲最低限度的要求，希望儿子活下去。念叨合欢树开花，是不是希望儿子也能开花，在写作上走出一条路。

师：希望儿子走出一条路，就是《我与地坛》中说的，母亲认为，儿子必须得有一条路，通向他自己的幸福。由此看来，合欢树和“我”的命运何其相似。那么在母亲的眼里，合欢树有什么样的象征意义？

生15：合欢树等于自己的孩子，是孩子命运的写照，合欢树身上寄托着母亲对儿子的希望。

师：对，合欢树是希望的树，是母亲的寄托，希望孩子像合欢树一样产生奇迹。母亲对合欢树的呵护和培育就是对作者的疼爱和照顾，合欢树是母亲给孩子的第二个生命。那么，母亲去世后，儿子对合欢树经历了一个怎样的情感变化过程？

生16："我"先是忘记了合欢树，因为悲痛。

师：作者为什么而悲痛？

生16：因为母亲去世了，我们悲痛到了极点，因而连合欢树都忘记了。

师：说得太好了，我们不妨设想一下，含羞草竟然是合欢树，后来居然发芽了，居然长出叶子了。这样一种顽强的生命力，这样一种绝好的教育素材母亲不可能不和"我"说，而"我"也不可能不去关注它。但现在我们居然连它也忘记了，可见"我"悲痛之深。后来呢？

生17：再就是找借口不看。

师：找什么借口？为什么不敢看？

生17：借口手推车进去不方便，不敢看，是怕睹物思人。

师：还有补充吗？

生18：怕睹物思人的背后，隐藏的是对母亲的爱，这种爱中有思念，也有愧疚。

师：说得到位。我们不妨探究一下"我"对母亲情感变化的过程。还是从文章中的三个阶段来看。

生19：十岁时对母亲是不高兴，二十岁时对母亲是不理解，三十岁时是深沉的思念和愧疚。《我与地坛》中反复说，可是，母亲已经不在了。表达的就是思念和愧疚。

师："我心里一阵抖"，这个"抖"字用得好。谁能发现这个字背后的情感？

生20：是震惊，合欢树居然真的开花了。母亲的念叨终于实现了。

生21：我觉得是痛苦，合欢树开花了，而种植合欢树的母亲却已经不在人世。

生22：我觉得还有愧疚，合欢树已经开花了，而"我"却还没有走出一条路。母亲给了"我"那么多，"我"却什么也不能给母亲。

师：合在一起就是一个完美的解答。我们合作学习真的很有必要吧。那后来"我"为什么又突然想去看一看呢？

生23：这个时候作者有点烦，反正是瞎逛，不如去看看。但是潜意识里却是“我”也成功了，想去看一看这棵与自己生命力一样顽强的树。

师：但是却没有看到，能看的时候，忘记、找借口不看，想看的时候却再也看不见了。谁来分析一下这种失落背后的情感？最好结合对母亲的情感。

生24：我觉得这里的情感和作者对母亲的情感非常相似。母亲在世的时候，作者不理解母亲，甚至抱怨母亲；母亲过世之后，才真正读懂了母亲，但母亲却永远不会回来了。这就是作者内心的痛苦。

师：那么，在儿子眼里，合欢树象征着什么？

生25：合欢树象征着母亲，母亲就是合欢树，合欢树就是母亲。这里的合欢树和地坛十分相似。

生26：合欢树还是母爱的一种象征、一种物化。

师：同学们说得很好。合欢树还是母亲活在人世的见证，是母亲生命呈现的另一种方式，是上天对作者思念母亲的一种安慰。那么，从作者对合欢树的态度变化中，你读出了作者的什么样的情感历程？

生27：我觉得是作者对母爱的认识过程。

师：其他同学谁还来补充？

生28：我觉得还是作者对母亲苦难命运的认识过程。

生29：还是对生命意义的体验过程。

师：同学们回答得很好，可能正是因为这些原因，所以，合欢树成为作者的生命树。罗曼·罗兰说：“真正的英雄主义者，是认识到世界的本来面目，但仍然热爱它。”在母亲的感召下，史铁生就成为这样的人，他说：“我的职业是生病，业余写点文字。”那种自嘲、那种从容、那种淡定，就是最好的证明。也就是说，这是一个母与子共同战胜苦难体验生命的故事，那么，作者为什么要写那个孩子，那个孩子和合欢树有什么关系？在孩子身上，寄托着作者什么样的情感？我们不妨先找出孩子和合欢树的文字。

“小两口刚生了一个儿子，孩子不哭不闹，光是瞪着眼睛看窗户上的树影儿。”

“有一天那个孩子长大了，会想起童年的事，会想起他自己的妈妈。但他不会知道那棵树是谁种的，是怎么种的。”

生30：我觉得前者是孩子对生命的好奇。

师：有道理，就是说合欢树是院子里唯一的树，那么高大的树，那么葱郁，孩子对合欢树的关注，实际上是对世界和生命的好奇。还有吗？

生31：还有从母亲到“我”再到孩子，这里有生命的传递，也就是生命的生生不息。就像《村庄》中的芦花，有一天也会成为母亲，也会静静地看着自己的儿子长大。

生32：还有母爱，因为文章说：“有一天孩子会想起童年的事，会想起他自己的妈妈。”这里说的是孩子“自己的妈妈”。

师：同学们回答得非常棒，也就是说，对那个孩子而言，合欢树还是生命的树，在这个孩子的设计上，我们看到了作者自己的影子，合欢树是生命的传承，是生命的延续，还是生命的体验，更是母爱的延续过程，生命生生不息，母爱比时间还要长久。也许了解了这些，就能了解儿子对母爱的理解，对苦难的认识，对生命的体悟。母亲虽然走了，但她留下的美好的东西还在，母亲留下的不是冰冷的墓碑，而是一棵开花的生命的树，正是在这个角度上，作者说：悲伤也成了一种享受。

一节课已经死亡了，我不希望给这节课竖起墓碑，我希望在每个同学的心里都能种植起一棵树。这棵树与母爱有关，与苦难有关，与生命有关，也许生命就像这样生生不息，而我们对生命的体验和认识也必将永无止境。

下课，同学们再见。

生：老师再见。

## 附录一　学　案

### 一、课前质疑（你们的问题）

1. 母亲说自己作文写得也很好，以及给自己做一条蓝底白花裙子的细节，是不是说明母亲很虚荣？作者为什么要从作文比赛得了第一说起？(13人)

2. 文章的标题是合欢树，为什么前面花大量的笔墨写“我”的母亲？(29人)

3. “我”为什么先不想去看合欢树，后来又想看？为什么对合欢树有

这种复杂的感情？（12人）

4. 孩子反复出现有什么意图？（15人）

5. 为什么悲伤也成了享受？（11人）

6. 合欢树究竟有什么象征意义？（9人）

**二、课堂教学（我们的问题）**

文章的标题是合欢树，为什么前面花大量的笔墨写“我”的母亲？

1. 文章前半部分是怎样写母亲的？（母亲各个阶段的特点、变化、变化的原因。）

2. 母亲与合欢树有什么样的关系？在母亲的眼里，合欢树代表着什么？

3. 母亲去世后，“我”和合欢树有着什么样的关系？在“我”的眼里，合欢树代表着什么？

4. 孩子和合欢树又有怎样的关系？在孩子身上，合欢树代表着什么？

5. 我们的合欢树？

**三、课后作业（问题在绵延）**

与电影《美丽人生》比较阅读：

1. 标题（《合欢树》和《美丽人生》）2. 人物（母亲和父亲）

3. 面对灾难（自然灾难和社会战争）4. 鼓励孩子走出绝境的人性的光彩和伟大

## 附录二 电影简介

### 美丽人生

1939年，第二次世界大战的阴影笼罩着整个意大利。

圭多是一个犹太青年，他对生活充满了美好的向往。他和好友菲鲁乔驾着一辆破车从乡间来到阿雷佐小镇。途经一座谷仓塔楼时，年轻漂亮的姑娘多拉突然从塔楼上跌落到他的怀中。原来塔楼上有个黄蜂窝，黄蜂经常骚扰当地居民，多拉想为民除害，烧掉黄蜂窝，反被黄蜂蜇伤。

多拉是某学校的教师，有一天从罗马来的督学要到学校视察，圭多得知后，竟冒充督学来到多拉所在的学校视察。校长热情地接待他，为取悦多拉，引起多拉的注意，圭多索性跳上讲台施展起喜剧演员的才华，惹得学生开怀大笑，令校长和教师瞠目结舌。多拉不惜跟父母闹翻，离家出走，嫁给了圭多。

婚后，好事接踵而来，圭多梦寐以求的书店开业了，他们有了个乖巧可爱的儿子乔舒亚。圭多闲来无事时常和儿子玩游戏，一家人生活得幸福美满。可好日子没过上几年，在乔舒亚5岁生日这天，纳粹分子抓走了圭多和乔舒亚父子，强行把他们送往犹太人集中营。当多拉和乔舒亚的外祖母兴冲冲地回到家里，只见人去楼空，家里被翻得乱七八糟，多拉明白了眼前所发生的一切。她虽没有犹太血统，但她坚持要求和儿子一同前往集中营，多拉被关在女牢里，圭多不愿意让儿子幼小的心灵从此蒙上悲惨的阴影。在惨无人道的集中营里，圭多一面千方百计找机会和女监里的妻子取得联系，向多拉报平安；一面要保护和照顾幼小的乔舒亚，他哄骗儿子这是在玩一场游戏，遵守游戏规则的人最终能获得一辆真正的坦克回家。天真好奇的儿子对圭多的话信以为真，他多么想要一辆坦克车呀！乔舒亚强忍了饥饿、恐惧、寂寞和一切恶劣的环境。圭多以游戏的方式让儿子的童心没有受到任何伤害。

当解放来临之际，一天深夜纳粹准备逃走，圭多将儿子藏在一个铁柜里，千叮咛万嘱咐让乔舒亚不要出来，他打算趁乱到女牢去找妻子多拉，但不幸的是他被纳粹发现，当纳粹押着圭多经过乔舒亚的铁柜时，他还乐观地、大步地走去，暗示儿子不要出来，但不久，就听见一声枪响，历经磨难的圭多惨死在德国纳粹的枪口下。

天亮了，乔舒亚从铁柜里爬出来，站在院子里，这时一辆真的坦克车隆隆地开到他的面前，上面下来一个美军大兵，将他抱上坦克。妈妈也来了，乔舒亚挥舞着手，高喊，妈妈，妈妈，我们赢了，1000分……

# 浪漫与精确：诗歌教学中的景与情

## 万里写入胸怀间
### ——《沁园春·长沙》课堂实录

师：暑假时，相信大家都看过一部红色青春偶像剧《恰同学少年》。我想问问大家看后的感受。

生：（很多人）很好看。

师：嗯，好看，我也觉得好看，为什么好看，要说说理由。

生1：一种很振奋、很冲动的感觉。可能就是他们身上的那种青春、激情，还有朝气蓬勃。

生2：我觉得是他们以天下为己任的远大志向。夫志当存高远，就是这种志向，深深打动了我。

生3：我觉得是他们身上那种慷慨的友谊，还有那些朦胧的爱情，都很吸引人。

师：友谊和爱情，嗯，确实是这样，我也被打动了。看来，我们英雄所见略同。

生4：我觉得一个学校的教育理念很重要，什么样的学校就会锻炼出什么样的学生。一个伟大的集体也很重要，毛泽东的同学几乎都走上了革命道路，而且成就卓著，就是一个证明。

师：同学们说得不错，我来总结一下，他们身上的志向、青春、激情、以天下为己任的豪迈打动了我们。的确这样，毛泽东在湖南一师读书期间，结交了一大批志同道合的朋友，他们畅游湘江，攀登橘子洲，走访岳麓书院，豪气干云，心怀天下。也正是这个原因，1925年，毛泽东重游橘子洲时，诗兴大发，写下了传诵一时的经典作品——《沁园春·长沙》。下面，我请女同学齐声朗读写景的上阕。

（女生读）

师：男生来评一评，读得怎么样？

生5：读得不错。读出了景物的气度，让我们有一种画面感，诗人藏在景物中的豪情也读出来了。

师：你分析得也很好。能不能说说，诗人写了哪些景物？

生5：诗人写的景物有很多，高山、枫林、湘江、大船、雄鹰、游鱼，并且用“万类”来总括。

师：说得很好。尤其是能看出用“万类”来概括，来收束，那么诗人是用什么来领起这几句的？

生5：用“看”领起。

师：回答得不错。毛主席很讲究这种串联的方式。在《沁园春·雪》中，领起写景的词是“望”。望长城内外，惟余莽莽。大河上下，顿失滔滔。山舞银蛇，原驰蜡象，欲与天公试比高。我一直觉得毛的这种写法来自曹操。你看，当年曹操登碣石山，观望沧海，就曾这样写：“东临碣石，以观沧海……”曹操用一个“观”字来领起，抒发自己的英雄之志。我的这种想法并非空穴来风。毛后来还有一首诗，写道“威武挥鞭，东临碣石有余篇，瑟瑟秋风今又是，换了人间”。可见曹操这首《观沧海》在毛泽东心中的分量。一个“看”字领起这么一段，这种手法，在诗歌中叫什么？

生6：这是赋、比、兴中的“赋”。

师：你能否概括“赋”的方法，有哪些好处？

生6：诗词中运用赋，和排比差不多，能够增强气势，为抒情和议论做铺垫。

师：说得不错。赋者，敷陈其事而直言之也，就是铺排。能够文气充沛，连贯之下，浓墨重彩地抒写，自然可以为抒情和议论做好铺垫。这些用来铺排的景物，又叫物象，都是诗人精心挑选的。我们在读诗的时候，一定要注意诗人对物象的选择。为什么要选择这个物象，不选择那个物象？古人说“立意以求象”，诗人总想把自己的情感折射在物象上，所以诗中的物象，都染上了诗人的主观感情，染上主观情感的物象，就叫意象。意象的选择很重要，但不等于什么样的物象，就一定有什么样的情感。比如，月亮这个物象，古诗中它常常是怀念家乡，思念亲人的象征。但有时候也有变化。比如我们有一首歌《月亮代表我的心》。谁来说一说，诗人为什么这样来表白？

生7：我觉得可能是因为月亮的皎洁、纯洁、明亮、光明吧。所以，月亮能够代表我的心。

师：说得不错，也许月亮还见证了我对这份情感的思念和珍重等等，所以，月亮代表我的心。但有一部电视剧名字叫《女人不是月亮》，这又是为什么？难道说女人不是纯洁的、光明的？谁来说说？

生8：这部剧我看过，写的是女人们自强不息的故事。所以，它应该指女人不应该依附男人，应该自己独立干一番事业。而月亮却是依附太阳才能发光发热的，所以说女人不是月亮。

师：我建议给她来点掌声。说得非常好，非常准确。

生：（掌声）

师：所以说，用物象可以大致推断诗人的情感，但更要注意物象含义的多义性。如何来把握这种多义性，老师能给你一种办法，就是注意诗人选择意象之后的表达和组合。先来看意象的表达。通过刚才这些意象的表达，你觉得你的眼前是一幅什么样的画面？

生9：什么样的画面……

师：实际上就是景物有什么样的特点。

生9：我觉得是一幅壮观的画面。万和百写出数量之大，遍和漫写出范围之广，尽和透写出色彩之浓。

师：嗯，你从诗人意象的表达中，即数量之大、范围之广、色彩之浓中看出了壮观。景色的壮观，实际上就是诗人心胸的开阔。还有谁来说？

生10：我觉得是一幅充满生机的画面。

师：这可是秋天啊，你是怎么看出画面生机的？

生10：诗人用了“争”“击”，可见运动幅度之烈、之猛。结尾的“竞自由”是对眼前之景内在精神品格方面的感悟。

生11：这是一幅绚烂的画面。从色彩方面来看，有碧绿的江水，有黑色的苍鹰，有红色的枫林。

生12：这还是一幅立体的画面，有山上的“层林”，有江中的“百舸”，有空中的雄鹰，有水底的游鱼；火红的枫林是静态，“争流”的“百舸”是动态。或远或近，或上或下，或分或总。

师：你说得很好。常见的写作顺序有三种，一是以时间变化为序，一是以空间转移为序，还有一种是以逻辑推理为序。这里是以空间为序。这是面的把握，能否选择一些点，比如说炼字来谈谈？

生12：我来说，我非常喜欢“鹰击长空，鱼翔浅底”中的“击”和“翔”，“击”可见鹰飞的一种气势、一种力度，这是遒劲之美。鱼应该是游，但却用一个“翔”突出了鱼游的一种轻快、一种自如、一种洒脱，这是轻灵之美。长空和河水对应，蓝天和绿水对应，刚劲和轻灵对应。这都是对应关系，而这种对应使文章显得很有张力。

师：这种具体分析的方法，我很欣赏。各种景物的对应，实际上是一种“异”，而所有的“异”，都指向一种“同”。不管“万类”是如何的不同，但它们都在霜天中——“竞自由”。这样写更加突出了“竞自由”。还有同学继续吗？

生13：我也喜欢这两个字。“击”不仅写出了这种气势，也写出了作者的豪情。下阕作者写自己中流“击”水，也是一个“击”字。景语和情语融合为一体，很好。“翔”字也很精妙。“翔”就是不吃力，不吃力就是轻松、自如，没什么阻碍。没什么阻碍，又写出了水之清澈。如果“击”写出了诗人壮怀激烈的一面，那么，“翔”则写出了诗人举重若轻的一面。都好。

师：嗯，说得好。毛泽东曾经写过两句诗：自信人生二百年，会当水击三千里。举重若轻的一面也有。解放后，苏联曾密谋用核武器对中国进行外科手术式的打击。赫鲁晓夫知会美国，美国把这个信息透露给了中国。毛泽东说：“没什么，无非多扔一些破铜烂铁，我打几把锄头正好去开荒。”这就是毛泽东的举重若轻。还有人说吗？

生14：我喜欢“万类霜天竞自由”一句。一个“竞”字，有力地突出了霜天之下万物旺盛的生命力。这一句使前面所有的景物有了更广阔的背景，眼界一下子开阔起来。

师：同学们可以联系前后文，从结构上考虑，也可以联系写作背景，从象征意义上考虑。

生15：从结构上来说，是对上文的总结，也是对上文的拓展；从象征意义上来看，它生动地再现了当时中国工农革命运动蓬勃发展的现状，为下文引出革命的领导权做好了铺垫。

师：对，分析问题就应该这样，先找到分类的依据，再条分缕析。

生16：我觉得下阕的“峥嵘岁月稠”的“稠”字用得特别好，化抽象为具体，写出了过去峥嵘岁月的密集和繁多。

师：李煜说，问君能有几多愁，恰似一江春水向东流。这是典型的化抽象为具体，写出愁之广、之多、之深、之不可遏制。反过来，冰心说，她最喜欢的一个名句是：“雨后的青山，好像泪洗过的良心。”这句是化实为虚，同样妙不可言。

刚才同学们剖析了很多物象的表达之美，那么从这些景物中，我们还悟到作者一种什么样的感情？

生17：我觉得作者在赞秋，通过这些绚烂的画面、立体的画面、生机勃勃的画面，表达了诗人的愉快、愉悦之情。

生18：通过壮观的画面，还有刚才那么多意象的表达，可见诗人的豪迈之情。

师：我有一个问题，古人绝大多数都伤秋、悲秋，毛泽东为什么会在秋天产生愉悦、豪迈之情？

生19：老师，古人为什么会伤秋、悲秋？

师：这是一个很有意思的话题，这涉及我们的民族文化，还有在此基础上所形成的民族心理。同学们不妨从秋天的特点来展开联想。

生20：古代的学子读书叫游学，漂泊无依，就算学有所成，也常常要外放做官。秋天到了，天气冷了，游子就加倍思念亲人，所以苦痛。

师：有道理，唐诗中有“洛阳城里见秋风，欲作家书意万重。复恐匆匆说不尽，行人临发又开封”。还有什么原因？欢迎一家之言。

生21：秋天落叶飘落，游子们很可能会想到落叶归根，而自己却居无定所，这种反差加深了他们的流浪感和失重感。

师：这是一种对比，正是在这种对比中，秋天触动了游子的伤疤。

生22：秋天是收获的季节，而这些游子却常常两手空空，所以看见秋天就难过不已。

师：有道理，海子在《答复》中说："秋天，当我痛苦地站在你的面前，你不能说我一无所有，你不能说我两手空空。"

生23：秋天的到来，预示着寒冬就在远方。游子们难免有壮志难酬，英雄老去之感。所以屈原有"惟草木之零落兮，恐美人之迟暮"。

师：雪莱说："冬天来了，春天还会远吗？"如果带给我们的是巨大的希望，那么，秋天过去了，寒冬就要来了，有理由给我们带来巨大的失望。

生24：秋风扫落叶，更给人人生苦短、凄凄惨惨切切的感觉。

师：欧阳修的《秋色赋》说得好："盖夫秋之为状也：其色惨淡，烟霏云敛；其容清明，天高日晶；其气凛冽，砭人肌骨；其意萧条，山川寂寥。故其为声也，凄凄切切，呼号愤发。"这样繁盛的夏天，转眼间枝叶飘零。这样的季节飘零，叫人怎不伤情？李清照就有"知否，知否，应是绿肥红瘦"，这既是慨叹花之凋谢，也是感喟自己红颜渐老。自古美人如名将，不许人间见白头。

秋天满目萧条，落叶枯黄，敏感的古人触景生情，自然临风洒泪，伤秋悲秋了。所谓"登山则情满于山，观海则意溢于海"。这些可能就是古人伤秋悲秋的原因。还是回到原来的问题上，毛泽东为什么会在秋天产生愉悦、豪迈之情？

生25：因为他不是别人，他是毛泽东。

生：（大笑）

师：不要笑，我觉得他说得很有道理，这就叫"知人"。了解一个人的作品，了解一个人所抒发的情感，当然有必要对这个人有所了解，特别是这个人的个性。你觉得毛是一个什么样的人？

生26：他是一个有远大志向的人。重要的是，他不但有远大的志向，还有为志向而践约的精神。还在读书的时候，毛泽东就写了《咏蛙》诗："独坐池塘如虎踞，绿荫树下养精神。春来我不先开口，哪个虫儿敢作声？"

师：确实如此，毛从小就非同小可。1906年，主席在私塾里做了这样一首诗：天井四方方，周围是高墙。清清见卵石，小鱼囿中央。只喝井里水，永远长不长。初步显示出毛的视界和胸怀。

到湖南一师上学时，毛泽东偷着在父亲账簿中的留言是：孩儿立志出乡关，学不成名誓不还。青山处处埋忠骨，何须马革裹尸还。

生27：毛还是一个诗人，始终用诗性的眼光看待世界。在战争过程中，留下很多脍炙人口的诗歌，被人们誉为马背诗人。所以，他总是充满激情，百折不挠，充满壮美的乐观精神。

师：有道理。毛的诗歌确实充满壮美雄浑的浪漫主义风格特色。

生28：还有职业革命家的身份。所以，他不仅有指点江山的志向、指点江山的才能，还有指点江山的资本。

师：同学们说得不错，但“知人”还需“论世”，文章合为时而著，歌诗合为事而作。

生29：此诗写作的时间是1925年，毛泽东正准备去广州主持农民运动讲习所。当时，大革命的风暴风起云涌，全国的形势一派大好。所以，作者笔下的秋景自然是昂扬的、蓬勃的、壮美的。

师：也就是说，万类霜天竞自由，不仅是自然的景象，也是社会变革的象征。

生30：可以这么说。

师：那么，为什么作者又感到一丝怅惘？这种怅惘所谓何来？

生31：万类霜天竞自由，很自然就会产生一个问题，即谁来主宰革命的领导权问题。

师：这里还涉及一个背景。1923年6月在中共“三大”上，毛泽东得到陈独秀的充分肯定，被选进五人组成的中央局，名列陈独秀之后，排党内第二位。以后中央文件就由陈、毛共同签署发出。然而随着两个人工作关系的密切，分歧也就日渐暴露出来，主要表现在对农民运动的看法上，再就是陈的家长制作风也激起毛泽东的反感，毛泽东就此受到陈独秀的冷落。毛泽东最终没有参加中共“四大”，没有继续当选为中央领导成员，他也因此失去了在中央的发言权。

生32：因此，面对“万类霜天竞自由”的现状，他不由得“怅惘”，于是问“苍茫大地，谁主沉浮”。也就是面对工农革命的蓬勃发展，应由万类中的谁来主沉浮，即由什么样的人来领导这一次的中国革命？

师：但作者毕竟还是感到怅惘了，我们怎么理解这种情感？

生33：我觉得更真实。伟人也是人，也会感到失意。但更重要的是“怅”字，蕴含着从沉思到激昂慷慨。这种问，也只是引起我们的注意而已，诗人早就成竹在胸。在这里，诗人完成了一个诗人到一个职业革命家的身份转化。

师：这时的毛泽东，是作为一个革命家站在一个高度，审视着中国的前途和命运。下阕中作者是怎么回答这个问题的？

生34：作者没有正面回答这个问题。

师：也就是说，作者没有说："数风流人物，还看今朝。"而是宕开一笔，回忆自己的当年生活，同学、战友，还有那些不寻常的往事。这样写究竟有什么好处，谁来说说？

生35：首先，从结构上来看，回到了橘子洲上，重游故地，当然要重温旧梦。这是它的第一个好处。还有就是回答了上文的疑问。能够主宰沉浮的，能够领导中国革命的，应该是我的"百侣"。

师：说得好，"百侣"和下文的"同学"，究竟是什么关系？

生36：我来说说，我觉得是同一关系。"百侣"就是下文的"同学"，也就是这些革命者。

师：我想知道，毛泽东凭什么说，他的这些同学，这些革命者能够主宰中国的命运？他们有什么样的特点？请同学们讨论后做概括。

（学生分组讨论）

生37：他们年轻、意气风发、壮怀激烈。

师：理由何在？

生38：诗中说，恰同学少年，风华正茂，书生意气，挥斥方遒。

师：好，其他同学继续。

生39：他们以天下为己任，所以才能挺身而出，"指点江山，激扬文字"。

生40：他们还有先进性。因为他们不受腐蚀，粪土当年万户侯。

师：呵呵，就是说，他们那时候也坚持"三个代表"重要思想了，代表着最先进的生产力的发展方向。

生41：他们还有战斗性，力挽狂澜，到中流击水，浪遏飞舟。

师：很多研究者认为，"五四"运动包括两方面内容，一是思想启蒙，重在个体精神自由；一是政治救亡，重在群体战斗行动。《沁园春》上下阕恰是分别表现了这两方面。上阕是——万类霜天竞自由，过渡句是——

谁主沉浮，答案是——携来百侣曾游。

究竟谁主沉浮，诗人采用不答之答。既然这群百侣——年轻，有知识，有文化，以天下为己任，既忠诚爱国，又有先进性、进步性、战斗性，他们自然能够中流击水，主宰沉浮，挽狂澜于既倒，扶大厦之将倾。这样的场景含蓄地回答了上面的提问，言已尽而意无穷，意已尽而情不已。

好，今天的课就上到这里，下课，同学们再见。

生：老师再见。

# 恐惧与战栗：戏剧教学中的灵与肉

## 当爱已成往事
### ——《雷雨》课堂实录

师：《雷雨》是经典中的经典，是戏剧王冠上的明珠，今天，我们有幸一同走进“雷雨”，走进这个人性复杂错乱的故事，探究无限的可知和不可知。同学们，小组研究得怎么样了？今天可是检测我们成果的时候。

### 一、从故事情节入手，看矛盾冲突

师：我们不着急，一步一步来。有人曾经说过，没有冲突，就没有戏剧，那么，何为戏剧冲突？

生：所谓戏剧冲突，就是戏剧中那些人物之间的矛盾。

师：有道理，人物矛盾就是戏剧冲突。那么，为什么没有冲突就没有戏剧？戏剧冲突何以如此重要？

生：冲突可以推动情节的发展，让情节惊心动魄。

师：哦，你这是情节说。

生：冲突可以让人物在激烈的矛盾冲突中展示出内心，对性格是很好的揭示。

师：你这个为人物性格说。

生：戏剧冲突，可以使得戏剧好看。

师：哈哈，你这个是票房说。要注意，情节惊心动魄了，自然就好看了。和前面同学有重复。

生：矛盾冲突，能揭示性格，通过人物性格形象的塑造，凸现戏剧的主题。

师：你这个应该叫主题说。大家说得都不错，没有冲突就没有戏剧，由此可见冲突的重要性。冲突能使矛盾激化，冲突能推动情节发展，冲突能使性格鲜明，冲突还能使主题凸现。

下面，我们就从故事情节入手，分析《雷雨》中有多少矛盾冲突，以及产生这些矛盾冲突的根源是什么，它们是如何发展的，并进一步研究其中什么矛盾冲突是主要矛盾，作者是怎样通过这些矛盾冲突表现主题的。

生：这个剧本实际上有两个故事：周家的故事、鲁家的故事。一个是30年前的故事，一个是现在的故事。

师：剧本在一天的时间里，从上午到午夜两点，两个场景，即周家客厅和鲁家住房中，把30年的矛盾都集中在一天中冲突、纠缠。这确实是大手笔，谁来具体说说？

生：两个家庭，八个人物，在短短一天之内发生的故事，牵扯了30年的恩恩怨怨。狭小的舞台上不仅突现了伦理的矛盾、阶级的矛盾，还有人和时代环境的矛盾。矛盾不断积聚，到最后时分才终于爆发出来，化作一场倾盆雷雨，震撼了每个人的灵魂。

师：你的叙说很有感染力啊。能否说得具体点，从故事的角度？

生：剧本中，过去的故事包括周朴园和侍萍“始乱终弃”的故事，繁漪后母与周萍恋爱的故事。现在的故事是繁漪与周朴园的冲撞故事，主要表现在喝药上；繁漪、周萍、四凤、周冲之间的情感纠葛故事；侍萍与周朴园的重逢，大海与周朴园的较量，大海与周萍兄弟相残，等等。

师：说得很全面，这些故事中本身就包含着矛盾冲突：繁漪代表着上层妇女个性受压抑的悲剧；侍萍代表着下层妇女受侮辱、被离弃的悲剧；周萍、四凤代表着青年男女得不到正常爱情的悲剧；周冲代表着年轻人的春天幻梦破灭的悲剧；鲁大海代表着劳动者反抗压迫失败的悲剧。而周朴园比较特殊，他既是一切悲剧的制造者，也是悲剧的承受者。《雷雨》的好看还表现在，感情纠葛、血缘关系与阶级矛盾相互纠缠，错综复杂，惊心动魄。周萍与四凤，是情人，是主仆，还是同母异父的兄妹；周萍与大海，是亲兄弟，又是敌对的资产阶级阔少爷与无产阶级穷工人；侍萍与周朴园，昔日是情侣，今天是主子和家奴的老婆；周朴园与鲁大海之间，存在着公司的董事长与罢工工人代表的尖锐对立，但他们却是父子；繁漪是周萍的后母，却又是他的情人；周冲是周萍的弟弟，又是情敌……而所有的悲剧都最后归结于一人——作为具有浓厚的封建性的资产阶级家庭的家长的周朴园。

生：这些矛盾，既是家庭矛盾，也是社会矛盾，简直太烦琐了，剪不断，理还乱。

师：是啊，但我们还是要理清这些矛盾。这么多矛盾冲突，哪个矛盾冲突是主线？关于矛盾冲突的主线，评论界历来有不同的观点，我这里列了四种观点，你们同意哪种观点？理由是什么？你也可以发表不同的观点。

第一种观点认为：《雷雨》戏剧冲突的主线是周朴园和繁漪。在这个作品里，作为周朴园的一个主要的对立形象的并不是鲁大海，也不是侍萍，而是繁漪。只有繁漪才能够最全面地揭露周家的罪恶，才能够把周朴园的冷酷、自私、专横和伪善的本质充分地揭示出来。（钱谷融：《〈雷雨〉人物谈》）

第二种观点认为：《雷雨》戏剧冲突的主线是周朴园和侍萍的冲突。在这戏的总构思中，鲁侍萍和周朴园之间的关系是全剧结构的中心，其他人物之间错综复杂的矛盾纠葛，都被牵动、影响着。（谭霈生：《论戏剧性》）持这种观点的还认为《雷雨》的戏剧冲突包含许多事件，但中心事件是侍萍的悲惨遭遇。它构成一个故事，呈一条纵线，贯穿全剧。其他一系列事件，或近或远地与这条纵线相联结，丰富冲突的内容，推动剧情的发展。（辛宪锡：《曹禺的戏剧艺术》）

第三种观点认为：《雷雨》戏剧冲突的主线是在繁漪和周萍之间。繁漪和周萍的冲突最能体现《雷雨》的暴露大家庭的罪恶的思想。在全剧多条冲突线中，繁漪和周萍的这条冲突线是居于主导地位的，它制约、影响着其他的冲突线。其他的冲突线则在不同的程度上，从不同方面为加强它的发展服务。（潘克明：《也谈〈雷雨〉戏剧冲突的主线》）

第四种观点认为：以上三条重要的冲突线都不能承担起冲突主线的任务。持这种观点的结论是：周朴园与繁漪、周朴园与鲁侍萍、繁漪与周萍这三条重要冲突共同构成了全剧冲突的骨架与主干，也就是复合式冲突主线。它们统摄全剧冲突且又对揭示主题发挥着核心作用。（焦尚志：《试论

〈雷雨〉戏剧冲突的结构艺术》）

生：我赞成第一种观点，繁漪具有雷雨一样的性格，戏剧的标题就揭示了这一点。

生：我认为是第二种，如果是繁漪的话，那么整个戏剧就局限在封建大家庭内部，失去了很多外在的空间。

生：我赞成第四种，《雷雨》巨大的魅力就在于矛盾的错综复杂，这些矛盾的纠缠不清恰好构成了《雷雨》的丰富性，可能正因为主要矛盾的模糊不清，才造成了《雷雨》的巨大成功。

生：我也赞成复合矛盾。每个矛盾揭示的、批判的矛头都不一样。

生：我也赞成复合矛盾。所有的矛盾冲突还能聚焦于一个中心。

师：同学们说得都不错。这里没有答案，每个人都有自己的认识就好，只要这种认识能自圆其说。但同学们有没有注意到，所有矛盾聚集的对象都是周朴园。无论是周朴园和繁漪，还是周朴园和侍萍，就算是繁漪和周萍，他们背后所站的人还是周朴园。所以，下面我们重点从周朴园身上入手。

## 二、从矛盾冲突入手，看人物性格

师：先看周朴园和繁漪的矛盾冲突，戏剧中他们两人矛盾冲突最尖锐的就是吃药一场戏。先看这个场景再现。

1. 吃药（播放视频）

师：在分析之前，我来考考你们，戏剧中当然有戏剧语言。那么，戏剧语言有哪些要求？

生：语言个性化，言为心声，不同的人有不同的个性和心声。

师：说得好。语言个性化，个性化语言是指人物的语言符合并表现人物的身份、性格，即什么人说什么话，听其声知其人。个性化语言，是刻画人物达到合理性、真实性的重要手段。这是所有文学作品塑造人物的共同要求。

生：语言有动作性。

师：为什么要具有动作性？

生：戏剧是需要表演的，戏剧语言的动作性才好演。

师：这个回答有点道理，但不够专业。动作语言又叫情节语言，是指人物的语言起着推动或暗示情节发展的作用。它不是静止的，它是人物性格在情节发展中内在力的体现。

生：戏剧语言还常常话中有话，言外有意。

师：这个叫潜台词。大家还记得小说《荷花淀》里水生嫂的那句经典台词："你总是很积极的。"这里头有什么感情呢？有自豪、埋怨、理解、嗔怒……可是她说出来没有呢？没有。所以妙就妙在一切尽在不言中。这就是潜台词，也就是我们经常讲的言外之意、弦外之音。潜台词不仅充分体现了语言的魅力，而且通过它还可以窥见人物丰富的内心世界。分析时千万不能忽视。下面我们就通过侍萍的语言来感受一下潜台词的艺术魅力。

我们共同来鉴赏吃药这场戏。

繁漪出场时，作者介绍她是"一个受抑制的女人"，说"她是忧郁的，在那静静的长睫毛的下面，有时为心中郁积的火燃烧着，她的眼光里充满了一个年轻的妇人失望后的痛苦与怨望"。此刻，她内心正燃烧着对周萍不可克制的爱火，那是她的最后的希望，又怀着被周萍遗弃的恐惧，同时激起的是对这个罪恶的周公馆，连同它的主人——周氏父子的怨恨。繁漪失望—希望—绝望的这个心路历程，周朴园一无所知，也是周朴园不想知不愿知的。他从没有试着走进这个女人的内心世界，自然不了解她的所思所想。他只把繁漪的异常表现看作是有"病"，一味地要她"吃药"，以为这就是尽到了丈夫的责任，说不定还为这种"关怀"而产生某种自我神圣感。这一切在敏感的繁漪看来，不仅是可悲的隔膜，更是虚伪，是另一种强迫与压制，于是矛盾激发了。大家畅所欲言。

生：当四凤奉周朴园之命请她吃药时，繁漪甚至产生了"厌恶"感，命令她将药倒了。这里既有繁漪和周萍赌气的因素，也有情敌四凤的因素。

师：繁漪是因为和周萍赌气不吃药，那么，繁漪真认为自己有病吗？

生：繁漪不认为自己有病，自然不愿意吃药，但是，她因为害怕周朴园，所以又不得不吃药。但是周萍让自己心情不好，请自己吃药的又是对手四凤，所以她更加厌恶，才激烈地拒绝。

师：嗯，这个回答很好，逻辑推理也清楚了。我们继续。

生：当周朴园得知繁漪命令四凤将药倒了，他的第一反应是："（慢）倒了？哦？"这里的潜台词是，繁漪的行为出乎了他的意料，他似乎有点不敢相信。然后，他说：“(更慢) 倒了！”这里用了感叹号，周朴园确信繁漪真的倒了，有点恼火，居然敢违背我的意志，于是断然下令：“(低而缓地) 倒了来。”这里的语气仍然是平静的，周朴园从来都认为自己是绅士，是君子的，语气自然平静，但却含着威严，含着不可抗拒。当繁漪试图做一点反抗，表示“我不愿意喝这种苦东西”时，周朴园立刻“高声”喝道：“倒了来。”在这里，周朴园借石打鸟，明对着四凤发威，实质是给繁漪施加压力。

师：解得好。尤其值得夸奖的是，不仅注意到了“倒了，倒了来”等相同语素的差异，还能结合标点来分析，我要向你学习啊。当然更重要的是我们都要向曹禺学习，几个简单的词就写出了周朴园的专横，几个标点就揭示了周朴园内心中感情的层次和波澜。

生：接着，周朴园“向繁漪低声”地劝说：“你喝了，就会完全好的。”这里的周朴园显示了他的手腕，能硬也能软，在他的心里未尝不认为自己对繁漪是多么的关心，像哄小孩子一样哄她吃药。于是，繁漪也是“顺忍地”回答说：“好，先放在这儿。”并没有一口回绝。繁漪本来就是一个吃软不吃硬的角色。所以，她也软下来了。

师：对两个人物的内心把握非常到位，从戏剧的矛盾安排上来看，这是必要的“弛”，“弛”的目的是为了张，这样张弛有道。从《水浒传》中，林冲和洪教头比武就能看出，先说要比了，突然又停下来吃酒，终于要比了，又被叫停，拿来一大堆银子做奖金……情节安排，腾挪跌宕，精彩迭出。

生：树欲静而风不止，周朴园还是步步进逼：“你最好现在喝了它吧。”周朴园要求的是绝对地无条件地服从，这就激怒了繁漪，要知道这个时候，一个繁漪最爱的人周萍，一个最爱繁漪的人周冲都在眼前啊。繁漪“忽然”命令四凤：“你把它拿走。”忍无可忍的繁漪终于还击，开始正面对抗；周朴园也“忽然严厉地”命令繁漪：“喝了它！”这两个“忽然”，一个是繁漪的倔强，一个是周朴园的横暴，刚才的弛到这里立刻绷紧。

师：戏剧冲突如何有张力，实质就是张弛有道，然后一步步推向高潮。

生：看到硬着来不行，周朴园改变了策略。“不要任性，当着这么大的孩子”，这里不仅引入了另外两个人物，更重要的是周朴园还要借助这两个人物来施加压力。

师：有道理。有没有想过，周朴园为什么在一件小小的喝药这件事上大动干戈，曹禺是否小题大做？

生：我不这样认为。喝药虽然事小，但关系到周朴园口口声声所说的家庭秩序。他一直以为他的家庭秩序是最圆满、最标准的。所以，周朴园要不惜一切来维护，绝不可能半途而废。

师：很有道理。但周朴园自己的这张牌已经失去效力了。

生：所以，周朴园利用两个儿子对繁漪施加压力。先是让周冲劝说，周冲“拿着药碗，手发颤，回头，高声”地喊道“爸，您不要这样”时，是在恳求父亲不要自毁在儿子心目中的形象。而繁漪因为自己在家庭中毫无地位的惨状，突然暴露在涉世未深的儿子面前，感到天崩地裂。面对儿子含泪哀求，她不能不“拿起药，落下眼泪”，但她还要挣扎，她不能在儿子面前，显露自己的屈辱，她“忽而放下”：“哦，不！我喝不下！”

师：喝不下这碗药是假，咽不下这口气是真。就在这“拿起”与“放下”之间，繁漪经历了怎样的感情风暴？

生：但高潮还在后面，周朴园竟然命令周萍：“跪下，劝你的母亲。”他哪里知道，周萍正是繁漪的情人。从繁漪来看，眼前这个懦弱的情人被定义为儿子，帮助他的父亲助纣为虐，来劝说自己喝药，而且真的向她跪了。“不等萍跪下，繁漪急促地”表示屈服了：“我喝，我现在就喝！”她“拿碗，喝了两口，气得眼泪又涌出来，她望一望朴园的峻厉的眼和苦恼着的萍，咽下愤恨，一气喝下”，长啸一声“哦……”“哭着”“跑下”。这一系列动作惊心动魄。

师：确实如此，刚才我们看电影到这里，所有的人都屏气凝神，内心里想必也是翻江倒海吧。这里的动词使用得非常有冲击力，“拿、喝、泪涌、望、咽、一气喝下、长啸、哭、跑……”中蕴含着怎样的掀天动地的爱与恨！我们读到这里，仿佛和繁漪、周冲、周萍一样，我们也感到人格的屈辱和践踏，情感的伤害与蹂躏，以致心灵也要滴血。欣赏完了之后，我们来总结一下，这里的周朴园有什么性格特点。

生：绅士的外表下，掩藏着封建的专制。

生：资本家的外衣下，掩藏着封建的专制。

师：哪一种表述更好一点？

生：第二种更好，接受过西方先进思想有了一种矛盾，有矛盾就有冲突，就有张力。除了专横之外，还有虚伪。自以为是，自认为他的家庭是最圆满、最有秩序的家庭。

师：很荒唐吧？最圆满的家庭，妻子繁漪却是活死人，大儿子和后母乱伦，小儿子周冲梦想不断崩溃。这里是家庭内部矛盾，现在的周朴园，作为资本家的周朴园，他是一个封建暴君，他专横独断、唯我独尊。

2. 相认

师：下面我们重点分析周朴园和侍萍的相认。“相认”是古今中外不少戏剧中常见的场面，这一场面处理如何，很能看出剧作者的艺术功力。对于这一段的处理，曹禺在接受中学老师的咨询时是这样说的：

“这一段写法在外国很早就有了，亚里士多德在《诗学》中总结了古希腊的悲剧技巧，其中谈到写戏有‘相认’这个场面。经过几十年后如何‘相认’，这能产生动人的效果。中国的传统剧本像《庵堂认母》也采用这种方法，但是写得不够宛转曲折，太快了，三问两问就问出来了。要这么来，那么来，最后逼得他不得不看出是谁来了，这样才能引人入胜。”曹禺怎么把这一段写得动人心魄，从中又可看出周朴园的什么性格特点，我们现在开始一一解开。

生：曹禺反对“三问两问就出来了”，所以他重点写出了相认中的波折。

师：为什么相认中会产生这么多的波折？我们来具体分析这些波折。

生：第二幕开始时，侍萍已经知道这家主人是周朴园，而周朴园却不知道眼前的女人就是侍萍。周朴园怀念以前的侍萍，并且认为侍萍已经死了，因此口口声声、念念不忘，到处打听有关她的消息；而侍萍虽然对周朴园的本质有所认识，但仍然不无眷恋之情，希望周朴园能主动认出自己，可是，矜持自尊的性格又使她不愿道破自己身份，只能欲言又止。双方的这种思想基础，为两个人的相认提供了波澜。

师：分析得很好。人的思想决定了人的行为。下面我们根据班上的组别，按照顺序来说说相认中的波折。要求结合原文，紧扣相认，突出波折，第一组先来。

生：周朴园随口吩咐女佣“跟太太说”，找出自己那件旧雨衣。这既是情节推动的发展，又暗含着雷雨即将来临。侍萍答应了却不走，周朴园这才发现眼前的人不认识，便责备她“走错屋子了”。侍萍却还不肯走，搭讪着问：“老爷没有事了？”从这里可以看出侍萍的内心，她是想周朴园能认出自己来的，并且看看他对自己究竟是什么态度。

周朴园这才又注意到窗子被打开了，发出责问。侍萍“很自然地走到窗前，关上窗户，慢慢地走向中门”。似曾相识的动作，使周朴园情不自禁地要侍萍“你站一站”，接着进行了一番观察——“相认”的机会来了，这时我们都屏气凝神。但周朴园并没有冲口而出“你是侍萍”，而是中间一顿，“你——你贵姓？”侍萍见他还是没有认出自己，心中不免失望，便答以夫姓：“我姓鲁。”既然姓氏不对，当然就不可能是侍萍了，第一次相认就这样夭折了。

师：分析得很好。在第一次相认的波折中，还巧妙地透露出三十年前“旧雨衣”“关窗”等信息。几次波折下来，三十年的很多散的点就连成线了，而且还是后面情节发展的伏笔。这就是曹禺构思巧妙的地方。这一点特别需要注意。

生：第二次相认的波折是由侍萍的口音引起。周朴园由侍萍的口音，知道她是无锡人，于是谈起了三十年前发生在无锡一件轰动的事。当然，为了粉饰自己的罪恶，周朴园把侍萍说成是“梅家的一个年轻小姐，很贤慧，也很规矩”。侍萍见提起自己的伤心事，内心中掀起了波澜，当初的怨恨一起涌上心头，于是，针锋相对地回敬：“她不是小姐，她也不贤慧，并且听说是不大规矩的。”侍萍如此过激的语言，除了内心的愤怒，也不排除引起周朴园的注意。只要一追问，真相就会大白。读者的心再次悬起，但此时周朴园一下子沉浸在往事中了，只是心不在焉地、含糊其辞地说：“也许，也许你弄错了。”相认又一次夭折。

师：好，第三组继续。

生：周朴园虽然说：“也许，也许你弄错了。”但毕竟自己说了谎话。于是，让侍萍“不妨说说看”。在愤怒和悲愤中，侍萍倾诉起当年被赶出周家的遭遇，大年三十的午夜，大雪纷飞，自己抱着孩子无路可走，最终投河自尽。因为罪恶被揭露，周朴园由“苦痛”，而至于“汗涔涔地”。侍萍步步进逼，道出了“梅小姐”的身份和姓名：“她是无锡周公馆梅妈的女儿，她叫侍萍。”“侍萍”，这念念不忘的名字，使得周朴园一下子“抬起头来”，读者的心也再一次收紧，终于要相认了！但是，眼前的老妈子与当年的侍萍差别实在太大，更何况这么多年，周朴园一直认为侍萍早已死了，而且周朴园也绝不相信，侍萍活着不来找自己。于是，周朴园只是又一次问“你姓什么”。侍萍见他仍然没有认出自己，失望透顶，仍然回答：“我姓鲁，老爷。”这是“相认”中的第三次波折。

师：至此为止，侍萍基本上处于守势，既想周朴园认出自己，又害怕被认出，这是一种极其复杂的心理。但一旦过去被勾起，怒火熊熊燃烧，侍萍就开始主动进攻了。第四组同学继续。

生：为了使周朴园能认出她，针对周朴园要为侍萍修坟，侍萍主动进攻，明白告诉周朴园，侍萍“还活着”，“一个人在外乡活着”，那个小孩“也活着”。这个惊天消息使周朴园大为“惊愕”，终于“忽然立起”。活着，自然就能相见，而眼前的女人面对这些内幕如数家珍，莫不就是侍萍？但多年的历练使得周朴园沉稳、老练、不动声色，只是问：“你是谁？”由前面问“你姓什么？”到问“你是谁？”侍萍失望到了极点，但仍不道破，只是变换言辞：“我是这儿四凤的妈。”该相认而没有相认。第四次相认又半途夭折。

师：这里是侍萍的第一次主动进攻，相认还是失败了。继续。

生：侍萍继续进攻，讲起“梅小姐”现在的处境：“嫁给一个下等人，又生了一个女孩”，“就在此地”！下等人对应着奴才鲁贵，女孩对应着鲁贵的女儿四凤，就在此地，就在周家，所有一切都吻合起来了。这个时候，读者认为，现在总该相认了吧？但周朴园宁可信其无，绝不信其是，因为侍萍的活着，威胁到了周朴园现实的利益。

所以，周朴园随口“哦”了一声。侍萍接着追问：“老爷，您想见一见她么？”得到的答复竟是一迭连声地“不，不，不用”。这时候，周朴园已经慌了。这时候，不仅侍萍失望到了极点，读者也随之失望到了极点。这是相认中的第五次波折。

师：第六组继续分析，看看侍萍还有什么法子。要知道周朴园可是说过，侍萍是很聪明的。

生：侍萍仍不甘心，继续进攻。但是换了策略，讲起了自己悲惨的经历："又嫁过两次"，"都是很下等的人"。这既是倾诉自己的辛酸，让周朴园有恻隐之心。同时，也是刺激周朴园，是控诉，是适度地发泄。最后，侍萍问："老爷想帮一帮她么？"在侍萍的眼里，就算周朴园不愿意见她，总归想着要帮帮她吧。那么，这个时候，侍萍就会拒绝周朴园的帮助，表明自己的身份。但侍萍万万没有想到，周朴园竟然说："好，你先下去吧！"侍萍的失望变成了绝望，"望着朴园，泪要涌出"，凄切地问道："老爷，没有事了？"这时候的侍萍，已经控制不了自己的情绪，但相认的愿望还是破灭了。这是第六次夭折。

师：这一次夭折，让我们也绝望了。就在我们都认为相认无期时，突然间峰回路转。第七组继续。

生：当周朴园要侍萍告诉四凤找旧雨衣、旧衬衣，这些过去相爱的信物，再也让侍萍无法保持矜持了，她不失时机地通过衬衣的件数、窟窿绣成的梅花、花边的萍字亮出了自己的身份，逼得周朴园不得不与她当场相认。两个三十年的恋人终于相认。

师：再见就是不见，相认就是分手。接下去就是转机和高潮，更为激烈的戏剧冲突就将到来了。一个相认的场面，在曹禺笔下，竟设置了六次起伏，既在意料之外，又在情理之中，层层推进，曲折引人。很好地显示了人物的生活经历，同时揭示了人物的性格，而人物性格塑造应该是戏剧的一大任务。下面，我们就转入对人物性格的分析中。

生：在相认的这幕戏中，侍萍的性格得到了全方位的展示。她聪明美丽，正直善良，却备受凌辱和压迫。大年三十的晚上，被周家扫地出门，她走投无路，痛不欲生，跳河自杀。遇救以后，侍萍一直挣扎在社会最底层，嫁了两个没出息的男人，含悲忍辱地生活了三十年，残酷的生活磨炼了她。三十年后与周朴园不期而遇，她深刻地认识到周朴园的自私虚伪的本质，撕掉了周朴园给的支票。这表现了她对残酷现实的清醒认识。她用自己的骨气，用自己的轻蔑和愤恨体现了一个女人的尊严、骨气。

生：我有一些不同的看法。侍萍的认识没有达到那么高的层次，实际上她对周朴园还有幻想，毕竟他们曾经有过那么一段美好的生活。在鲁大海要去寻仇的时候，侍萍说："不管你伤害了周家的老爷、少爷中任何一个，我永远不能原谅你。"从这里可以看出，侍萍对周朴园的情感还在，是爱与怨的交织。在相认的过程中，她也有软弱、彷徨、眼泪。最后撕毁支票，既是对周朴园的批判，也是她对自己纯洁感情的维护。爱，不能用金钱来衡量；恨，也不能用金钱来抵消。

生：（热烈的掌声）

师：观点有补充是好事。还有对侍萍性格丰富的吗？

生：侍萍还很倔强、坚强，被赶出周公馆之后，侍萍投河自尽，获救之后，为了生计，她带着孩子流落他乡，尝尽了世间冷暖，但却始终坚强面对，三十年来，无论怎么辛苦，哪怕活不下去，也没有找周朴园寻求援助。这一点连周朴园也无法相信，只能认为侍萍已经不在人世了。她的唯一的要求就是“见见我的萍儿”，表现出她那纯洁、崇高的母爱。

师：这样理解侍萍就比较全面了。谁来说说侍萍年轻的时候？

生：年轻的侍萍，美丽温婉，贤良聪慧，有一个细节，把侍萍写活了。侍萍把周朴园衣服上的小洞绣了一朵梅花和一个萍字，可谓意味深长。梅花既是自己，是否还期待着周朴园也要有凌霜傲雪的骨气？萍字一语双关，既是自己，也是周萍，是否在提醒周朴园，就算忘记自己，也不要忘记两个人爱的结晶？

师：侍萍应该是梅的化身，细节很好地映照出她的性格。在微妙的动作和行为之下，性格和心理投影出来，年轻的侍萍、中年的侍萍展现在我们面前了。而周朴园是一切矛盾的焦点，谁来说说周朴园？周朴园对鲁侍萍不见时怀念，相见时又绝情，周朴园到底爱不爱鲁侍萍呢？他对侍萍的情感，究竟是怎样的？

生：我认为周朴园对侍萍是一片真情。周问过许多人，派人打听过梅小姐的情况，要修坟纪念。住房内保留着侍萍“顶喜欢”的家具，记着侍萍的生日，保留着她在的习惯。要知道是三十年啊，为了自己心爱的人，周朴园吃了三十年的素，念了三十年的经；三十年来，他很少说话；三十年来，他还穿着当年的衣服；三十年来，在一个个闷热的夏天，他为了早已离去的她而不开窗子；三十年来，他东挪西搬，但无论搬到哪里，他都要带着侍萍当年用过的家具；三十年来，有多少个不眠的夜晚，他伴着侍萍的相片……人生有多少个三十年可以用来等待？三十年，无论多么不可饶恕的罪过都值得让人同情了。这种自我的折磨，铁证如山，证明了周朴园对侍萍的情感。

生：我认为周朴园对侍萍没有真情。当他得知侍萍还活着：“(惊愣)什么?”当侍萍问是否想见时，他“(连忙) 不，不，不用”。周朴园为了维护自己的“尊严”，为了维护社会上的好名声，为了给孩子做榜样，害怕欺辱侍萍的卑劣行径张扬出去，有损门第，这表明了周朴园的伪善和丑恶。

生：我也认为没有感情。因为周朴园最后对侍萍这样说：“你终于还是找来了，痛痛快快地！现在你要多少钱?”可见，他一直害怕侍萍的出现，只有一个死的侍萍，没有威胁的侍萍，才是周朴园真怀念的对象。特别是周朴园用钱来兑换感情，并且认为理所当然，只能说明这种感情的廉价。所以，周朴园对侍萍没有感情，或者这种感情比较廉价。

师：还有不同意见吗?

生：我认为还是真情。因为从后文来看，周朴园赶走侍萍一家之后，马上又让账房给她寄钱。假如没有感情，对于一个唯利是图的资本家来说，尤其是对于一个淹死那么多小工，获取资本的资本家来说，真的很难理解。

生：我认为还是周朴园不放心，因为“鲁贵，好像不是个老实的人”。因为侍萍没有接受自己的支票，他还是要堵住侍萍的嘴。就算不是为了堵她的嘴，难道就一定能证明是为了感情？也许仅仅是赎罪，安抚自己罪恶的灵魂呢？他自己就曾说过：“你以为一个人做了亏心事，他的心里会好过吗?”我以为这个应该是心里话。

生：我也认为没有感情。当他得知侍萍就是眼前的鲁妈时，周朴园说了以下的话：(忽然严厉地)“你来干什么?”(冷冷地)“谁指使你来的？”“三十年的工夫你还是找到这儿来了。”“从前的旧恩怨，过了几十年，又何必再提呢？”“好！痛痛快快地！你现在要多少钱?”先是声色俱厉地责问，接着试图以“你我都是有子女的人”为由，企图稳住侍萍，使其不再提旧事；口口声声表白不忘旧情，以期逃避侍萍的谴责；最后凶相毕露，辞退四凤和鲁贵，开除鲁大海，只能证明他的冷酷和凶残。

生：我认为毫无疑义是真情。但这种感情是有限的，是可变的。

三十年前二十几岁的周朴园，就相当于现在的周冲，可能比周冲还要多一些理性。他对年轻美貌、温柔善良的侍萍产生恋情，是自然的，也是真实的，如果仅仅是玩弄她的感情，就不可能和她生了两个孩子。后来，因为门第，更因为家庭的压力。

师：等一等，你怎么知道是家庭的压力？

生：侍萍自己说："你们把我赶出家门。"注意这里的"你们"。赶走侍萍，娶一个有钱的小姐，不是，或者不仅是周朴园的选择，保不定周朴园还抗争过。后来，周朴园的两次婚姻都不美满，更加深了他对侍萍的怀念。初恋总是美好的，失去的也总是美好的。当侍萍奇迹般地站在他的面前时，周朴园之所以害怕、恼怒、赶她走，只是觉得侍萍的出现会危及他的名誉、地位、家庭，危及他"家庭的最美满，最有秩序"。

生：我也同情周朴园，他既是一切悲剧的制造者，也是悲剧的承受者。曹禺本人的观点是"周朴园的感情是真实的，绝对是真实的"。但我们也要看到周朴园的性格是变化的，是矛盾的，也是多元的。年轻时的周朴园是一个有理想，受过西方文化熏陶，敢于追求独立，能够自由追求爱情的富家公子。

后来，在封建礼教压迫之下，周朴园逐渐沦为一个冷血的、始乱终弃的老爷，在封建的家庭中，独断专行，充满暴力和专制。再后来他逐渐习惯了资本家的不择手段，骗取名誉、金钱、地位，乃至为了攫取钱财，还做下了断子绝孙的昧心事，最终成了一个虚伪、狡猾、凶残的资本家。

师：我觉得从各种各样的身份，特别是从性格发展上来认识周朴园，比较科学地把握了周朴园的性格特征。当然，你们还可以继续争论，因为周朴园的性格本来就是复杂的、矛盾的、纠缠的。这个人物最大的魅力也就在这里。

生：老师，我还有一个补充，周朴园对梅侍萍的感情是真的，但对鲁妈的感情却是假的。周朴园因为自己感情生活的不如意，沉浸在过去的美好回忆中，侍萍的温柔漂亮，是他虚幻中的安慰。在这种安慰中，又可以借此来压制繁漪，教育周萍和周冲，为自己赢得好名声。当鲁妈出现在眼前，那个被供奉了那么久的相片突然间倒塌了，周朴园的精神世界垮塌了，更何况这个鲁妈还对自己产生威胁。于是，怀念变成了恐吓，收买；多情变成了无情，绝情。总之一句话，周朴园对侍萍的所有一切，不是从侍萍的角度出发，哪怕是对她的纪念，也不是悼念一个美丽姑娘的失去，而只是平息自己犯罪的灵魂，弥补自己感情生活的贫瘠。他何曾为侍萍想过？

师：哈哈，肯定周朴园的怀念是真的，但探究他怀念的本质，他的潜意识，这是一个很好的角度。在老师的眼里，周朴园是屠夫、医生和搬运工。作为屠夫，他杀死了自己的感情，杀死了2000多小工，杀死了繁漪的爱情等等，只有面对自己的初恋情人侍萍，周朴园还有一些忏悔意识和灵魂的罪感。第二个就是他是医生，他很好地医治了自己杀死侍萍的“亏心事”，把一个赤裸裸的始乱终弃，致人跳水自尽的人间惨剧变成了一个温情脉脉的浪漫爱情喜剧。同时，在他的眼里，繁漪、周萍、周冲都有病，都需要医治。实际上所谓的病，都是他这个医生所限定的。不符合他的秩序，不符合他的规范就是有病，就要喝药。同时，周朴园还是一个搬运工，戏剧中有一个细节，他不停地搬家，从南边搬到北边，不停地搬家，以这种方式来抵抗命运。这是我眼里的周朴园。当然，你们也可以保留自己的看法，欢迎同学们课后和我一同研讨。其他人物我们也来关注一下，要简单一些。

生：鲁贵很脏，他是一个小人。他总是在刺探人家的隐私，连自己的女儿也不放过。

师：很脏，这个评价很生动。鲁贵是一个偷窥者意象，他始终在偷看，在窥探，而不仅是在猎奇，他的目的在于把柄。有了把柄，就可以坐稳奴隶，甚至能够获得更多的好处，这就是他的人生哲学。他是雷雨到来的前兆，是静静的杀机，是起承转合的刹那闪电……就是很难看出他是一个人，有着正常的人性。

生：繁漪是雷雨，她突然爆发，歇斯底里，终于导致一切都毁灭了。但她又是软弱的、屈辱的，她自己就在雷雨的沉闷中，透不过气来。

生：我觉得繁漪也不好，无论如何，她总不该乱伦啊。

师：繁漪为什么要乱伦，我们一定要探究原因。

生：因为她成了活死人，像一具僵尸，周萍到来了，而且勾引她了，她终于有了一点活气，但周萍又不要她了，她被两代人侮辱，所以她是《雷雨》中最可怜的人。

师：繁漪最可悲的还在于，在周朴园的眼里，她是疯子，有病，她是疾病的隐喻。人们会把思想和言论离经叛道的人很随意地描述为疯子。疯子的病理学意义是指精神失常，它的隐喻意义就是应该被放逐出正常人世界的人，疯子的话是不可信的，因此正常人就可以剥夺他们的社会地位和话语权。

在周朴园眼中，妻子、孩子和家什一样都要听他的话，不能任性。他把繁漪像物品一样搁置在楼上，无视她的感情意志的存在。但这一切在他看来都是最正常的，也是最合理的，也是最“健全”的，每一个人包括他自己都应该向社会道德规则皈依，应该“听话”，不“听话”就是有“病”。

繁漪不想落入周朴园的圈套中，她要挣扎逃命，她大声回击周朴园说：“谁说我的神经失常？你们为什么这样咒我？我没有病，我没有病，我告诉你，我没有病！”周朴园却用他的话语逻辑告诉她：“（冷酷地）你当着人这样胡喊乱闹，你自己有病，偏偏要讳疾忌医，不肯叫医生治，这不就是神经上的病态吗？”在周朴园话语权威的笼罩之下，繁漪甚至无法正常表达自己，她若说自己没病，就会被认为是“讳疾忌医”，是病上加病的疯子；她若乖乖地“听话”吃药，就会让人们觉得她真是个需要治疗的神经病。

在这种不可能解决的两难选择中，从希望到绝望的繁漪终于反戈一击。而疯子是无拘无束无所顾忌的，她就要无所顾忌地摧毁周家的虚伪的体面道德，她雷雨一般歇斯底里地喊出了她非人的处境，她生命的痛苦：“（对周冲）你不要以为我是你母亲，你的母亲早死了，早就被你父亲压死了，闷死了。现在我不是你的母亲。她是见着周萍又活了的女人……我没有孩子，我没有丈夫，我没有家，我什么都没有，我只要你说：我——我是你的。”

繁漪的价值就在于她的“活不下去了”的负痛的绝叫，它振聋发聩地引发了人们对于女性备受压抑的生存状态的关注和思考。

师：四凤谁来说说？

生：四凤是雷雨中的清新的空气。

师：这个比喻好，但雷雨终究还是到来，清新的空气也被污浊了。

生：四凤是一个纯美的符号，对当年的侍萍是一个补充。她是雷雨中最没有罪孽的一个人，但她却最先为罪孽死去，为什么？

生：四凤真爱周萍吗？侍萍真爱周朴园吗？为什么下人那么容易爱上少爷？

师：这个问题非常有力量，很有价值，直到今天，侍萍和四凤还有现实意义。有多少女孩子希望嫁进豪门，改变自己的人生。

生：如果说周朴园是始乱终弃，周萍也是始乱终弃。周朴园是将来的周萍，周萍是过去的周朴园。

师：我觉得这个不好。毕竟周朴园的爱情和周萍的爱情还是有差别的。周萍毕竟是乱伦。

生：我觉得周萍是先乱后正，周朴园是先乱后不正。

师：我倒觉得周萍只是比周朴园多走了一点弯路，到了四凤这里，周萍才像周朴园追梅侍萍。在我眼里，周萍是乱伦的象征。但同时，他又被社会格式化了，和他父亲被社会格式化一样。

生：周冲是一个小孩子，充满梦想，很傻很天真。

师：哈哈，有意思。周冲是春天的梦，但因为夏天来了，雷雨到了，梦想自然也破灭了。不仅是爱情的梦想破灭了，生活的梦想也破灭了。真实是梦想的天敌。

生：这样一来，鲁大海应该是脆弱的现实。他脚踏实地，和资本家斗争，但却毛手毛脚，不堪一击。所以说，他是现实的，能认清资本家的丑恶，并且起来斗争，但又是脆弱的。

师：我完全同意你的比附，真精彩啊。下面，我们根据人物的性格和命运来分析《雷雨》悲剧原因。

## 三、从人物性格入手，分析悲剧原因

师：戏剧的悲剧原因，有命运悲剧、性格悲剧、社会悲剧，当然还有几种悲剧原因的相互渗透。

生：我觉得这是命运悲剧。曹禺先生在《雷雨·序》里，曾多次提到宇宙人生的残酷性："宇宙正像一口残酷的井，落在里面，怎样呼喊也难以逃脱这黑暗的坑。"他还说，《雷雨》所显示的正是"宇宙里斗争的'残忍'与'残酷'"。在这"黑暗的坑"中"斗争的'残忍'与'残酷'"，这个黑暗的坑，我的理解就是命运。

生：我觉得也是命运悲剧。

鲁侍萍不断地申诉，"是命，不公平的命指使我来的"。从剧本的情节来看，也是如此。多年前，鲁侍萍爱上周朴园，演出了一幕悲欢离合的惨剧，而现在她的女儿同样爱上了周朴园的儿子，这不是宿命，又是什么？

生：我也赞成命运悲剧。因为中间充满了太多的巧合，这些巧合只能用命运来解释。当周萍和四凤相恋时，他们不知道彼此是同母异父的兄妹关系；当周萍在客厅中呵斥鲁妈，俨然是在责骂一个仆人时，他也不知晓鲁妈就是他的亲生母亲；当鲁大海因劳资纠纷同周朴园产生冲突时，他们俨然是一对不共戴天的仇人，可实际上他们却有着亲生父子的代际关系；当周萍为维护父亲的“尊严”而同鲁大海打斗之际，他们也并不明白两人是一对亲兄弟的关系。同样，当鲁侍萍踏进周公馆时，她做梦也没有想到会遇见十几年前的冤家——周朴园，重新燃起她的旧恨新仇，她更没有想到四凤会重蹈她的覆辙，因为她也在逃离，也在规避着这样的结局，以至她自然而然地想到“报应”两个字，这一切在现实生活中都是不应该发生的，或很少发生的，可在曹禺的《雷雨》中它却一幕幕地真实地上演着，显然这不是人力所能掌控的，在这些巧合后面有一只看不见的手在操纵、在主宰，那就是：命运。在强大的命运面前，人是那样的渺小，所有的挣扎和努力都是徒劳，最后都以悲剧而告终。

师：能够结合作品条分缕析很好。命运悲剧最著名的代表作品是《俄狄浦斯王》，古希腊的悲剧依托着神话传说，始终带有宗教色彩。悲剧的英雄俄狄浦斯在残酷的命运之中，坚强地抗争，顽强地挣扎，但仍然被命运捉弄，他的一切努力都无法改变其命运注定的生活道路。之所以会这样，主要原因在于俄狄浦斯的英勇奋斗始终操纵在“神”的手中。神能翻云覆雨，神会反复无常，喜怒哀乐间便制造了俄狄浦斯这位悲剧英雄。你们觉得这个命运悲剧，与古希腊的命运悲剧有没有区别？

生：我觉得鲁侍萍所说的命运，还是和上述神的操纵有很大区别。我觉得应该是人性的矛盾和冲突，是迫于生存而走向毁灭的一种不甘心。也就是说，侍萍所说的“命”只是中国民间的一种习惯性的口头禅，是对悲剧现实无法解释又无法摆脱而发出的一种并无确指的无可奈何的呼喊。所以，严格来说，这不是命运悲剧。

师：那你认为是什么悲剧？

生：我认为还是性格悲剧。繁漪爱起来像一把火，恨起来像一把刀，正是她的雷雨性格突然间爆发，才使得周家大厦突然间轰然崩塌。

生：我也倾向于性格悲剧。如果周朴园当初不是因为自己的软弱，而是坚持自己的选择，不始乱终弃，那么，何至于后来会有这样的悲剧诞生？

生：鲁侍萍身上也可以看出性格悲剧。除客观现实对她的影响之外，主观上她也有不可克服的悲剧性格，表现为爱与恨、展露与掩盖、软弱与坚强的性格矛盾。正是这些矛盾性格，推动着悲剧的产生和发展。

师：性格悲剧的产生有它的历史背景。文艺复兴时期，人文主义以"人"为本，强调和颂扬人的价值、人的尊严、人的力量，提倡人性，反对神性，提倡人权，反对神权，人的地位大大提高了。人开始自己主宰自己，因而，人不再孜孜以求外在的悲剧源头，悲剧的根源也就自然地转向了人本身，这就出现了"性格悲剧"。

生：我觉得可能还是社会悲剧。因为人的性格都是经历社会的压抑而形成。人不是孤立的人，而是社会的人。比如周朴园，如果不是门第观念，不是家庭的逼迫，也许他就不会抛弃鲁侍萍，这样一来，悲剧就不会发生。

师：但曹禺似乎并不同意社会悲剧。他在给《雷雨》的导演的一封信里这样写道："我写的是一首诗，一首叙事诗，这诗不一定是美丽的，但是必须给读诗的一个不断的新的感觉。这固然有些实际的东西在内（如罢工等），但决非一个社会问题剧。"这又做何解释？

生：老师，你不是说过，当一部作品诞生的时候，作家就死了，怎么解读是读者的事吗？

师：对，说得很好，我们读者可以在中间写入自己的理解，建构自己的判断和意义。就是曹禺自己，在《雷雨》诞生的这些年里，他的看法也不断改变。文本的阅读还有一种时代性。我觉得同学们说得都有道理，换句话来说，我觉得这些原因都有，这些悲剧都杂糅在一起。是否是这些共有因素，导致了悲剧的产生？还有人提出是一种超越了命运悲剧和性格悲剧的生存悲剧。

生：或多或少这些悲剧因素都存在，《雷雨》的伟大就在这里。生存悲剧，感觉也有道理。所有的人只要生存陷入困境，就无路可走。类似于佛教中的活着就是受苦。侍萍是屈辱之苦，周朴园则是忏悔之苦，周萍是乱伦之苦，繁漪是压抑之苦，四凤是前途未卜、命运不能自主之苦，周冲是幻梦破灭之苦，鲁大海是被出卖、被抛弃之苦。他们都在生存的泥潭中挣扎。

师：难怪曹禺把他笔下的这些人物比作"蠕动着的生物"，说他们在

“盲目地争执着，泥鳅似的在情感的火坑里打着昏迷的滚，用尽心力在拯救自己”，他们一个抓住一个，揪成一团，但是无论怎样挣扎，最终也不免失败，在《雷雨》里，无论是繁漪、侍萍、周朴园，还是鲁大海、周萍、周冲都挣扎着，力图摆脱自己的生存困境。

生：为了摆脱生存的困境，周朴园用赎罪来自救，摆脱犯罪心理；周萍用四凤来移情，摆脱乱伦困境；繁漪为摆脱无爱婚姻，紧抓住周萍救爱稻草；四凤为改变卑下的使女身份，想和周萍结合；鲁侍萍为躲避宿命，安于守贫，带着女儿逃避周家，但所有的人最终都失败了。即使性格最明朗的鲁大海也陷入生存的困境而无法自拔。我们看到鲁大海曾以工人代表的身份理直气壮地斥骂周朴园：“姓周的，你发的是断子绝孙的昧心财。”他并不知道这一声诅咒把自己置于一个无法挣脱的悖论中：咒语的实现以自我毁灭为前提，生存的困境不可改变。

师：几乎所有的人都走入困境，但摆脱困境的方式耐人寻味。周萍抓住了四凤不放手，想由一个新的情感来洗涤自己，侍萍也抓住四凤不放手，希望她不要重走自己当年走过的路，以永远地摆脱发生在昨天，今日又被唤起的梦；甚至天真的周冲也在抓住四凤，想仗着她的帮助，走入理想的境界。作家的这种构思多么精致。这是不言之言。让一个所有的内心冲突都化为一声“天啊”的四凤来摆脱生存困境，这本身就是一种荒谬，当然，也宣示了这种摆脱的不可能。下面，我们就从悲剧原因入手来探讨《雷雨》的主题。

## 四、从悲剧原因入手，看主题表达

生：我坚持我的观点，《雷雨》是一部命运悲剧。它的主题重在表现命运对人的捉弄和人的生存困境。周萍悔改了以往的罪恶，他抓住了四凤不放手，想由一个新的情感来洗涤自己，但没想到却犯了更可怕的罪恶。繁漪是个最让人怜悯的女人，她不悔改，拼死抓住周萍不放手，想重拾起一堆破碎的梦而救出自己，但这条路最终还是死路。周朴园不断地搬家，结果还是没有挣脱自己给别人带来的悲剧，当然也给自己带来的悲剧。

师：就是说，你认为《雷雨》首先揭示了人的生存困境，然后是人在生存困境中的努力挣扎，而最终还是遭受命运的捉弄，船沉海底。曹禺在

《雷雨·序》中这样说道："我是个贫穷的人，但我请了看戏的宾客升到上帝的座，来怜悯地俯视着这堆在下面蠕动的生物。他们怎样盲目地争执着，泥鳅似的在情感的火坑里打着昏迷的滚，用尽心力来拯救自己，而不知千万仞的深渊在眼前张着巨大的口。他们正如一匹跌在泽沼里的羸马，愈挣扎，愈深沉地陷落在死亡的泥沼里。"似乎说的就是这个意思。

生：我认为不一定是命运。在《雷雨·序》中曹禺还说过："《雷雨》对我是个诱惑，与《雷雨》俱来的情绪蕴成我对宇宙间许多神秘的事物一种不可言喻的憧憬。"所以，我认为《雷雨》的主题是对神秘事物的不可言喻的憧憬。这种憧憬，曹禺又没有能力来揭示真相。所以，只能借助戏剧的形式，为这种命运找现实的承担者。

生：我也赞成主题是"对宇宙间许多神秘的事物一种不可言喻的憧憬"。曹禺说"《雷雨》象征着一种渺茫不可知的神秘"，剧中的雷鸣电闪直接给剧作笼了一层神秘的面纱，给观众以压抑与恐怖。同样，剧中还有对电线走火的多次提示，更加渲染了这种神秘不可知的色彩。从头至尾，作者在剧本中努力营造着一种"苦夏"的背景。剧本中不断出现的郁闷、蛙噪、雷响，构成了雷雨欲来大祸将至的紧张氛围，一种原始的神秘感让人喘不过气来。几乎每一个人物一出场都高喊着"热"，忍受着外在的"热"，更煎熬着内心的"热"，烦躁，不安，又蕴含着一种渴求，以及渴求中的兴奋与恐惧。外界大自然的变化与室内人物的心绪紧密相牵，甚至外界气象的变幻万千正是人物神秘莫测的无常命运的象征，也暗示着人物可能的不幸结局。

师：《雷雨》的神秘诱惑，有人认为包含了三个命题，那就是害怕命运的恐惧感，反抗命运的生存力，超越命运的理想性。也许正是这种来自对神秘事物的憧憬，这种对人本身、人性、人的生命存在的追索，才造就了《雷雨》的伟大。

生：我觉得主题是人生的荒诞。很多时候，我们用时代的眼光，阶级的观点来解读《雷雨》，却没有意识到《雷雨》的创作者当年只是一个乳臭未干的小伙子啊。我觉得《雷雨》就是写人生的荒诞。理由是，最不该死的周冲、四凤却最先死了。繁漪和侍萍都疯了，而最该死的周朴园却没有死，而是孤独地活着。诅咒周朴园断子绝孙的人，竟然是周朴园自己的儿子。认为自己家庭最有秩序，最圆满的父亲，一个儿子却是自己不共戴天的仇人，一个儿子给自己戴绿帽子。世界有多奇特，人生就有多么荒诞。

生：人生的荒诞这个主题有道理。我补充一个证据，曹禺曾经说过，《雷雨》还表现了“天地间的残忍”。《雷雨》让人感受到恐惧。剧中，侍萍一直试图忘却曾经遭受的磨难，为此她还不让自己的女儿去公馆做事，她只想保持一点眼前的平静，可现实是残酷的，她的女儿还是重蹈覆辙，她在女儿身上又看到了自己命运的投影。四凤不为自己卑下的地位所束缚，努力地追求属于自己的爱情和生活，可捉弄人的命运却让她和自己的同母异父的哥哥相爱，在得知真相后，四凤精神恍惚，触电而死。繁漪这个“最‘雷雨’”的女人在那个坟墓般令人窒息的家庭中活得人不像人，鬼不像鬼，与自己的继子发生了畸形的恋爱关系，并将这一点爱看作是摆脱绝望环境的全部希望。她不顾一切地要抓住这最后一根稻草，怕周萍离她而去，“想重拾一堆破碎的梦而救出自己，但这条道路也引到死亡”。周萍厌恶自己的生活环境，尤其是与继母之间的那种“畸形”关系，并为自己欺骗了父亲而深深地悔恨，在极度痛苦中，他与管家的女儿，美丽单纯的丫鬟四凤产生了感情。他希望能借此摆脱身边的一切，甚至决定离开这个家，和四凤开始他们新的生活。然而，他和四凤之间兄妹关系的发现，熄灭了他对生活的希望，最终选择了自杀以求解脱。周冲，一个十七岁的年轻人，一个单纯善良、充满幻想的孩子，带着梦幻和热情爱上了四凤，却苦于父亲的专制而不敢言明，自己的母亲对他也不予支持。心存着对家长权威的恐惧，他追求着不可能的爱情。残酷的现实使他最终成了一出惊心动魄的悲剧的牺牲品，一个年轻的生命在瞬间就被毁灭了。《雷雨》中的一个个“蠕动的生物”就是一直在这种对外界的恐惧中进行抗争，最终陷入绝望。

师：天地间的残忍，人生的荒诞。《雷雨》不仅表现了世界的偶然和人生的悲惨，而且探求了世界发展的真相，使人强烈感受到了终极的神秘，还有让人无法摆脱的天地残忍。你们还有哪些认识？

生：从性格悲剧来看，我认为这部剧的主题还可以是周朴园的“原罪意识和忏悔意识”。《雷雨》中除了揭露周朴园的冷酷、自私、凶残、狡诈、专制、蛮横之外，还展示了周朴园由于对命运的恐惧、对人生命运变化无常的感喟而产生的忏悔的、原罪的、尚具人性的另一面。他对侍萍不无思念，他保留了她的照片，牢记着四月十八日是她的生辰，客厅的摆设仍保持着三十年前的老样子。这不是虚伪，而是他对初恋的真诚怀念。在回答周朴园对鲁侍萍的感情是不是虚伪这一问题时，曹禺就曾毫不犹豫地回答："是真实的，绝对真实的。"在整个"序幕"和"尾声"中都弥漫着一种基督教的忏悔意识，连十恶不赦的周朴园也心存向善，他把周公馆卖给教堂作为救治病人的医院，他老态龙钟、步履蹒跚地来探望侍萍和繁漪，让读者在对他憎恶的同时也有一丝悲悯和同情。

师：这是把周朴园作为聚焦人物来看待的结果。这种认识尊重了人性的丰富性，摆脱了社会的阶级的论断。还有没有？

生：既然可以把《雷雨》看成社会悲剧，那么再往下看，这个剧也可以看成是家庭悲剧。而这个家庭又是具有封建性的资本家的家庭，因此，《雷雨》的主题可以看作是反封建，揭露资本家的罪恶。

师：说得不错，逻辑性很好。曹禺后来说："有些评论家的解释我可以追认，比如暴露大家庭的罪恶。""可以追认"，可见他的本意并不是讽刺或攻击什么，但并不影响我们读者的认识，有时候正是我们的这种多元化的认识，反而丰富了作品的意蕴和内涵。经典是常读常新的，不仅是经典的本身揭示了人类的原型或某种内在的隐秘，还在于后世读者不断写入新的意思。

对于《雷雨》，无论我们给予多么高的评价都不过分。正是这部戏剧，掀开了中国现代戏剧新的一页。好，关于《雷雨》我们就学习到这里。课后感兴趣的同学，我们可继续探讨。同学们，再见。

生：老师再见。

# 历史与现实：文言文教学中的聚与散

## 至情言语寂无声
### ——《项脊轩志》课堂实录

师：归有光的散文号称明代第一，《项脊轩志》又是归有光最厉害的文章。今天我们走入这篇文章，一同感受唐宋派大家缠绵悱恻的心灵世界。有人说，阅读是一种享受，也是一种对抗，你在这篇文章中享受了什么，对抗了什么。还有，同学们课前都预习了，你们认为这篇文章怎么样，喜不喜欢？

生（大多数同学）：很好，非常喜欢。

师：都怎么好法，大家谈一谈，线索、内容、语言、感情、人物都可以谈，谈出原初的感受，越随意越好。

生1：我来说说线索。文章的标题是《项脊轩志》，项脊轩就是贯穿全文的线索。文章首先记录了项脊轩的模样和修复，再写围绕着项脊轩的人和事，以及对这些人和事深厚的情感。

师：说得太精彩了，逻辑很清楚，所有的一切都在项脊轩中发生，项脊轩是作者身体、感情、精神生命成长的地方。我想给你换一个词，“记录了项脊轩的模样和打扮”，都用拟人，你看好不好？

生1：我，我还是用修复吧，表意更加明确。

师：哈哈，那也好。能坚持自己的观点，我很高兴。

生2：我想谈谈内容，内容和线索相关，无非就是一间书房，三个女人。

师：哪三个女人？说得明白一点。

生2：先妣、先大母和妻子。

师：文章中不是还有老妪吗？而且笔墨还不少，为什么你没把她包含在内？

生2：写老妪就是为了写先妣，这样写更加真切。老妪是母亲的见证，也是母亲的陪衬。

师：就是说引入老妪，是采用母婢“转述”的角度，慈母的形象包裹在母婢的视野和言语之中。说得真好。

生3：文章中有两种感情，一喜一悲。第二段开头的“然予居于此，多可喜，亦多可悲”承上启下，贯穿全篇。并且我认为这个也是线索。

师：也是线索。就是说你认为项脊轩也是线索，对吧？

生3：是的，项脊轩是托物言志的物，可以看成是“物线”，在围绕着项脊轩的人和事中，作者感情的波动、发展也是线索。这两者并不矛盾。

师：不但不矛盾，而且水乳交融。围绕着项脊轩的兴废，三世变迁，感情跌宕。根据同学们所说的，我们可以用一、二、三来概括这篇文章的内容。写了一间书房，两种感情，三个女人。

下面我们就从“一间书房”开始，说说这是一间怎样的书房。

生4：很狭小。

师：你怎么知道很狭小？

生4：“室仅方丈，可容一人居。”“仅”是说它小；“方丈”只有一丈见方，还是小；可容一人居，更是形象地写出了项脊轩的小。

师：还有哪些特点？

生5：还有破旧。“百年”，“老屋”，可见其旧，因为旧，所以“尘泥渗漉，雨泽下注”。特别是“顾视无可置者”，不仅是写房子破旧，也照应了上文的“狭小”，一语双关。

师：阅读就要这样前后勾连，很好。还有什么特点？

生6：比较阴暗，因为“日过午已昏”。

师：啊，这么一个鬼地方，作者一定讨厌死了。

生7：不，相反作者很喜欢这里。文章的第二段说：“多可喜，亦多可悲。”

师：不对，为什么这么样艰苦的地方，还感觉“多可喜”？同学们交流一下。

生8：我们认为，这是与下文对照，就是这样一个地方，稍加修葺，就显得那样美丽、幽静，让人沉醉不知归路。

生9：我们小组认为，除了与下文修葺的对照，环境恶劣，作者还是可喜，更能够看出对项脊轩的喜爱。

师：有意思，喜爱美丽的地方，是人之常情，人人都能做到。项脊轩如此破旧，作者仍然对它情有独钟，更能反衬它的可爱，还有作者的喜爱。还有吗?

生10：我们还觉得和中国古代读书人的追求有关。孔乙己说，“君子固穷”，君子以安于贫困为荣，以清贫自守，勤奋读书为乐。

师：回答得非常好，完全可以把这几点结合在一起来理解。项脊轩本来就是一篇含蓄蕴藉的文章。无论作者对项脊轩有怎样的感情，项脊轩还是太破旧了，所以，还需要修葺。修葺之后的项脊轩怎么样?

生11：修葺主要有两点，一个是“使不上漏”，一个是“洞然”。对应上文，一个是解决了破旧漏雨的问题，一个是解决了天气阴暗的问题。

师：这个只是温饱，作者还有哪些小康措施?

生12：“杂植兰桂竹木于庭，借书满架。”

师：看看都种植了哪些树?

生13：兰、桂、竹……都是一些美好的高洁的植物。

师：兰桂从屈原开始，就譬喻美德。竹是岁寒三友之一。古人认为竹子未出土时先有节，及凌云处尚虚心。竹子象征着气节。从这些《诗经》和《楚辞》中走出来的植物，可见作者的志趣高远和对“内美”的追求。还有哪些可喜?

生14：刚才是修葺之可喜。修葺之后焕然一新，可喜一也。白天读书，每有所获，偃仰啸歌，可喜二也。夜晚，享受幽静的美景，桂影婆娑，暗香浮动，可喜三也。

师：王国维说，一切景语皆情语。你概括得非常好。我们好好读读这一段，欣赏它的妙处。

“借书满架，偃仰啸歌，冥然兀坐，万籁有声；而庭阶寂寂，小鸟时来啄食，人至不去。三五之夜，明月半墙，桂影斑驳，风移影动，珊珊可爱。”

生15：“偃仰啸歌，冥然兀坐”，一动一静，是少年于读书中自寻乐趣。

像陶渊明一样，每有会意，辄欣然忘言。要不就躺一会儿，要不就唱一会儿。

师：啊，你描述得真生动。没有人欣赏，就自我欣赏。

生16：我喜欢“小鸟时来啄食，人至不去”。小鸟为什么不怕人，因为寒门客少，小鸟已经习惯了这里来往的每一个人，“人与鸟”和谐共处，幽静恬美。

师：小鸟和人建立起某种关系，这是一种和谐，也是一种回应。各种生命都以自己的方式寻求与自然形成美妙的和声。

生17：我喜欢“三五之夜，明月半墙，桂影斑驳，风移影动，珊珊可爱”。静静的满月，银辉泼洒在白色的墙上，暗香在暗夜里弥散开。一系列逻辑的动态描写，和前面静态描写对照。意境特别优美，作者的悠然自得的心情，跃然纸上。

师：你说前面是静态描写，可是作者明明说“万籁有声”啊，这是怎么回事？我能否把它换成“万籁俱寂”？

生17：“万籁有声”指自然界发出的一切声响都能听到。在什么情况下能够听见，当然是外面非常幽静，包括内心里都很静的情况下，才能听到自然界的一切声响。这是“以声衬静”。换成“万籁俱寂”不好，不仅非常呆板，也与后面的“风移影动”等声响矛盾。

师：据说，有个诗人把“鸟鸣山更幽”，改成“一鸟不鸣山更幽”，结果受到了很多人的嘲笑。我们可不能上这个当啊。呵呵。

我们来总结一下，这部分写修葺房间，整饬环境，从屋内写到屋外，写了白天，写了夜晚，景与情，人与声，动与静，光与影互相映衬，写出了项脊轩中读书的怡然自得。

刚才我们详细地解读了项脊轩中的多可喜。下面我们转入“多可悲”。你们认为有哪些可悲之处？

生18：“诸父异爨”，大家庭分崩离析之悲。

师：男大当婚，女大当嫁，结婚了，自然要分开过，这有什么奇怪的，为什么如此悲伤？

生18：老舍有一部小说叫《四世同堂》，多代同堂，其乐融融。这是中国人的价值取向。

师：中国民族文化及民族心理的精髓是“和”与“合”。家族的败落，往往内起于人而外显于事。“往往而是”的墙，不仅是墙的阻隔，也是心的阻隔。

生19：联系前面来看，确实很有意思。前面是用“寂寂”烘托环境之清静，用“珊珊”状桂影之可爱，这里则是用“往往”来渲染门墙之杂乱，还有作者内心之厌弃。

师：也就是说，第一个悲是家庭衰败的悲。还有哪些悲，全部找出来。

生20：第二个悲是怀念先妣对子女无微不至的关心，现在关心还在，但人已经远去。

生21：第三个是祖母对自己的关心、赞许和期望。当然就有自己辜负祖母期望，功名未就的沉痛之情。

生22：第四个是追念亡妻，抒发对她的真挚情感。

师：有没有发现后面的三个悲和前面不一样？

生23：后面的悲，都来源于深厚的情，来源于爱。而前面恰好是无情，无爱。

师：这种对比很有意思。一种是因为别人的无情而悲，一种是因为深厚的感情，而最终又失去，愈显可悲。我们从先母开始，先妣是怎样的一个人？何以见得？

生24：先妣是一个慈母，老妪的转述：“汝姊在吾怀，呱呱而泣；娘以指叩门扉，曰：‘儿寒乎？欲食乎？’”一个动作，一句话，让人心酸。娘以指叩门扉，当是轻轻地扣，怕吓着了孩子。更让人感动的是“儿寒乎？欲食乎”，生动描写了母亲对孩子的慈爱之情。读之如见其人，如闻其声。

生25：先妣还是一个宽厚的主人，从先妣对老妪的优厚，还有老妪对先妣的敬重，连她在什么地方站过，说过什么样的话，都记得一清二楚。

生26：老妪虽然是转述先妣对姐姐的爱，但足以想见对自己的爱。所以，我才忍不住潸然泪下。

师：推想合情合理。我这里有一则材料，看看母亲是怎么疼爱归有光的。

“有光七岁，与从兄有嘉入学，每阴风细雨，从兄辄留。有光意恋恋，不得留也。孺人中夜觉寝，促有光暗诵《孝经》，即熟读无一字，乃喜。”

——《先妣事略》

从中可知，母亲对归有光的学业何等重视，望子成龙的心情何等迫切。然而，归有光8岁那年，母亲就离他而去。归有光对母亲的感情特别深，《先妣事略》可见一斑。

生27：老师，我觉得很奇怪，归有光的母亲既然那么爱自己的孩子，为什么不和孩子在一起睡，而要交给乳母。难道是重男轻女？

师：这个问题提得非常好。

据《先妣事略》记载：

“先妣周孺人，弘治元年二月十一日生。年十六来归。逾年，生女淑静；淑静者，大姊也。期而生有光。又期而生女子：殇一人，期而不育者一人。又逾年，生有尚，妊十二月。逾年，生淑顺。一岁，又生有功。”

也就是说，这个出身富裕家庭的女子，短暂的一生，都在无休止的生育和辛勤抚育中忙碌，几乎从来没有停下的时候。总是处于“怀孕—生育—哺乳—再怀孕”的过程中。从她16岁出嫁，到26岁身亡，十年间生下7个孩子。孩子太多了，可怜的妈妈照顾不过来，但她对没在身边的孩子仍牵肠挂肚，怕她冻坏了，饿着了，半夜三更还起来问寒问暖。你们觉得这样的母亲怎么样？

生28：真是可怜的母亲，也是伟大的母亲。

师：我本来不想说的，但想想还是要说。古时候不会节育，归有光的母亲就吃生田螺避孕，结果中毒身亡。这是中国古代女子共同的悲剧，为什么苏轼的妻子、李商隐的妻子，包括下面归有光的妻子，都死得那么早。胡乱采用节育方法，这是一个重要原因。项脊轩，还写了一个女性的悲歌。先大母是怎样的一个人？找出最感动你的地方，说说感动的原因。

生29：有语言描写：“吾儿，久不见若影，何竟日默默在此，大类女郎也？”这里有老祖母对孙儿默默读书的夸奖，还有对孙儿“大类女郎也”的疼爱。

生30：老祖母走的时候是“比去，以手阖门”，这里的“阖门”用得非常经典，是“轻轻带上”的意思。小心翼翼地，怕影响孙儿读书。

师：解读得好，祖母的“阖门”和母亲的“叩门”异曲同工，都是对子女的一片真情，因而动作都是纤弱的，敏感的，轻细的，这是内在感情的外化。

生31：我最喜欢的是大母的自言自语。“吾家读书久不效，儿之成，则可待乎！”首先是符合老年人的特点，我奶奶就喜欢自言自语，其次还透露出对子女功业可成的殷殷期待。

生32：所有的自言自语的话，都是说给自己听的，都是肺腑之言，大母这句话确实让人感动。

师：还有一个动作，谁来说说？

生33：“顷之，持一象笏至，曰：‘此吾祖太常公宣德间执此以朝，他日汝当用之！’”大母找来祖父的遗物，这是用祖父的辉煌来激励孙子，更加直观地表示对孙子的鼓励。

生34：我注意到一个细节。“顷之”是“一会儿”的意思。大母应该是小脚，但跑得如此之快，可见“望孙成龙”心情的急切。

师：精彩，建议给掌声。祖母身上所凝聚的符号是多层次的，既有家族振兴的期待，也有祖母对孙子的怜爱疼惜，更有家族尊长对子孙的肯定和赞许。这些人说了这么多，那归有光说了什么没有？

生35：什么也没有说。

师：孩子们，有时候说话的人，并不在说话；有时候没有说话的人，却在无声地说话。

生35：明白了，归有光是要用行动来说话，也坚信一定能实现大母的愿望。

师：这是不言而言。祖母的关怀使归有光感到天降大任于是人，从他“久之能以足音辨人”的行为中，分明潜藏着内心对祖母来看望他的期待。祖父也在佑护这个孩子。在这里，项脊轩就是归有光，归有光就是项脊轩，都能在清贫中显示气象，欣欣向荣。“轩凡四遭火，得不焚”，四次大火都不能烧毁，这是一种信心。这两者都有神灵护体。如果此前归有光的读书还是兴趣读书，现在则是意志读书，为光耀门楣、重振家族而读书。正因为这样才有下面的一段话：

蜀清守丹穴，利甲天下，其后秦皇帝筑女怀其余清台。刘玄德与曹操争天下，诸葛孔明起陇中。方二人之昧昧于一隅也，世何足以知之？余区区处败屋之中，方扬眉瞬目，谓有奇景，人知之者，其谓与坎井之蛙何异？

这一段是作者模仿司马迁的议论，既有自嘲，又表明自己不甘于永远处在“败屋之中”的志愿。一年后归有光以童子试第一名补苏州府学生员，与他此时的心态不无关系。

生36：老师补充的这段确实很有意思。我读出两点，一是谁说女子不如男，二是天生我材必有用。放到文章中来，一个是对伟大女性的歌颂，一个是对自己建功立业的期许。

师：很经典，看来编辑删除这一部分，归有光地下有知会不高兴的。我觉得编者可能是感觉这一段损害了文章感情的充沛的表达，结果，搬起石头砸自己的脚。

生37：我也有发现，是有关项脊轩。材料中有两种说法，一是说归有光远祖归道隆，曾在江苏太仓县的项脊泾住过，取名项脊轩，有纪念意义，含有怀远追宗之意。二是“项脊”有脊梁的寓意，作者也自号“项脊生”，可理解为归有光要博取功名，光宗耀祖，成为归家顶天立地脊梁骨的人生理想。一个是对亲人的追念，一个是建功立业迫切的愿望，正好是文章的两大主旨。

师：很好，经过这样的梳理，整个文章的深层脉络，情感流动就一目了然了。看看大母死后，作者的反应。

生38：大母不在了。“瞻顾遗迹，令人长号不自禁。”说到母亲，归有光潸然泪下，还是无声的哭泣；到这里情感喷薄而出，放声大哭。难道是归有光对大母的感情超过了母亲？

师：这个提问有点意思，同学们认真思考。

生39：不排除这种可能，因为母亲去世时，归有光太小了，就像李密，他应该也是祖母抚养大的，可能确实感情不一样。

生40：我认为写母亲那一段，在老妪泣的时候，作者也随着哭泣而已。他可能不好意思在老妪的面前哭泣。

生41：我不赞成，老妪是归家两代人的乳母，归有光要长号，也不会避着她的。

师：我补充一下：归有光自幼饱读诗书，天资聪颖，9岁能文，但屡试不第，直到35岁才中举人，其后二十余年，八次会试不第，会试是三年一次的。直到60多岁才中进士，当了湖州长兴县县令。由于做官正直，不与上级官吏及地方豪绅同流合污，三年后被明升暗降为顺德府通判。后来在大学士高拱的保荐下做了南京太仆寺丞，但只做了一年就病死任上。归有光写《项脊轩志》时只有18岁，现在看看，归有光为何长号不自禁?

生42：有负祖母，功名未成，愧对先人。

师：这样来看，就非常有意思了。我们回到前文，归有光第一个感到可悲的是，父辈叔伯分家另立，篱笆分隔，离心离德，导致归家家道败落。我这话是有根据的。归氏先人曾为大官，并在昆山形成了一个大家族，可是，到了归有光这一代家道已衰。归有光对兄弟“日趋于离”非常痛心，在其《家谱记》中曾感慨：“率百人而聚，无一人知学者，率十人而学，无一人知礼义者。”在归有光心中，不读书，不知礼义是归氏家族衰落的重要原因。作为归家长子，读书兴家，自然就是他最大的愿望。母亲那么指导自己读书，祖母给予自己那么大的精神鼓励，归有光无论如何也要承担起家族振兴，门楣兴旺的责任。但是动机越强，失败越惨。这是归有光大哭的深层原因，纠缠着深厚的亲情和浓重的幻灭感。

到这里，文章已经结束了。后面是补记，是十三年之后所写，但却丝毫没有给人累赘之感，反而成就了这篇千古奇文。先看最后一段写了哪些内容。

生43：主要写了三件事。“问古事，凭几学书，述诸小妹语。”

师：你觉得归有光的夫妻感情如何？从哪些地方可以看出来?

生44：妻子并不懂什么，但喜欢缠着丈夫，询问一些古事，充满对丈夫的信任和爱意。

生45：最温馨的是手把手地教妻子写字。

师：嗯，最要命的还是在矮凳子上学写字。这个场景太有杀伤力了。

生46：“吾妻归宁，述诸小妹语曰：‘闻姊家有阁子，且何谓阁子也?’”也能表现生活的美满幸福。

师：说来听听。

生47：诸小妹是怎么知道姐姐家有阁子的？这自然是妻子经常提起的缘故，妻子不可能只提阁子，她肯定会提到阁子里的人，阁子里“凭几学书”快乐的事。妻子提到阁子时一定是自豪的。因为她家有阁子，阁子里有她深爱的人，阁子是她幸福生活的见证。

师：妻子尽管没有读过什么书，但是对知识充满好奇和崇拜。她回家对姐妹们谈起自己的婚姻，不说饮食起居，不说恩爱缠绵，只说那一间看似与女人毫无瓜葛的书房，所有的自豪和爱恋都融入其间。这桩婚事，还是归有光母亲生前亲自定下的，如此的美满，如此的让人想念和感激母亲。但这女孩子和归有光母亲一样温柔美好，也一样生命短暂。这就是我前面讲过的这是中国封建时代整个女性的悲歌。看看作者是怎么写的。

生48：结婚六年，妻子又走了。生命中不能失去，一次次失去。妻子的死，再一次给归有光带来最沉重的打击。

师：为什么是最沉重的打击？母亲走了，归有光是“泣”；瞻顾祖母的遗迹，归有光是“长号”。妻子死了，归有光没有一个字写到“哭”啊，你从哪里知道这是最沉重的打击？

生48：“吾妻死，室坏不修。”项脊轩什么样的大火也烧不毁，但现在坏了。以前是修，现在是不修。因为他已经在精神上瘫痪了，无心料理房子。

师：精神上瘫痪，说得真好。不仅是肉体上的，肉体上的好治。

生49：“其后二年，余久卧病无聊。”久卧病，应该是伤心抑郁成病。而且是久卧不起，可见严重。

师：心理学上说，人因为精神支柱的倒塌，会引起免疫机能的弱化，细菌乘虚而入。

生50：“乃使人复葺南阁子，其制稍异于前。”“异于前”，以免睹物思人，稍异于前，又想要保留一些旧貌，因为那里的花前，那里的月下，有着太多太美好的回忆。

师：“稍异于前”分析很经典，这是典型的两难选择，把矛盾的感情揭示得淋漓尽致。

生51：“然自后余多在外，不常居。”修葺，就是要住，稍异于前还是不敢面对，岂止不敢面对，甚至还要逃离。于是，多在外，不常居。

师：最后，我们所有的目光都聚焦在这一棵枇杷树上。

“庭有枇杷树，吾妻死之年所手植也，今已亭亭如盖矣。”究竟有多少生命的感喟和人生的叹惋？要大胆地想象。

生52：我想到了枇杷树本来是没有感情的静物，但它是妻子死之年所手植也，就能移情于物。而且妻子死之年为什么要亲手种植这棵枇杷树，是不是预感到大限来临，给丈夫种下的一点安慰？

生53：“今已”这个时间词，表明时光流转飞逝，树盛，人亡！物是，人非！

生54：“亭亭如盖”的绿树，还让人想起亭亭玉立的娇妻。

生55：在诗歌中，这种手法叫以景结情，关键是这里的景是情人亲手所种，景本身就是情，情本身就是景。这是真正的情景一体。

师：同学们说得太精彩了。记得毛主席晚年最喜欢吟诵庾信的《枯树赋》。“昔年种柳，依依汉南。今看摇落，凄怆江潭。木尚如此，人何以堪?”这里就化用了“木尚如此，人何以堪”的典故。那棵茂盛的枇杷树，是不是也是作者感情的升华？由于想念人而触及与人有一定关系的物，便更添了对人的思念；再由对物的联想，又引发对往事的伤怀。于是托物寄情，物我交融，进一步把思念之情深化了。只说树在生长，不说人在思念，它所产生的艺术效果则是：不言情而情无限，言有尽而意无穷。

师：好，今天的课就上到这里。同学们再见。

生：老师再见。

# 沉稳与灵动：作文教学中的思与诗

## 多角度叙事

【写作提示】

人对事物的认识常常不一样。有时是“点”的认识，有时是“线”的认识，有时是“面”的认识，有时又是“立体的、多维的”认识。好的认识，总是要连“点”成“线”，连“线”成“面”，聚“面”成“体”，多侧面、多角度、多视角地认识事物。

写作，从某种程度上来说，就是认识的表达。而认识方式，无疑影响写作的方式。

一个事件一般来说，只能有一个视角来讲述，以保持一贯性；但也可以大胆地拆开事件，换成不同的视角来叙述，这就是多角度叙事。

多角度叙事可分为三种类型：一类是叠加式的——每人讲述一个方面，形成有效补充，互相补白，叠加达成。在多人的共同努力之下，事件逐渐丰满完整清晰起来。福克纳的《喧哗和骚动》就属于这种类型。

《喧哗和骚动》讲述了南方没落地主康普生一家的家族悲剧。老康普生游手好闲、嗜酒贪杯，其妻自私冷酷、怨天尤人。长子昆丁因妹妹凯蒂风流成性而悔恨交加，在哈佛大学读一年级时自杀身亡。次子杰生为人势利，冷酷无情。小儿子班吉是个白痴，从小受到姐姐凯蒂的保护，有一次由于拦阻一个小女孩，被杰生以此为借口强行做了阉割手术。

整部小说由四部分组成，各部分叙述者不同，所以又被称为“班吉部分”“昆丁部分”“杰生部分”和“迪尔西部分”。全书通过这三个儿子的内心独白，围绕凯蒂的堕落多视角地展开，最后一部分又回到传统的全能叙事视角，由黑人女佣迪尔西对前三部分的“有限视角”做一补白，补充了前三部分没有交代清楚的情节。

福克纳认为：“间接叙述能更加饱含激情；最高明的办法，莫若表现树枝的姿态与阴影，而让心灵去创造那棵树。”的确如此，作品从四个不同的侧面，展现出凯蒂的“姿态与阴影”，并给了读者充分的想象空间来“创造”出自己心目中的主人公形象。

第二类是聚焦式的——针对同一个事件，诸多人各执一词，意见越多，真相往往越难被发现。要知道每个人都有趋利避害之心，他们自然要有意识地规避，无意识地改写，甚至还自然地遗忘。这时候，也许我们需要海德格尔的“去蔽”为武器，才能发现真相。但这个时候，真相也许并不重要，重要的只是艺术的效果，还有对人性的深刻揭示。

黑泽明的《罗生门》就属于后一类。

《罗生门》，只有七个人物：武士武弘、武士妻子真砂、强盗多襄丸、行脚僧、砍柴人、下人、衙吏、女巫——死去武士的灵魂。

故事围绕着武士金泽武弘被杀展开。公堂之上，被控杀人的盗贼多襄丸，武弘之妻真砂，召唤武弘灵魂的灵媒、目击证人行脚僧等人接受审讯。他们的供词大相径庭：

强盗多襄丸说，他本不想杀死武士武弘，因为武弘的妻子真砂很容易就被自己骗奸了，然后真砂要他俩决斗才把他砍倒的。

真砂说，她晕倒在丈夫怀里，丈夫是被他手里的短刀误刺而死的。

武弘的灵魂说，是妻子唆使多襄丸杀他，他感到羞耻而自杀的。

而证人砍柴人却说，多襄丸和武弘是在真砂的挑唆之下才交手的，最后武弘被刺中而死。

同一个事件，竟然有如此不同的解释。武弘怎么死的，越到最后，观众却越糊涂。每个人证词都只是一种可能，只有一点毫无疑义，那就是人类自私的本性。这种自私人性的真实流露，超越了风俗、习惯，成为人类共通的真理，给我们强烈的震撼。

还有一种就是在同一个事件的叙说过程中，叙说视角不断变化，而故事依然按照正常的逻辑循序渐进地发展。之所以转化视角，只是一种冒险，寻找一种最佳的叙事效果，而把规则丢在一旁。这在我的视野内还没有先例，我的《鸟人》只是一种尝试。

【学生佳作】

## 有一种爱叫执着

马文君

### 他

天刚蒙蒙亮，屋子里依旧黑。我闭着眼睛把腿挪到床边，看不见鞋子在哪儿，就用脚试探地挥了挥，碰到个东西就伸了进去。

外边风不大，但还是挺冷的，似乎还有些薄雾紧紧地贴着地面。今天是星期天，不用上课。

洗完脸，趁有空，我拿起笔想给她写封信。我提笔刚想要写开头，却犹豫了，难道还是用一样的开头吗？傻瓜都知道我肯定会说自己身体很好，不用她担心，可她大概不会相信这些骗人的鬼话吧。每次写信，都是叫她要相信我，相信我们在不久的将来总会在一起，可未来到底会怎样，谁又能说得准呢。

自从大学毕业后我被分配到乐余农村高中，她被派到苏州护校，我们俩见面的机会就少得可怜。想起以前在大学里，我们俩一起上课，一起读书到很深的夜，一起在河边走，聊着天……唉！真怪自己当初没有好好珍惜，那些原本近在咫尺的东西对于现在的我俩来说，却是那样遥不可及。

我最近总是抑制不住地想她，每一次想念都是那样甜蜜，但过后却是梦醒般的失落。那种思念，就像是空气一样包围着我，时不时地就从哪个角落里冒出来。谁说的，所谓爱情，是一颗心把另一颗心揉碎的过程。

每当想起她，我的心里又酸又涩，虽然我们的爱是毫无疑问的，但不能天天陪在她身旁总不好。最近我一直在考虑考研的事儿，虽然有些难度，但一时间我也想不出什么更好的办法了。如果真的能行的话，过不了几年，我们就能永远在一起了。这样想想，就得到一些安慰。我打算把这个想法也告诉她，想必她也会很高兴的。

### 她

今天下午收到了他的来信，厚厚的几张纸，是从他的学校寄来的。刚刚拿到信的时候，急着想要把它拆开，却又小心翼翼地生怕弄坏。读他的信，我总会像个孩子一样的兴奋，恨不得一下子看完，但又担心看完后就没有了，所以又想慢慢地看。抚摸着信纸，我总觉得很温暖，想象他的笔尖在纸上轻轻滑过，留下的每一行字都让人觉得很幸福。他来信说准备考研，但不是很确定，希望得到我的支持。其实看着他为了我们这段感情这样拼命地付出，我怎么还敢奢求他再做些什么呢？

一直以来，我都觉得我是否太自私了，我甚至都没有到他的学校去看过他，每次都是他骑个自行车老远跑来，偶尔还会带些东西。而我呢？却像是个不懂事的小孩子一样整天被他照顾着，我有时甚至觉得自己承受不起他的这份爱。他这样不顾一切地付出，哪怕结果不一定是我们期待的。虽然艰难，但却更坚定了爱的信念。如果说从第一眼看到他，我就注定爱他一辈子的话，那么现在的我，就要发誓爱他三生三世。我从没有像现在这样不理智过，我像是着了魔一般地爱着他，我无法想象倘若我们不能在一起的样子，那必定是缠绕一生的悲哀。

我立即拿出纸和笔，倾泻我对他的思念。每一次提笔，都让相见的冲动不断地加深，也让爱情的厚度成倍地增长。陷入爱情的女人，总是不能自拔地想要把一切都献给心爱的人，我现在终于体会到那是怎样的痛苦和幸福啊！

## 他 爸

儿子终于大学毕业了，工作也找着了，是分配到中学教书。好在学校离家不是很远，周末能回来看看咱。只是听说好像儿子喜欢的那个姑娘是苏州人，分到苏州去了，因为两个人见不着面，儿子好像不大开心。人家姑娘家可是条件不错的，家境挺好，也很有教养，人家能看上咱这种农村出去的穷小子，真是难得。

上次回家的时候，他好像在和弟弟们商量什么再去上学的事儿。上学这事儿咱也不懂，只是听说再去上几年学就能自己去挑工作，具体咱也不知道，不过好像是为了那个姑娘吧。他们兄弟三个，自小成绩就都不错，只是家里没钱，只好供大哥上学，弟弟们就出去打工。咱家里头出一个大学生可不容易，我行了多少年的船，加上弟弟们打工挣的钱，才好不容易读完大学。这一下子又要继续上学，恐怕不大容易啊！可谁让他是咱儿子呢，咱们一家子就算是硬熬也要熬下去啊！

### 我

今天是大年初三，是大伯和大娘回来的日子，我简单整理了一番就去奶奶家了。我们一家到得比较早，老爸老妈去帮忙弄菜了，我和妹妹就在奶奶家乱逛。奶奶家有一个生锈的铁月饼盒子，里面的东西我从没见过，只是听奶奶说是以前剩下来的旧东西，没什么好看的，但是无聊至极的我们还是偷偷打开了它。盒子里东西还挺多的，什么照片啦、信啦、旧胸针啦，乱七八糟地堆着。反正闲着也是闲着，我们就好心帮忙收拾起来。

我渐渐发现，这些照片和书信好像是大伯和大娘当年通信时所用的。在读完一封用“上海师范大学研究生学位论文用纸”所写的信后，我竟然差点哭出来。我从没想到，平时稳重而又渊博的大伯对待爱情竟然这样认真，那里面的每一句话都让我觉得无比温暖，我想收到这样一封信的女人绝对有理由感受到满到溢出的幸福。那样让人心醉的文字，流淌在情人的书信上，缠绵的思绪足以让人窒息。我顿时觉得能够为他们这样的恋人整理书信也是一种幸福，我小心翼翼地把它们分好类，把盖子上的灰尘擦去，放回到原来的地方。

**评析：**这是一个真实的故事——“我”大伯“我”大娘的爱情故事。作者采取了叠加式的叙述方式，“我”既通过爷爷奶奶的描述，又从信件中偷窥了当事者的心理。整个故事因此而丰满圆润。

## 虎子的那点破事

王佳佳

虎子是谁？在三里屯，方圆十里，一打听，没有谁不知道。就因为虎子娶了这一带最水灵的女人，但新婚头三十天，媳妇就卷铺盖回家了。这个事件，像太空中的神舟七号，一下子抓住了人们的眼球。

为什么？头一回，老王把我神秘地拉到一边：

“听说了吗？”

“什么？”

“虎子把他媳妇赶回娘家了。”

“哪家的姑娘?”

“就是年头我们去老吴家，你夸他女儿天仙似的那个闺女，头个月嫁了。”

“哦，顶好的姑娘，怎么就被赶回去了？她男人也真下得了狠心。”

“听说好像是和局子里新来的小徐好上了，被虎子撞到了，就给赶回去了。”

“那姑娘也真不自爱。”

“谁说不是，今天的话，你撕了脸也不能跟第二个人说啊！你知我知就好了。”我满口应承。

晚饭刚开，我就忍不住：

“听说了吗？虎子把他媳妇赶回家了。”

“虎子，哪个虎子?”妻起了兴。

“就是娶了花魁的那个虎子。我也不识得。”

“哦。”未等妻发话，妈抢了个先。

“那个虎子，我知道，活像一个小开，现在的小青年真不是个东西，媳妇刚娶回一个月，炕头还没有焐热，就相上新好了。媳妇气得跑回娘家，他也不顾不管，还是刘妈骂得好：‘狗杂碎!’”

“妈，你尽听那些老妈子嚼舌头，那哪是啊，分明是那个姑娘不自爱，跟局里新来的小徐勾勾搭搭，虎子受不了，才给赶回去的。要不那姑娘的娘家，哪有不折腾的理？你说是不?”

“嗯，儿子说得有道理。”妈显然是受用了，“刘妈就爱掰嘴皮子，明天得给她出出洋相。”

“我说你们呀，长没长脑子。”一直沉默的爸爸发话了，“都是道听，都是途说。”

“哟，你这老头子知道个啥?”妈在一边冷嘲热讽。

“嘿嘿，”爸阴险地一笑，“好歹我也是局子里下来的，有门有路，平时回局子里喝个茶点个烟什么的。那新来的小徐我也见过，脸长得跟砖头似的，显矮显黑，一无身份，二无背景，漂亮姑娘哪家看得上他?”

“那也有道理。”我没见过小徐，但我相信爸的老到。

“那可不一定，保不准人家姑娘就相中了小徐的哪一点。”妻开始发难。

“我看哪，”爸沉思了一会儿，做分析状，“应该是李局，是李局和人家姑娘好上了。小徐是帮李局做事的，算是个牵线人吧。就是李局，八九不离十了。”

“对啊，听你这么一说，还真入了这个理。”我表示赞同，“李局风流倜傥，权钱兼备，确实可以吸引漂亮姑娘，新娘子出轨也就不稀奇了。”

爸笑了笑。“就是嘛，就是嘛，你儿子都同意我了，你还有啥话。果然是中心人物的话有分量啊。啊……哈哈哈。”他为自己的成就有点飘飘然。

“就你能耐，有本事咋不去干刑侦。”面对爸的嚣张气焰，妈赶紧灭火。

爸收束了一下激动的情绪：“说归说，家里传传好了，不好出去乱讲的啊。”

“那哪能啊。”我们应下了。

从外地办事回来。同回的还有一个王姓乡亲。

“知道那个虎子的事了吗？”公车上百无聊赖，他首先发问。

“那哪能不知道啊，都传遍了。”

“有一点我被弄糊涂了，到底他媳妇是给了李局还是给了那个小徐？”

当然是李局，我如是分析一番。

“哦，听你那么一说，也真有道理。”他笑笑，“爱瞎编乱造的人真是无聊。”我不怀好意地笑笑，算是有了同感。

“你们在说什么那么开心？”后座探过来一颗好奇的脑袋。

我打量了他一下，有点眼熟：“我们啊，在说三里屯一件带彩的事。”

“什么事呀？我也是三里屯的。”

“老乡啊！”我顿时有了亲切感，“以前没见过啊？”

“也许见着了，不打招呼罢了。什么趣事啊？”他显得兴味盎然。

我们在讲一个女人红杏出墙的趣事。

“哪家的媳妇？”他兴奋得满脸通红。

“就是那家……”

那个男人突然一下子低了头，默然，无语。

**评析**：这是一个很好看的故事，但重要的不是故事，而是叙说故事的方式。这是一篇典型的采用了《罗生门》式的聚焦叙事手法的微型小说，围绕着新娘子回家，各人都进行了活泼泼的猜想，但整个事件的真相反而被遮蔽。人性在意淫中被照亮，欧·亨利式的结尾更是把讽刺发挥到极致。

【教师下水作文】

## 鸟　人

王开东

我是一只鸟，一只受伤的鸟，一只折断翅膀的鸟。一分钟前，一支刚劲的箭，射穿了我的翅膀，我的羽毛飞舞，像纷飞的落叶；温暖如春的血，流满了我的全身。我还很年轻，在此之前，死亡对我似乎是一个遥远的话题，远得像在寒冷的冬天期待一枝温暖的玫瑰。白云、蓝天、青春还有爱情都在提醒我，我是一只即将做妈妈的鸟。想到我的孩子生命还未绽放就要凋谢，我的眼泪就止不住倾泻下来。

今天午后，我其实很幸福，我在绿树上唱歌，唱一支感谢上苍的歌。那时候，阳光像暖暖的波浪，一层一层地铺开。阳光也开花，开一种细细碎碎的小花，有牛奶和青草的香味。流水幽静而和平，云的影子偶尔倒映其间，又裙角飞扬，匆匆而过。对了，还有一头牛，从它脸上的皱纹看，应该是一头年届不惑的老牛，它散漫地啃着青草，偶尔抬头看看前方。有几次我想停在它的背上，它友好地看着我，似乎完全理解一个准妈妈的心态。其实，那个午后，应该是……应该是最完美的一种和谐，一种关于生命、自然和母爱的博大而温暖的和谐……但……

我的身体越来越轻，意识越来越模糊，我喘着气，我咬破了嘴角。我挣扎着，我不能让我的身体，尤其是我亲爱的孩子落进强盗的魔爪。前方一片黑暗，我的眼前一黑，一头栽了下去。一阵刺痛惊醒了我，原来撞上的是一堵崖，一堵只有黄花和野草的悬崖。我把头死死地弯成弧形，弯成一张一生一世总让我心惊肉跳的弓，然后死死地钩住悬崖上的一根枯藤。我感觉我的身体逐渐变得僵硬。我挣扎着，想给我的孩子做个鬼脸。孩子，对不起，妈妈真的、真的对不起，妈妈非常、非常爱你，但我……我……我只能……

其实，我不是一只鸟，我是一个人，一个专门猎鸟的人。我的目光如刀，如炬，如鹰。我喜欢血腥，喜欢一箭洞穿带给我的快乐。在我的猎物面前，我感觉是一个将军，不，应该是一个“欢喜谁就是谁”的暴君，但今天有点特别，我的心里飞扬着柔情。就在今天，或许是明天吧，我就要成为一个父亲，一个孩子伟大的父亲。如果说，在此之前，我的心里只有“获取”的话，那么，现在我有了一种情感叫“付出”，心甘情愿地付出——为自己的孩子心甘情愿地付出。孩子，世界因你而存在，在你父亲的眼里，所有的猎物都将成为你的滋补品，它们将别无选择地营养你、壮大你，直至你成为一个更伟大的猎人。

一只鸟婆娑地飞过，像一枚秋叶。我举起了弓，像托起一个婴儿，我的眼里满是柔情。

也许没有什么更能表达我今天的失望和烦躁，我失手了。那只鸟，那只遭受重创的鸟居然飞走了。从一个猎人，一个伟大的猎人的箭下。一种不祥的预兆涌上我的心头。

其实，我也不是那个猎人，我是一个旁观者，一个冷眼旁观的人，我无所不在，又无所不能。我目睹这惨烈的一幕，然后，看着猎人意兴阑珊地回家，在村庄的拐角处，我远远听见婴儿的啼哭，热烈而鲜艳。猎人的脸上也似乎镀了一层金。在落日余晖中，猎人大步进了家门，但随即又狂奔而走，在悬崖边，猎人放声痛哭，哭得饱满而酣畅，然后，拗断弓，狠狠地把它扔向万劫不复的深渊，嘴里不停地咒骂：“鸟人！什么鸟人！”

后面的故事，我不说也罢，说了恐怕你也不信：猎人在那个午后，有了一个孩子，是男孩，奇怪的是他身上长了一双鲜嫩的翅膀——鸟的翅膀！

**注解：**此文是为“人与环境”而写的下水作文。

**评析：**之所以转换三次视角，就是要从三个角度来审视这个事件的意义。一旦人不能和环境和谐相处，“鸟人”就是我们的报应。

# 言在此而意在彼

【写作提示】

一篇文章，表面上讲的是一个意思，实际上说的是另一层意思。两层意思形成类比，作品最终指向作者要表达的思想。我们姑且称这种写法为“言在此而意在彼”法。

从文章学的角度来说，为人贵直，为文贵曲，文似看山不喜平。那些波澜起伏，富有韵味，机智含蓄的文章，总能给人无限遐思，让人获得深刻启迪。从中国人的审美情趣来看，无论是创作者的情感抒发，还是读者的审美期待，都倾向于委婉含蓄的阴柔之美。

一般来说，“言在此而意在彼”的创作方法，大致有四种类型。

第一是以物喻人。

即对有关社会、人生等话题，不是直接采用叙事抒情的写法，而是撷取大自然或人类社会中的某个外物，聚焦、探究、深化，巧妙地表情达意。屈原是这类写法的个中高手，芳草喻人最先来自屈原之手，难怪司马迁说他“取类迩而见意远”。

老舍先生的《猫城记》可谓此类写法的代表，只不过在其中加入了科幻元素。

《猫城记》的内容大致是这样的：一架飞往火星的飞机在碰撞到火星的一刹那机毁人亡，只有“我”幸存下来，在艰难地自救之后，结识了一群猫人，他们把“我”带到猫城，开始了艰难的外星生活。

猫人也有历史，拥有两万多年的文明，在古代他们也与外国打过仗，而且打胜过，可是在最近五百年中，他们尔虞我诈，自相残杀，窝里斗，忘记了过去同仇敌忾、抵抗外辱的光荣历史。一致对内的结果，导致文明的退化，潜力的衰竭。最后，“我”目睹了一场猫人与矮子兵的战争，以猫城全城覆没而结束了这座私欲日益膨胀的外星文明古城。

整个作品处处说猫事，但又处处写人情。借猫人混乱生活和丑恶行径的描写，对旧中国国民的劣根性做了淋漓尽致的剖析，并间接抨击了国民党政权的腐败无能、内忧外患。但同时，又对革命力量极尽嘲讽。

第二是借事说事。

这种叙事手法非常巧妙，表面上是说这件事，实质上却指向另一件事。两件事情之间，或对照，或类比，有着必然的联系。之所以借事说事，“假语村言”而已。伊朗经典影片《小鞋子》就是一例。

9岁的阿里，出生在一个贫穷的伊斯兰教家庭里，妹妹莎拉只有7岁。妈妈多病，爸爸做工，挣很少的钱。有一天，阿里帮妹妹修鞋子，不小心弄丢了那双淡紫色的鞋子。对孩子而言，这是一个巨大的灾难。

阿里决定和妹妹一起承担这个灾难。他们每天穿一双鞋子上学，莎拉放学之后，阿里才换上鞋子上学，常常因为迟到挨骂。

后来莎拉找到了小鞋子的下落，可是，那是一个比他们还要苦难的小姑娘，牵着一个老年的瞎子沿街乞讨。善良的阿里和妹妹放弃了讨回鞋子的想法。

暑假里，阿里和爸爸一道去做工，他要用自己的劳动为妹妹买一双小鞋子。买鞋子的路上，爸爸带着阿里骑着车摔下堤坝。到医院里花完了打工的钱，莎拉的小鞋子又泡汤了。

后来，阿里得知镇上举行运动会，第三名的奖品就是小鞋子。阿里通过种种努力，好容易报上了名。在比赛中阿里一马当先，在快要接近终点的时候，阿里放过一个人，两个人，准备稳获第三名。但一不小心阿里跌倒了。爬起来的阿里疯了，他绝不能让妹妹失望。瘦小的阿里像一匹受惊的野马，疯狂地越过一个又一个人，结果鬼使神差地获得了第一名。在对第一名的欢呼声中，阿里流下了失望的泪水。阿里不但与小鞋子失之交臂，反而跑坏了兄妹俩唯一的那双鞋子。

《小鞋子》说的是孩子，表达的却是成人，这是伊朗电影惯用的一种手法。阿里通过“合作、寻找、劳动、竞争”来面对灾难，实际上是伊朗这个多灾多难的民族面对厄运的一种抗争、一种反抗、一种挣扎，这是一种最可宝贵的民族精神。

从某种程度上说，我们每个人都渴望着超越。然而，在具体的社会关系和文化认同上，在我们生命的某个阶段，我们每个个体终将被锁定在某个位置上，我们的脚步随之慢下来，并最终停止，不再寻找。当我们在不知不觉中和阿里一起追逐一双小鞋子时，我们也许会反躬自问：我们不都在不同的境况下丢失过不同的“鞋子”吗？可我们这样渴望过吗？我们这样认真过吗？我们这样不懈过吗？我们这样奋斗过吗？我们这样努力过吗？这些都是《小鞋子》的题中之旨。

第三种是指桑言槐。

指桑言槐，实际上就是隐喻。第一个提出隐喻的人是亚里士多德，他特别重视隐喻的使用。他说，隐喻可以使风格有所提高而不流于平凡，还能使文章风格鲜明，引人注意。当然，中国人的民族心理和文化特质也决定了我们含蓄、矜持的精神特质，那些不愿意直说，不便明言的内容，我们都可以用隐喻来表达。从认知学上来说，隐喻还是我们认识世界的一种方式。

隐喻表达，最著名的当是鲁迅写的《夏三虫》。文章说人们在夏天常为跳蚤、蚊子、苍蝇所害；但比较起来，三虫之中，他更讨厌的是蚊子与苍蝇。其理由是：“跳蚤的来吮血，虽然可恶，而一声不响的就是一口，何等直截爽快。”蚊子“却当未叮之前，要哼哼的发一大篇议论，却使人觉得讨厌。如果所哼的是在说明人血应该给它充饥的理由，那就更其讨厌了”。

而苍蝇呢，“无论怎么好的，美的，干净的东西，又总喜欢一律拉上一点蝇矢”，这对美的玷污，是令人憎恶的。而一旦“战士死了的时候，苍蝇们首先发现的是他的缺点和伤痕，撮着，营营的叫着，以为比死了的战士更英雄”，这就近乎卑劣了。

文章借苍蝇、蚊子、跳蚤叮人时的吸血形象，隐喻反动文人、假革命者的丑恶嘴脸，以及他们为自己的罪恶行径涂脂抹粉的行为。

第四种是托物言志。

托物言志，又叫象征。这种手法在诗歌中最为常见，同学们也最为熟悉。比如朱元璋有一首《菊花》诗。

百花发时我未发

我若发时遍天涯
遍地黄金甲
江山一把抓
金风一动扫败叶
独占鳌头方显它

明写菊花，但处处写自己的雄心和壮志，豪气干云，英气勃发。

【例文赏析】

## 活了100万次的猫

佐野洋子（日本）

有一只活了100万次的猫，它死了100万次，也活了100万次，但猫一直不喜欢任何人。

有一次，猫是国王的猫，国王很喜欢猫，做了一个美丽的篮子，把猫放在里面，每次国王要打仗都把猫带在身边，不过猫很不快乐。有一次在打仗时，猫被箭射死了，国王抱着猫，哭得好伤心好伤心，但是猫没有哭，猫不喜欢国王。

有一次，猫是渔夫的猫，渔夫很喜欢猫，每次渔夫出海捕鱼，都会带着猫，不过猫很不快乐。有一次在打鱼时，猫掉进海里，渔夫赶紧拿网子把猫捞起来，不过猫已经死了。渔夫抱着它哭得好伤心好伤心，但是猫并没有哭，猫不喜欢渔夫。

有一次，猫是马戏团的猫。马戏团的魔术师喜欢表演一样魔术，就是把猫放在箱子里把箱子和猫一起切开，然后再把箱子合起来，而猫又变回一只活蹦乱跳的猫，不过猫很不快乐。有一次魔术师在表演这一个魔术时，不小心将猫真的切成了两半，猫死了。魔术师抱着切成了两半的猫，哭得好伤心好伤心，不过猫并没有哭，猫不喜欢马戏团。

有一次，猫是老婆婆的猫，猫很不快乐，因为老婆婆喜欢静静地抱着猫，坐在窗前看着行人来来往往，就这样过了一天又一天、一年又一年。有一天，猫在老婆婆的怀里一动也不动，猫又死了，老婆婆抱着猫哭得好伤心好伤心，但是猫并没有哭，猫不喜欢老婆婆。

有一次，猫不是任何人的猫，猫是一只野猫，猫很快乐，每天猫有吃不完的鱼，每天都有母猫送鱼来给他吃。他的身旁总是围了一群美丽的母猫，不过猫并不喜欢她们。猫每次都是骄傲地说：“我可是一只活过一百万次的猫哦！”

有一天，猫遇到了一只白猫，白猫看都不看猫一眼，猫很生气地走到白猫面前对白猫说：“我可是一只活过一百万次的猫哦！”白猫只是轻轻地“哼”了一声，就把头转开了。之后，猫每次遇到白猫，都会故意走到白猫面前说：“我可是一只活过一百万次的猫哦！”而白猫每次也都只是轻轻地“哼”一声，就把头转开。

猫变得很不快乐，一天，猫又遇到白猫，刚开始，猫在白猫身边独自玩耍，后来渐渐地走到白猫身边，轻轻地问了一句话：“我们在一起好吗?”而白猫也轻轻地点了点头，“嗯”了一声，猫好高兴好高兴。他们每天都在一起，白猫生了好多小猫，猫很用心地照顾小猫们，小猫长大了，一个个离开了，猫很骄傲，因为猫知道：小猫们是一只活过一百万次的猫的小孩！

白猫老了，猫很细心地照顾着白猫，每天猫都抱着白猫说故事给白猫听，直到睡着。一天，白猫在猫的怀里一动也不动了，白猫死了。猫抱着白猫哭了，猫一直哭一直哭一直哭。直到有一天，猫不哭了，猫再也不动了，猫和白猫一起死了，猫也没有再活过来。

**评析：**这是一篇以物喻人的文章。虎斑猫为什么一次次死去又活过来？因为它觉得自己从来没有真正地活过。为什么主人们为它的每一次死亡洒下眼泪，虎斑猫竟从未哭过？因为它不过是他们的宠物，他们并不理解它，更谈不上尊重与爱。为什么虎斑猫最后要成为无家可归的野猫？因为这样它将获得自由，不再是别人的宠物，而成为完整的自己。为什么虎斑猫要爱上白猫，放弃它的骄傲与自由？因为白猫也是一只独立自由的猫，她并不愿意成为虎斑猫的宠物，所以虎斑猫爱上了它，就像爱上另一个自己。为什么这一次虎斑猫死去后不再活过来？因为它已经真正地活过，真正地活过，一次就够了。

# 放屁的选择

广东考生

老人家早就说过：人吃五谷杂粮，都得放屁。放屁，这可不是普通人的专利。不管是谁，不管地位有多高，名气有多大，甚至多么讨厌的人，人人都得时不时地放几下臭屁。因为只有放了，才能气通，否则会憋死的。

放不放屁？这没得选择，人人都得放。可怎么放却有得讲究。因为屁有响屁与恹屁之分。试想想，在大庭广众之中，“噗”的一声！一个大响屁，惹得周围的人都忍不住抬起头来，睁大眼睛想看个究竟：到底是谁？这么不懂规矩！不知斯文！这种情况下，谁能大着胆子，勇敢地承认，或者举起手来：啊！别找了，你们大家，刚才这屁是我放的。实在是来得快，威力大，想挡都没挡得了。抱歉！抱歉！然后，大家都各忙各的，默认了那“响屁不臭”的定律。

这种情况可能实在无法控制。可也有功底深厚之人，明知自己将放一个响屁，却偏要认认真真地压着，慢慢地放，变成了一个恹屁。就算有点响动，却惊动不了左邻右舍，只有自己听得见。等到那屁气开始扩散，人们渐渐抬起头来，寻找污染源的时候，他也装模作样地抬头观望，其实这罪魁祸首也只有他自己心知肚明。

这种人，应该说有点替他难过。想放屁却不敢放，尽管应该是个响屁，也只好慢慢地压成了恹屁。

所以，放屁也有选择。是放响屁呢，还是放恹屁？本来的道理应该是：该怎么放就怎么放，更不必将本来的响屁压成了恹屁。

现实生活中很多现象其实跟放屁又何其相似。有的人明明有意见，却不敢大声地说出来，选择闷在心里，让自己慢慢地消化，或者拐弯抹角说些不着边际的话。这样，自己的牢骚虽也发泄了，其他人却感觉不到什么动静。就算领导或者同事真的有什么不足，或者自己真的有什么委屈，也只有在这样一种郁闷之中，自生自灭了。

人与人之间，上下级之间，有什么事情，有多大的过节，还是直截了当说出来的好。这样的话，可能会少走很多弯路，少犯很多错误。也可以让一些人及时迷途知返，或者悬崖勒马。

可是，真的要做到这样，还得先从放屁开始锻炼。让我们在自己的日常生活中，少放恹屁，多放响屁。

**评析：**这是2002年广东的一篇高考满分作文，其立意完全得益于一句俗语，“有话就叫，有屁就放”。考生借助放屁选择这件事来写建言献策的选择，别出心裁。两件事情之间是和谐的类比关系。

放“响屁”是敢于直言向领导提出意见，但是有些人就不敢放“响屁”，只敢偷偷放闷屁。放“闷屁”由于隐蔽，领导不知道，自己当然也不会吃亏，但却严重污染了社会环境。考生最后亮出了观点：我们在社会中应该提倡直言，提倡放“响屁”。

## 假如我便这么死了

王佳佳

假如我便这么死了，我确是死了。

我生前没有记日记的习惯，所以我的思想将与我的血液一道凝固，不再会有人知道这个死物生前是个多么鲜活有趣、年轻蓬勃、乐观向上的机体，没人再去理会曾经的那个谁带给过他们激情、愉悦、荣耀或者光辉，我便已不存在。

我消失了，即便有谁愿意记住我片刻，但他们会妄加猜度我，他们会说我生前是个自大、傲慢、无礼的家伙，给我戴上一顶无耻的帽子，我却已无力申辩；而当有人说我谦虚、高尚时，我又该怎样去肯定他们的赞美，坚定他们的信念？既然已死了，我终究无法改变一些人对我的成见，因为我已不再向前；既然已死了，我该怎样去挽住未亡人的一丝留念？我早已是一柄残烛，接着是一芯残焰，从此将是人们心中一支不完全的破烛的残影，喜欢或不喜欢，光芒已黯淡，终将消散。

生者可恸，亡人未矣。

既然我死了，未留下什么，除了欠人一辈子的债，留人一辈子的笑柄，余人一辈子的吁叹，我还留得了什么？我不曾对敬爱的长辈叨一声“保重”，我去了；我不曾对我心爱的女人念一声“珍重”，我去了；我不曾对我远方的朋友唤一声“勿念”，我去了。我去了，撒手人寰，茫茫人海从此与我两不相干，便如微尘，聚集时在人间掠过一阵风，消散后还留得下什么影踪？

猝然间，我对生命全不握有了，我脱离了人间。是自己那一句“这该死的命”让生命抛弃了我，还是我大方地出让了生命？但总归我死了，世界感触不到我。想证明自己尚未死尽的呻吟，我拼命想要挣扎，那紧巴巴地微缩在窄小棺木里的人兴许不能被称作我了，那只是一副取代了我曾经炽热灵魂的躯壳。它脱离了我的掌控，带着我凉透的心，被一群我永远不想离开的人拥护着，化作灰烬堆入了我深深扎根的故土，再也见不到天日了。

在千万年以后，千万个角落，我能够找到不止一个与我曾用同一个姓同一个名的人，但那不会是我了，也不再会有人因为提到这个名字而对我产生任何概念了。我最后一次深吻一下这个陌生的世界，身向下睡了，就依附在我亲切故土的小河旁，那是岁月和人都改变不了的纪念。

我睡安详了，不必再耿耿于怀于前生，但倘我又活了，我发现了许多未竟之心愿要去达成。

**评析：**这是借事写事中的一种对照方法。文章写了“我”死之后的种种不舍，种种不能实现的苦痛。“便这么死了”透露出一种不甘，一种挣扎，一种抗争。文章处处写“死”，实际上处处写“生”，用死之遗憾，写生命不能承受之轻。

## 假如你便这么死了

范亦哲

王佳佳的文章我没细读过，我文笔也比不上他，就是想借死亡说明一点问题，抒发一点感想。

假如你真的想死，拜托你怎么死还是一个大问题。你要跳楼，别人说你在作秀。你在家自己了结（上吊、吃药、割大动脉），行行好吧，这房子卖不出去了，风水先生不用算也知道这是“凶宅”。你身体健康，天天锻炼，说“自然死亡”没人相信。堕落点染个AIDS，没几年还死不了，还会吃你爹妈不少血汗钱。不要急着往车底下钻，先回去查查自己是不是城市户口，要还是农业户口，这条路不值得。

不管你选哪条路，你的确是死了，但你对这世界的影响才刚开始。咱班主任得停职了，咱校长得出现信任危机了，社会上定然掀起轩然大波，一些喜欢叽叽歪歪的“专家学者”可以把你炒成风云人物，对教育的批判铺天盖地而来，但我们还要高考，一切都是原地踏步。明年你周年之际，兴许还可以烧张关于你的报纸，但人们可能忘记了你曾来到过这世界上。

是我拜金，钱总得算算，不考虑用于你死亡的活动经费，当然你也没地方报销，账目还真不少。虽然你父母可以第一次也是最后一次享受“学平险”带来的好处，也算得上是“小投入，大回报”。（说不定你还会成为推销“学平险”的案例，保险公司会如是写上死亡，得到补偿若干，全家老小无不感激涕零，所以请大家保险。）但你的父母却会因此付出许多许多，多少年来的养育无法计算。你这么有思想的，躺不了水晶棺，进不了八宝山，开个追悼会可是必要的，又要迎来一群混吃的亲朋好友，一沓红票子就这么去了。火葬场可是垄断企业，那炉子不但烧人，还烧钱。棺材+火化+骨灰盒，没厚厚一沓红票子是搞不下来的，而你的肉体也将随着火花促进一项叫腐败的事业发展，为那些已经富到流油的人创造更加幸福的生活。虽然你已经不在人世，但仍要个安身之所，但愿你没生在大城市，现在地价很贵的啊，挑块风水好的地儿，再搞块好点的碑，前前后后的花销够添辆经济型轿车了。

但不管怎么说，一切都安顿好了，你也的确是死了。

你不是寿终正寝，你死得卑微，死得毫无价值。也许你可以捐献器官，那你将成为一个矛盾的人，非正常死亡却捐献器官。这时候该发挥炒作的力量了，那些路边社的记者大笔一挥，你便成了为了救心爱的女孩或是父母兄弟而不惜自伤性命的人。这时又该发挥网友的作用了，大家一鼓作气把你顶进《感动中国》，却也算是身后显荣，再次成为风云人物，一波未平，一波又起。

再说说你的那些遗憾。你没来得及对老人道一声珍重，他们自己也时日无多，他们只会有暂时的心痛，只是失去节假日时的礼物和问候。你没来得及与身边的兄弟道别，你走之后，他们不也个个米食照进，个别强悍的甚至夜夜笙歌。你没来得及对你爱的女人道一声别，倾诉你的情思。你早干什么去了，以你消极的态度，你即使生，和她也只能是平行线，而你也只会成为她生命中的一个过客。也许她老时会回忆起你，念叨着："哦……王佳佳？是谁家的媳妇？不，不，不，是个男的，对，的确是个男的，是个傻傻的男人。"

人是脆弱的，生命是有限的。古人不是说："死生亦大矣。"死是神秘的，未知的。不是也有人说生命因为死亡而精彩吗？死？生？我还没参透。

**评析：**此文因上文而来，采用杂文笔调，借谈一个人的死亡，矛头指向现实中的种种弊病，嬉笑怒骂，妙不可言。

## 小偷、妓女和医生

王开东

有三个人死了，他们的身份分别是小偷、妓女和医生。由于新死，他们一道到阎王那里去报到。

阎王在发落他们之前，想听听他们的自我评说，然后决定他们或者上天堂，或者下地狱。

小偷抢着说："阎王老爷，我是你最好的子民，我应该上天堂。"阎王说："把你在人间的所作所为从实招来，不得有误。"小偷回答道："阎王老爷，小民苟活在阳间，数十年如一日，勤勤恳恳，起早贪黑，偷偷地把人们美好的、珍贵的和稀有的东西小心地收藏起来，以免它们丢掉、坏掉、烂掉，而且不计报酬，不为人知。有时候，还要遭受不公正的误解，甚至是嘲弄和毒打，可我无怨无悔。阎王爷，我是一个真正的好人啊！"

阎王听了，很高兴，说："孩子，你是一个好人，快快起来，天堂上去吧！"

妓女见了，很着急，马上说："阎王爷爷，我更加是一个好人啊！在我们那个阳界，没有您老人家这里繁荣安乐，社会上有很多精神贫困、无家可归的男人，他们只有物质，没有精神；只有肉体，没有灵魂，没有温暖的性，而我们敞开胸怀，赤身露体，用母性的情怀容纳他们，给他们快乐，供他们享受，让他们获得完整的快感，获得男人的性福生活。阎王爷爷，您老人家说说，我算一个好人吗？您老人家倒是说呀！”

听了妓女的一番话，一大把金色的眼泪从阎王的眼里滚落下来。阎王慈爱地说：“小妓，起来吧，我真的很感动，人间也有你这样的好人啊！牛头马面们，快快把妓妓弄到天堂里去，让她到烟柳繁华地里，好好享受温柔富贵去吧。”

看到两个同伴都升入了天堂，医生慌了，连声喊：“阎王爷，您老人家受骗了，他们两个人，一个贪财，一个好色，都是坏人。只有我，才是堂堂正正的好人嘞！”阎王虎着脸，问：“你，你说，你好在哪里？”医生说：“当病人重病的时候，作为医生，我挺身而出，救死扶伤，妙手回春，不但解除了他们肉体上的痛苦，而且还把很多病人，从鬼门关上拉……”

还没等医生说完，阎王歇斯底里地叫起来：“快把这东西打到十八层地狱，让他永世不得翻身！怪不得最近我们人丁不旺，原来是这个东西在背后搞鬼……”

**评析：**这是一个指桑说槐的故事。文章借助一个有趣的鬼故事，隐喻社会评价机制的不公。社会的倡导和摒弃，常常会造成人民的价值和道德异化，以致黑白颠倒，人鬼不分。文章嬉笑怒骂，指桑骂槐，讽刺性和批判性都大为增强。

## 狗拿耗子之后

王开东

假如一条狗，一条多事的狗，突然间心血来潮，抓住了一只耗子，其结果会如何呢？

首先，老鼠不干了，会连夜在昏暗的油灯下写匿名信。“这狗东西，目前正处于发情期，连撒尿都要高高地举起腿，是个十足的露阴癖。那个猫咪，也不是好鸟，每天晚上都叫春，叫得满世界都知道。当然，这些不是我们这些正人鼠子关注的对象，我们关注的是一条色狗为什么要为一只荤猫献殷勤，我们痛心疾首地感到这两者之间一定有某种暧昧关系，我们恳请主人严厉打击不正当的男女关系，还我们孩子一片纯净的天空。”

其次是猫。猫们连夜召开了扩大会议，所有的猫都愤怒声讨狗的拙劣表演，并且提出如下几点意见：第一，向狗表示强烈抗议，抗议狗没有职业道德，滥用职权，侵犯了猫们的合法权益，在群众中造成了恶劣影响。第二，决定成立狗主人失窃财物调查委员会，对狗的本职工作进行审计，然后，把结果上报给主人，同时建议主人把狗弄到精神病院做彻底检查。第三，号召其他的猫向主人示威，如果狗得不到严肃处理，猫们会集体辞职，让天才的狗能者多劳。第四，让宠物猫展开公关，在女主人面前吹吹枕边风，最好把这条狗定性为疯狗、野狗，让怕得狂犬病的人把他弄死。

再次，其他的狗也牢骚满腹，主要不平集中在以下几个方面：第一，首先是这条狗出名了，现在这个社会，不管是大学生卖淫，还是老教授嫖娼，也不管是木子美遗情书，还是流氓燕的流氓照——不管是香名还是臭名，只要出名就好啊！第二，这条狗特立独行，证明了狗有捕鼠的潜在功能，说不定自己家的主人，胡子眉毛一把抓，乱点鸳鸯谱，让狗担负捕鼠的重任，吸引眼球，制造卖点。他妈的这个世道，狗咬人不是新闻，人咬狗才有价值啊！还有，说不定这条狗真的与小猫咪有一腿，这又让不少狗酸掉大牙。

最后是主人。如果主人是个浪漫的人，可能会给狗和猫办一个体面的婚事，保不准生出个猫不要、狗不理的东西，来给无聊的人添添乐子。如果主人是个“大学教授”，说不准更增添了勇气和信心。呵呵，连狗都泡上猫了，堂堂大学教授嫖个娼怎么了？如果主人什么也不是，那么就有可能写一篇《狗拿耗子之后》，来骗一骗网友的回帖。

**评析：**此文综合了“以物喻人、借事说事、指桑说槐”等手法，借助狗拿耗子之后的种种，揭示社会的污浊，人心的险恶。言在此意在彼的手法，并非截然分开的，常常是相互关联，和谐共生。

# 作文，其实不难

现在中学生普遍有两怕："一怕周树人，二怕写作文。"

其实，当我们破解了应试作文的写作规律，高考作文简直是小菜一碟。本文拟针对作文中的三个难点：如何审题，高分议论文如何写，如何让作文层次清楚，内容深刻，谈谈自己的想法和实践。

## 一、作文审题

目前高中生对命题作文的审题，问题并不大。学生最害怕的是材料作文，由于选择材料的复杂性、多义性，学生对材料内涵的分析和把握相对比较困难。一般来说，材料作文的审题和立意，尤其要注重由因索果，由物及人。比如以《蜡烛》这首诗为材料，要求写一篇议论文。

不惜身上膏，化为千尺明。
陪人依窗读，照人赴锦程。
默默发光热，从不慕虚名。
一贯有始终，为人尽忠贞。

很多同学一看到蜡烛，就争先恐后地写它的"奉献精神、自我牺牲"精神。这就是不注重分析，定式思维导致的结果。下面，我们对此材料进行因果分析，由因索果，由物及人地剖析。

蜡烛之所以有"千尺明"这样的果，最根本的原因是它自身的物质基础做准备的。没有"身上膏"，就不可能有"千尺明"，而下文的"陪人""照人"的牺牲精神也就是一句空话。由此看来，一个人必须具有真才实学，具有为人民服务的本领，才能谈得上奉献。光有奉献之志，没有奉献之才，只能是空头奉献家。

我们还可以从另一个角度分析。

蜡烛这种牺牲精神之所以可贵，之所以千百年来为人们讴歌，最根本的原因是其“一贯有始终”。这种奉献精神具有“一贯性”，不是“即兴为之”，也不是“偶一为之”，而是长年累月，持之以恒，能经得起时间、地点、条件等因素变化的考验，这才是真正的奉献精神。

但是，只能够这样分析，还仅仅是审题而已，实质上在审题的同时，我们还需要找到材料中的张力元素，为下面的谋篇布局做准备。下面我就以苏州的模拟考试的一篇作文为范例，审题如下。

阅读下面的材料，按要求作文。

中国移动通信有一则广告词，它引用了一位业余攀登爱好者的话：“每个人都是一座山，其实最难攀登的是我们自己。有时，哪怕是一小步，也有新高度。做最好的自己，我能！”

从以上的材料中，自选角度，自定立意，自拟题目，写一篇不少于800字的文章，文体除诗歌外不限。

这则材料中包括了很多有张力的元素。任何一组或几组元素找出来，都可以写一篇很切题的文章。

1. 目标和途径

做最好的自己，从目标上来看，是“实现自我和成就自我”；从途径上来看，首先是要认识自我，然后不断地战胜自我，超越自我。这个过程，实质上是自我攀登的过程，也就是成长为“山”的过程。

2. 想和做

做最好的自己，首先强调“做”，强调一种攀登的姿态，这种行动的姿态，绝非很多学生所理解的“我终于战胜了自我”那么简单易行，一蹴而就，一劳永逸，它实际上是一个漫长的、连续的、不断螺旋式上升、生无所息的过程。

3. “最好的”和“最好的自己”

材料中的“业余”非常重要，既然是业余的，那就很难是最好的，但却可以凭借自己的“爱好”，成为最好的自己。以“每个人都是一座山”为喻，也包含了这种取向，因为山有高有低，但尽自己最大所能，攀登到自己所能达到的最大高度，就是“最好的自己”。最好的，是“能与不能”的问题；最好的自己，却是“为与不为”的问题。有人问一位雕刻家，“最美的雕像”是怎么雕刻出来的？雕刻家这样回答，就是把石头中不必要的部分去掉就行了。而如何“做最好的自己”，实际上也就是不断剔除自身缺点，趋向完美的过程。

4. 理想和现实

做最好的自己，实质上还是一种人生追求，一种人生理想，一种乌托邦。也许终其一生，我们都成不了最好的自己。没有最好，只有更好，但不可忽视的是，我们却在“更好的”自我比较中，不断成长，不断进步。就算我们在攀登的过程中，摔得头破血流（这很有可能发生），我们也并非一无所获。苏格拉底说，懂得怎样生活，永远比生活本身更重要，追求的过程也永远比结果更重要。那种只看结果，不看动机和过程，实际上是实用主义的一种表现，是“成者为王败者贼”的心理在作祟。

5. 伟大与朴素

“做最好的自己”似乎与伟大并无关涉，却与朴素紧密相连，就拿登山者来说，他最朴素的想法，并非要征服世界上最大的高度，成为最伟大的“山”，他所有的攀登，与其说是丈量山，不如说是丈量他自己的潜能，丈量他自己所能达到的极限。这不是自恋，而是自强，不是排外，而是自新，是梦想照进现实。但当所有的铅华洗去，我们却恍然发现，拒绝伟大的朴素本身就是一种伟大，“做最好的自己”其实就是做伟大的自己。

6. 务实与自信

从移动公司选择这个广告词来看，这也堪称神来之笔。“做最好的自己”，既是一种谦虚的、务实的表述，我们每天都在努力，我们要做最好的自己；但同时也是一种自信的表达，我们要做最好的，而且必须是属于我们自己的，有我们独特的张显的个性的，是其他公司所不具备的。越是民族的，越是世界的，而越是个性的也就可能越是魅力的。

移动之所以选择这句广告词，我以为，可能看中的就是它谦卑中所隐含的傲气。

紧紧扣住材料进行多角度、条分缕析的审题，每一个角度都可以写出有张力的，有个性的好文章。

## 二、写作指导

这几年阅卷老师常常感叹，第一是文体不清问题严重，第二是优秀的议论文太少了。笔者综合了满分议论文的最大共性，下水写了一篇高分议论文的范文，并加评语解析。

江苏省一模作文题：

将两辆外形完全相同的汽车停放在相同的环境里，其中一辆车的引擎盖和车窗都是打开的，另一辆则封闭如常，原样保持不动。打开的那辆车在三天之内被人破坏得面目全非，而另一辆车则完好无损。这时候，实验人员在那辆完好无损的汽车的窗户上打了一个洞，只一天工夫，车上所有的窗户都被人打破，内部的东西也全部丢失。这就是著名的“破窗户理论”，其结论可以归结为：既然是坏的东西，那让它更破一些也无妨。

对于完美的东西，大家都会不由自主地维护它，舍不得破坏；而对于残缺的东西，有人就会去加大其损坏程度。这是人类的一种心理惯性，我们可以由它联想到自己的生活：让自己的人生干干净净，不要在上面乱扔垃圾，更不要轻易打破你生活中的任何一扇窗户。

请以“不要轻易打破你生活中的任何一扇窗户”为话题，写一篇不少于800字的文章。

### 守住心灵的第一防线

王开东

都台长官王廷相，曾给《松窗梦语》的作者张瀚讲了个故事。一天他乘轿进城，刚好下大雨，一轿夫穿了双新鞋，一开始他小心翼翼地择地而行，后来一不小心踩进了泥水中，之后，轿夫便“不复顾惜”了。王廷相说：“居身之道，亦犹是耳，倘一失足，将无所不至矣！”由此可见，为了拒绝“无所不至”的灾难，我们必须走好人生的每一步，不要轻易打破生活中任何一扇“窗户”——人生的高贵，在于守住心灵的第一防线。（论点提出一定要快，可用名言，可用正反对比，可用简短故事提出，论点前最好用破折号，以示醒目。）

为什么要守住心灵的第一防线呢？（对论点发问，一定要独立成段。议论文最大的特点就是阐释和分析，注重的是逻辑的力量和说理的力量。先讲清道理，再摆事实。）

首先，从人们的心理惯性来看。爱美之心，人皆有之。对于完美的东西，大家都会不由自主地维护它，舍不得破坏；而对于残缺的东西，人们的态度就截然相反了。著名的破窗理论揭示了“墙倒众人推”的深层心理。

其次，从我们自身来看，因为人们业已产生的心理惯性，因为等而下之的社会评价，因为铄金的众口，可畏的人言，我们常常要为自己打碎的“窗户”付出极其惨痛的代价。而且，很可能就此一错再错，破罐子破摔，以致一失足成千古恨。

最后，从哲学上来说，任何的大错、大恶，都有一个发生发展的过程。有了战战兢兢的第一次，很可能就会有心安理得的第二次，习以为常的第三次，理直气壮的第四次……以至于身在恶中不知恶！

（最好能分层讲出几层理由。用首先、其次、最后来表明顺序，从个人、集体、国家，过去、现在、未来，个人、他人、社会等等入手都可以。这里的道理说得越透，后面的论证也就越有力。）

为了人最高贵地活着，请守好你心灵的第一次！（论点的重申，是为了下面的论述，这一步必不可少。）

嗜鱼如命的子产做了相国，有人给他送了一条好鱼，子产坚决不接受。来人很不理解，子产说，我今天接受了你的鱼，将来我就很可能吃不到鱼了。我们可能会问，一个堂堂的相国，接受一条小小的鱼，何至于将来吃不到鱼呢？但子产的高明就在这里，他明白“祸患常积于忽微”，任何一扇“窗户”的打坏都可能造成严重的后果。如果今天能接受这一条鱼，就意味着明天能接受无数条的“鱼”；而拿了人家的这条鱼，将来人家的“银”鱼、“金”鱼就会照拿不误。更为可怕的是，在人们的社会评价中，子产就成了一个打破廉洁“窗户”的人，一个拿鱼的人，一个受贿的人，如此，行贿的人就会接踵而至，子产的恶名可能就会滚滚而来！鉴于此，子产才一定要坚守住心灵的第一防线，以防千里长堤，溃于蚁穴。（不能以叙代议，叙例一定要简洁，要紧扣论点，还一定要紧扣上面的原因，对例子进行分析。这里对子产就有从他自己，从别人的评价，从哲学上的量变来分析他拿鱼的危害性。上文分析论点的好处，在这里得到了表现。)

还记得童话中那个说谎的孩子吗？一句“狼来了”的戏语，打碎了他诚信的“窗户”，他从此成了一个说谎的孩子。于是，狼真的来了，而人们却不再相信他，于是，孩子遭到了报应。在这个童话的背后，隐藏着这样两个道理：第一，一旦你打碎了人生中的“窗户”，你就可能造成了破窗效应，后果不堪设想。第二，一旦你打破了人生中的“窗户”，你就要为此付出代价，哪怕你是一个不懂事的孩子，哪怕你只是一句玩笑话。(注意正反对比，“还记得”的过渡，举重若轻，反面论证了打碎第一扇窗户的危害。用孩子，用死亡，把这种危害性强调到极致。但到这里，还只是具体举例论证。这样论证的力量其实还是有限的。因为你能举出正面的例子来肯定，我同样可以举出反面的例子来否定。所以，具体例证之后的概括举例，必不可少，至少能证明我观点的普遍性。)

事实也正是如此。

如果李白不能守住心灵的傲骨之窗，我们就看不到“安能摧眉折腰事权贵”的凛然正气；如果于谦不能守住心灵的纯正之窗，我们就看不到“要留清白在人间”的壮怀激烈；如果方孝孺不能守住心灵的气节之窗，我们就没有了“死即死耳，诏不可草”的强烈震撼；如果陈玉成不能守住心灵的正义之窗，我们就读不到“大丈夫死即死耳，何饶舌也”的慷慨悲歌。

是啊，无论是“故将愁苦而终身”决不随波逐流的屈原，还是“留取丹心照汗青”宁死不屈的文天祥；无论是“勿以恶小而为之”深明大义的刘皇叔，还是“不拿群众一针一线”军纪如山的人民军队。他们共同的选择告诉我们——守住心灵的第一扇窗户，是走向高贵的第一步。(这两段都是概括举例。概括举例一般和具体举例搭配使用，常用来列举常见的、没必要展开的事例。但如何列举很有讲究，这里我们选用了“如果……就”和“无论是……还是……”这两种句式。这两种句式最有力量，概括举例之后必要的一句话收束，也特别重要。)

当然，不轻易打破人生的任意一扇窗户，不等于就一定能防患未然，坚守住心灵的第一条防线，不等于就一定能守住。那么，一旦打碎了怎么办？如果失守了怎么办？(这一段老师给它一个名称叫“多说一层”。一般高考文章都有思辨性。你多说一层，就能登高一层。这是增彩的关键，也是亮色所在。比如你论述“勤奋”的重要意义，结尾就要多说一层。当然，勤奋不等于一味苦干。有些人不惜力，起早贪黑而效果不佳，勤奋的内涵不仅指勤于做，还指勤于思；既要勤动手，还要勤动脑，要讲方法和效率。这样界定清楚了文章的内涵，自然逻辑严密，说理辩证。）

这时候请一定要记住：亡羊补牢，犹未为晚；知错能改，善莫大焉。记住了知耻而后勇，误落尘网的陶渊明，变成了“采菊东篱下，悠然见南山”的隐士；记住了知耻而后勇，危害乡邻无恶不作的周处，变成了鞠躬尽瘁战死沙场的英雄；记住了知耻而后勇，一意孤行自私自利的王治郅，变成了幡然悔悟重新为国效力的男篮国手……而这一切都在于破窗之后的能“补”，失守之后的“追回”。陶潜说得好：失迷途其未远，知来者犹可追！（“记住了”也是概括举例的好句式。同前不再赘述。）

为了守住心灵的第一防线，我们就要做梅花——零落成泥碾作尘，只有香如故！就要做胡杨——活一千年不死，死一千年不倒，倒一千年不朽！就要做苍鹰——为了不做鼠辈的食物，宁肯把自己撕成碎片，葬在浩渺的长空……

（再次强调论点，力争豹尾，刚劲有力。这里用这三句话，是因为那次考试的诗歌鉴赏是陆游的《咏梅》，现代文阅读分别是《胡杨仰止》和《鹰》。我这样写，是要告诉学生，平常就要学会积累材料。未经省察的材料是没有意义的。反之，经过我们思维的关照之后的材料，就会熠熠生辉，散发真理的光泽。）

## 三、优秀作文的灵魂

优秀作文无不紧扣题旨，层次分明，并能逐层递进，向最高处攀登，向最深处挖掘，给人极大的启迪。作文构思，要时时让老师产生“亏他想得出来”才好。下面用我市一个考生的《回家》一文，说明如下。

### 回 家

——旌节·牧羊·雪

夕阳，残照，荒漠，这里是西伯利亚的严寒。

风中呢喃着永恒的祈祷，夹杂着那飞越了千山万水的呼唤，此刻，洋溢在灵魂深处的，是那种精神不敢放纵的呐喊！他伫立在漫天的雪花中，寒风肆虐着他的容颜，头发大把大把地脱落，在生命抉择的那一刻，他忽地一下子苍老了！天地是空的，四下里只有羊的声音。

是的，他又在唱着那些古老的民歌，没有千回百转，只有大自然的疯狂咆哮，也许这注定了他未来不会平坦！

是的，他还在唱着那首最完美的人生赞歌，没有狼毫朱笔，只有稀疏零落的旌节叹息，也许，这注定了人生的坎坷曲折。

他就是苏武，颤巍巍地挥着羊鞭，蹒跚在荒无人烟的冰天雪地，他守卫着大汉不灭的尊严。

不记得多少年了，李陵、卫律的投降令大汉颜面尽失，甚至匈奴单于可以肆无忌惮地扣下他，一个大汉的使者，而且几乎没有回归的可能——他要等到公羊产下小羊！世界上怎会有这样的事情发生？放弃，还是坚守？放下旌节，可以锦衣玉食；坚守大义，则九死一生。

苏武选择了后者，守节不移。这一守就是十九年啊！就像杨过，在黯然销魂里等待了十六年的花开和落寞。终于有一天，朝阳升起的时候，苏武被告知，可以回家了。“我可以回家了……”他老泪纵横。

“回家……回家……”冰山里久久回荡着这种激动的嘶哑。

十九年了，手中依旧是那个旌节，还熟识着每一只可爱的羊，可是人早已经憔悴，眷念着牧羊的辛酸，回忆着温暖的雪，这是他曾经的全部。终于回家了，长安街头挤满了人，天子亲自来迎，苏武的眼里一片模糊。

当年年轻有为，如今是皓首老翁。不过，终于回来了，回家了。不，同时回家的还有那永不变更的尊严。安逸中的人们早已经失去了这些，他们只是自私自利。苏武的回归带给了人们一种震撼，带给了社会一种信念，这些已丢失的精神，如今，苏武带回来了，用十九年的风风雨雨，用十九年的忠心不变，用十九年的痴心不改。一种精神回家了，一个民族震动了。

突然的喧嚣令苏武不适应，他失去了家的感觉。于是，他悄然隐退，他知道自己的追求与归宿。他要用余生来回忆牧羊，摩挲旌节，品味雪……

旌节，牧羊，雪，回家，这是生命中的辉煌，是历史的刹那芳华，却也是一种精神的宿命。

真的，请你留心那苍凉的笛声，它在诉说一个古老的故事，一个令人怦然心动的传说。

**评析：**文章紧紧扣住“回家”来写。苏武回到长安，是身体的回家，也是回到精神之家，灵魂的住所。一般学生只能走到这里。但作者笔锋一转，文章又起波澜，因苏武的回家，让长安很多锦衣玉食的人，突然找到了丢失已久的精神家园。到这里又是一层，翻出了新意。但就在作者渲染到极致之后，十九年未回家的苏武，突然间重新离家出走，这个离家恰恰是对喧嚣和富贵的拒绝，是一种更高层面的坚守和回家。离家，竟然是最后的回家和归宿。文章写出了回家的多个层面，让人犹如登山，一层一个风景，无限风光在险峰。

# 第三节

# 课堂变奏

——一枝一叶总关情

## 同题异构

——《窗》的两次教学

### 一、见证人性的光辉和暗淡

**时间：** 2004年3月15日

**地点：** 梁丰实验中学

**班级：** 梁丰实验学校初二（5）班

师：上课，同学们好！

生：老师，您好！

师：2003年高考作文，陕西有个考生写了一首诗歌，在网上炒得很火，同学们知道吗？

生：不知道。

师：高考作文明确规定，不容许写诗歌，可他写了；明确规定不少于800字，可他只写了209字，然而这首诗却被评为满分。他也因此改变了中国考试的历史——把高考作文不容许写诗歌，送进了坟墓。

（学生发出了赞叹声）

师：同学们非常敬佩他的创新精神。确实是这样。创新，是一个人发展的基石，是一个民族进步的灵魂。他的这首诗的题目是——《打开窗帘，阳光只有一种颜色》。

生：（小声地）多美的名字！

师：可我要问的是：打开窗帘，阳光真的只有一种颜色吗？我以为：在有的人眼里，打开窗帘，他的内心不仅阳光灿烂，而且还能把光明播撒到别人的心灵；而在有的人眼里，却永远只能面对一堵光秃秃的墙。正如北岛的一句名诗"卑鄙——"

生："卑鄙是卑鄙者的通行证，高尚是高尚者的墓志铭。"

师：很好。下面我们共同走进澳大利亚著名作家泰格特的《窗》，一起见证人性的光辉与暗淡！

（师板书：窗）

师：同学们预习课文了吗？

生：预习了。

师：预习是一个好习惯，孔子说："凡事预则立，不预则废。"同学们在预习时，还要善于把握文章学习的重点，现在，我来把本课的学习重点明确一下。

（师板书：1.概括——情节；2.对比——性格）

师：哪个同学帮我们熟悉一下课文？下面的同学带着思考题的前三题，着重解决第一个学习重点：概括——情节。（投影：1.文中写了哪两个人？2.你认为教参对情节的概括，是以哪个人为角度概括的？有何不妥？3.请从另一个人的角度重新概括，并体会作者构思的匠心。）

生1：我想把课文读一下。

师：有勇气，这不仅是自信的表现，更是一种积极的人生态度。

（生读课文）

师：这位同学读完了，大家评评，读得怎么样？

生：读得好！

师：只要你们多读、多练，也一定能读得和她一样好。

师：这篇课文有三个词要引起我们的重视。第一是"树阴"的"阴"，不能写成"荫"，前者是名词，后者常用做动词；第二个是"栩栩如生"的"栩"，注意它与"自诩"的"诩"的区别，"自诩"为自夸的意思，所以从

"言"旁；第三个是"鸟瞰"和"俯瞰"，谁能说说这两个词的异同？

生：（七嘴八舌）"鸟瞰"和"俯瞰"都是"从上往下看"。

师："鸟瞰"是像鸟一样俯视，那么"鸟一样的俯视"，有何特点呢？

生2：看的范围广。

师：好，这就是说"鸟瞰"是"从上往下整体地看"，而"俯瞰"只能表示"从上往下看"。那么，从窗户向外看，怎么说？

生2：用"俯瞰"。

师：好的，读书就要这样"咬文嚼字"。下面请同学们思考导读题三分钟，再分组讨论。

生3：我觉得这篇小说写了两个人物。

师：哦，哪两个人物，表述能不能再具体一点？

生3：一个是靠近窗户的人，一个是远离窗户的人。

师：我们把这两个人简称为近窗和远窗的人，好吗？

生3：好的。

师：你觉得教参的概括是从哪个人的角度概括的？

（投影：教参概括：1.两人关系融洽；2.从享受到困扰；3.见死不救；4.一堵光秃秃的墙）

生3：是从远窗人的角度概括的。

师：你从什么地方看出来的，能和我们说说吗？

生3：我是从"从享受到困扰"和"见死不救"看出的，它们前面省略的主语都是远窗的人。

师：那你能不能据此修改教参的另两条概括呢？

生3：我把第一条"两人关系融洽"修改成"与近窗的人关系融洽"，把最后一条"一堵光秃秃的墙"修改成"见到一堵光秃秃的墙"。

师：同学们，你们说改得好不好？

生：改得好！

师：我觉得改得不是好，而是——很好！

生：（笑）

师：这就是说，只要我们有了科学的方法，我们也可以挑战权威，就像陕西写诗的那个大胆的考生，这也算是一种创新精神。刚才我们从"远窗的人”的角度，对课文的情节做了概括，那么，现在我们谁能从“近窗的人”的角度概括课文的情节，并分析作者为何不以“近窗的人”角度来行文？

生4：我把它概括为“与远窗的人关系融洽，编造窗外公园的美景，在冷漠中死去”。

师：概括得很好。这就是说，在我们概括的时候，一定要注意概括的角度一致，角度一致了，就不会像教参上一样顾此失彼。如果我在“近窗的人”概括中，也加上一条“见到一堵光秃秃的墙”，你怎么理解我的这种概括？

生4：我觉得这“光秃秃的墙”不是真正的墙，而是象征着人与人之间的一种隔阂，或者是冷漠。

师：你真的很优秀，一下就明白了老师的用意。下面，谁来说说作者不用“近窗的人”角度行文的理由？

生5：我认为作者如果用“近窗的人”角度行文，一开始就失去了悬念，文章就会平铺直叙，不能够跌宕起伏，而“文似看山不喜平”！

师：我注意到了他的一个词——“跌宕起伏”，这个词用得神采飞扬。只有跌宕起伏，小小说才充满悬念，而悬念正是小小说艺术上的灵魂。刚才我们一起熟悉了小说的情节。高尔基就曾经说过这样一句话“情节的发展史就是人物性格的发展史”，现在，我们一道在把握情节的基础上来分析人物的性格。同学们看导读题4～6小题，先思考，后交流。

（没有同学主动回答）

师：今天是几号？

生：“3·15。”

师：“3·15”是消费者维权日，现在有很多老师，在课堂上霸占了同学们的话语权，今天我特别希望同学们能大胆地维护自己的话语权。

（学生笑）

师：近窗的人死了，医生丝毫没有大惊小怪。我觉得可能是医生见惯了人的生死，所以很平淡，是这样吗？

生6：不是，是因为近窗的人病得很重，医生对他的死早已有了思想准备。

师：哦，病得很重，那么你觉得他最应该做的是什么，可实际上呢？

生6：他最应该做的是静养，而他却不断编造生动、美丽、丰富的公园美景，来减轻病友的疼痛和寂寞。

师：能用一个成语来概括一下他的这种精神吗？

生6：可以，比如说“舍己为人”“毫不利己，专门利人”——

师：你说的“毫不利己，专门利人”，让我想起了你们刚刚上的一篇文章《纪念白求恩》，想起了毛主席对白求恩评价的一段话。近窗的人，也可以算是“一个高尚的人，一个纯粹的人，一个脱离低级趣味的人，一个有益于‘别人’的人”。

（师生共同背诵）

师：小小说一般惜墨如金，这篇小小说为何花费大量的笔墨来写窗外的美景呢？而且在写美景的时候，出现了“照例是……”“有的……有的……”等等细节描写，这些细节描写在表现人物的性格和情节发展上有何好处？

生7：我认为这样写，更能够突出近窗的人为别人苦心着想，说明他心地善良，道德高尚。

师：同样是一个玫瑰园，有人说：这地方不好，因为花下面有刺；有人说，这地方很好，因为刺上面有花。同样是半杯水，悲观的人说，我只有半杯水了；乐观的人说，我还有半杯水呢！这是为什么？

生8：老师，我明白了。这地方美景的描写，既是近窗的人安慰别人的话，同时也象征着他美好的心灵。因为一个心灵里没有美景的人，不会也不可能编造出如此生动丰富的美景。

师：同学们体味确实很深，我们看问题就要这样多角度来看，那么这种栩栩如生的虚构，在情节发展上有什么好处呢？

生：（为难状）

师：公园美景描绘越生动，我们就越信以为真，我们越信以为真，就越——

生9：就为下文不是公园，而是一堵光秃秃的墙，加强了悬念，造成了一种落差。

师：说得好，这就是小小说的第二大特点：先蓄势，然后再陡转。比如有个相声："口袋里插一支笔，小学；两支笔，初中；三支笔，高中；四支笔，大学；五支笔——修钢笔的。"这种手法就是先蓄势后陡转。文章中先是反复生动细致地描写公园美景，可以看成是蓄势；而最后却是一堵光秃秃的墙，自然可以看成是陡转。但同学们一定要注意，小小说的技巧不是目的，表现人物的性格，反映社会面貌才是它的本意。

师：同学们知道吗？第六题是一个高难度的问题，我本来不敢用，可我突然想到我面对的是梁丰的学生，我就用了，同学们有信心解决这个难题吗？

生：（满脸喜色，跃跃欲试）有！

师：不靠窗的病人病情为何加重？

生10：他的心事太重了！

师：什么心事，你能说得明白一点吗？

生10：对近窗人的嫉妒，就是说他得了"红眼病"。

师：写他的病因医生不得而知，说明了什么？

生10：他的病因是嫉妒，医生对他的嫉妒不得而知，是因为——

师：如果窗外真的有美景呢？

生10：（恍然大悟）因为窗外本没有美景，所以医生对他的嫉妒不得而知。

师：说得很好，这就是说这里为下文写窗外不是美景，而是堵光秃秃的墙——

生10：埋下伏笔，做好铺垫。

师：由此可见，小小说蓄势之后的陡转，既要出乎意料之外，又要合乎情理之中，如此说来铺垫和伏笔就显得格外重要了。总的来说，悬念、蓄势和陡转是小小说的几个鲜明的特色。

师：人们都说"人的思想决定人的行为"，你如何看待远窗人的见死不救这种行为？

生11：我认为这种行为是他嫉妒心恶性膨胀的结果，反映了他心灵卑劣、自私冷酷，正好与近窗人"心地善良，道德高尚"形成鲜明对比。

师：如此两个鲜明生动的形象对比展现在我们面前，如果让你为他们各选择一种事物比喻他们的心灵，你会选择什么？说说理由。

生12：我选择公园和墙，公园里阳光温暖，玫瑰花香，空气温柔，自然的美景与人文景观和谐一体，正好用来比喻近窗人美丽的心灵；而光秃秃的墙，它阴暗、潮湿、狭窄，也正好可以用来比喻远窗的人心灵的肮脏和卑劣。

师：说得很好，这可能就是作者的原意。从中我们可以看出作者构思的巧妙。当然再好的构思，都离不开精彩的语言，本文的语言，尤其是成语的使用，非常有亮色，课后请同学们慢慢品味。现在如果让你用成语来描绘这两个人的品格，你能运用哪些成语？

生13：近窗的人，舍己为人、高风亮节、胸怀坦荡……

生14：远窗的人，自私自利、得寸进尺、贪得无厌……

师：成语可能是难了一点，用词语来表达，怎么样？请你回答一下。

生15：近窗的人无私、关爱、善良、真诚，远窗的人自私、冷酷、残忍、卑劣。

师：同学们今天的表现真的非常优秀。现在，我们来共同挑战最后一个难题：如果让你为文章续写一个结尾，要求有创意，切合主旨，符合人物性格，你有哪些好的想法？请同学们思考一下，然后说出来，让我们共同分享。

生16：我想引用顾城的一首诗。

师：顾城的诗，我也很喜欢，你说。

生16：

> 天是灰色的
> 路是灰色的
> 楼是灰色的
> 雨是灰色的
>
> 在一片死灰中
> 走过两个孩子
> 一个鲜红
> 一个淡绿

师：这个结尾，非常别致，对比的色彩很鲜明。

生17：我想平淡一点。

师：好，平平淡淡才是真！

生17：他，无力地躺了下去，窗外，更加安静了……

师：这个结尾很有意思，静中有动，表面的安静恰恰烘托出人物内心的波动。

（下课了，响起了萨克斯乐曲《回家》）

师：从好的方面，谁来说一说？

生18：于是近窗边，又多了一个重症病人，继续为病友们编造窗外的美景……

师：回答得很好，感觉近窗的人使我们的心灵都受到了一次洗礼。人确实就是这样，比如说我，每次听到《回家》这首乐曲，都深有感触。“回家”，我认为它呼唤的不仅是回到我们身体栖息的场所，更重要的是呼唤我们回归灵魂升华的家园——那就是人类要永远求真、求善、求美。最后我也想用顾城的一首诗来结束我们今天的这堂课：

我要在大地上，
画满窗户。
让所有习惯黑暗的眼睛，
都习惯光明。

再一次感谢同学们的精彩配合，谢谢！让我们在《回家》的优美旋律中结束这节课，同学们，再见！

生：老师再见！

## 二、阅读是一种对抗

**时间：**2005年12月11日

**地点：**成都空军大礼堂

**班级：**成都外国语学校初二年级

师：除了普通话不普通之外，我是一个特别普通的老师。好在我们有成都最不普通、最优秀的学生。我们今天一同学习泰格特的《窗》，我希望我们这节课也是一扇窗，能够充分展现出同学们的自信和风采。当然，我还有一个小小的愿望，就是能够通过这节课，和我们同学们成为最好的朋友。

《窗》是一篇著名的微型小说。那么，关于微型小说，你们知道多少，谁来说说？（略）

下面，我们来看一则材料。

**一、认识微型小说**

地球上最后一个幸存者孤独地坐在房里的时候，门外响起了敲门声……

1. 人物少，矛盾集中。

2. 以小见大，注重揭示灵魂。

3. 微型小说是结尾的艺术。（悬念—蓄势—陡转）

**二、阅读微型小说**

微型小说的阅读是作家和读者的一种对抗——写作对小说家是一次冒险（意料之外），阅读对读者是一次探险（情理之中）。

李勉做过开封尉，在任期间，曾暗中放走了一个很讲义气的死囚犯。后来，李勉罢官，客游河北，偶遇死囚，死囚欢天喜地地把李勉迎回家，大加款待。晚上死囚和他妻子商量："此人是我的救命恩人，我一定要好好报答他！"他的妻子也说："我夫说得很对，理当如此！"死囚问："拿什么来报答他的恩德？"其妻说："一千匹布可以吗？"死囚回答："太少了！"其妻问："两千匹布怎么样？"死囚还是说："太少，不能报恩于万一！"其妻献计说："不如杀了他，怎么样？"死囚说："很好，就这么办！"

人物少：只有李勉和死囚夫妇。

矛盾集中：报恩和大恩无以为报。

揭示灵魂：人性从善滑入恶。

结尾的艺术：悬念——如何报恩？然后从一千匹布到两千匹布，不断蓄势，最后陡转，决定杀人。

**三、师生合作探险**

1. 猜读《窗》的情节发展，重在结尾。（文本分析）

在一家医院的病房里，曾住过两位病人，他们的病情都很严重。这间病房十分窄小，仅能容得下他们俩。病房设有一扇门和一个窗户，门通向走廊，透过窗户可能看到外面的世界。

（写什么？怎么写？为什么这么写不那么写？为什么写病房窄小？——窄小，就会感到压抑，就会寻找窗外广阔的天空。窄小，只能容下两人，就能把无关紧要的人都排除在外，人物少，矛盾就可以集中。——看看有什么矛盾？两个人，一扇窗户。这种分配不公，必然会产生矛盾。不是还有一扇门吗？——重病的人，卧在床上，门失去了意义。卧在床上的病人，怎么才能看到窗外的风景？靠近窗口，还得坐起来。）

其中一位病人经允许，可以分别在每天上午和下午起身坐上一个小时。这位病人的病床靠近窗口。

（坐起来又能靠近窗口，肯定能够看到窗外的世界。这是一个病人，那么，另一个病人呢？）

而另一位病人则不得不日夜躺卧在病床上。当然，两位病人都需要静养治疗。使他们感到尤为痛苦的是，两人的病情不允许他们做任何事情借以消遣，既不能读书阅报，也不能听收音机、看电视……只有静静地躺着。而且只有他们两个人。噢，两人经常谈天，一谈就是几个小时。他们谈起各自的家庭妻小，各自的工作，各自在战争中做过些什么，曾在哪些地方度假，等等。

（为什么写病情不容许他们做任何事情？蓄势，把其他的娱乐都排除在外，让窗外的美景成为他们的唯一消遣。谈天，情感上的距离拉近，同病相怜，与我们猜想的矛盾形成波澜。）

每天上午和下午，时间一到，靠近窗户的病人就被扶起身来，开始一小时的仰坐。每当这时，他就开始为同伴描述起他所见到的窗外的一切。渐渐地，每天的这两个小时，几乎就成了他和同伴生活中的全部内容了。

（果然看到窗外的美景，并且为同伴讲述，一个人讲述，一个人倾听。两个人，一扇窗的矛盾似乎得到了解决。继续猜想窗外的景色如何。）

很显然，这个窗户俯瞰着一座公园，公园里面有一泓湖水，湖面上照例漫游着一群群野鸭、天鹅。公园里的孩子们有的在扔面包喂这些水禽，有的在摆弄游艇模型。一对对年轻的情侣手挽着手在树阴下散步。公园里鲜花盛开，主要有玫瑰花，但四周还有五彩斑斓、争相斗妍的牡丹花和金盏草。在公园那端的一角，有一块网球场。有时那儿进行的比赛确实精彩，不时也有几场板球赛，虽然球艺够不上正式决赛的水平，但是，有得看总比没有强。那边还有一块用于玩滚木球的草坪。公园的尽头是一排商店。在这些商店的后边，闹市区隐约可见。

**（景物的笔墨最多，叙说得最为详尽。主要有两类，一类是和谐幸福的美好景物，绚丽多彩；一类是抗争、热烈的景物，充满活力。美好的景物让人产生生之留恋，热烈的比赛让人产生与病魔做斗争的勇气。）**

躺着的那位病人津津有味地听着这一切。这个时刻的每一分钟对他来说都是一种享受。描述仍在继续：一个孩童怎样差一点跌入湖中，身着夏装的姑娘是多么美丽动人。接着，又是一场扣人心弦的网球赛。他听着这栩栩如生的描述，仿佛亲眼看到了窗外所发生的一切。

**（反复说“是一种享受”，但要注意，如果一味地是享受，故事还会产生吗？感觉近窗人好像是远窗人的眼睛。）**

一天下午，当听到一名板球队员正慢悠悠地把球击得四处皆是时，不靠窗口的病人，突然产生了一个想法：为什么偏偏是挨着窗户的那个人，有幸能观赏到窗外的一切？为什么自己不应得到这种机会呢？他为自己会有这种想法而感到惭愧，竭力不再这么想。可是，他愈加克制，这种想法却变得愈加强烈，直到几天以后，这个想法已经进一步变为紧挨着窗口的为什么不该是我呢？

**（三个“为什么”？从感激到嫉妒。善与恶的矛盾产生，恶逐渐战胜了善。注意这里突然产生—感到惭愧—愈加克制—想法进一步变为……真实地写出恶的思想产生。而恶的思想总要支配恶的行为。猜想近窗人会有怎样的行为。）**

他白昼无时不为这一想法所困扰，晚上，又彻夜难眠。结果，病情一天天加重了，医生们对其病因不得而知。

**（从每一分钟都是享受，到每一秒钟都是困扰，再看困扰如何消除。）**

一天晚上，他照例睁着双眼盯着天花板。这时他的同伴突然醒来，开始大声咳嗽，呼吸急促，时断时续，液体已经充塞了他的肺腔，他两手摸索着，在找电铃的按钮，只要电铃一响，值班的护士就会立即赶来。

但是，另一位病人却纹丝不动地看着。心想，他凭什么要占据窗口那张床位呢？

痛苦的咳嗽声打破了黑夜的沉静。一声又一声……卡住了……停止了……直到最后呼吸声也停止了。

另一位病人仍然盯着天花板。

(睁着双眼，举手之劳，见死不救。人性的裸露，天性的泯灭。)

第二天早晨，医护人员送来了漱洗水，发现那个病人早已咽气了，他们静悄悄地将尸体抬了出去，丝毫没有大惊小怪。

稍过了几天，似乎这时开口已经正当得体。剩下的这位病人就立刻提出是否能让他挪到窗口的那张床上去，医护人员把他抬了过去，将他舒舒服服地安顿在那张病床上，接着他们离开了房，剩下他一个静静地躺在那儿。

(矛盾，一方面掩盖丑恶的灵魂，一方面急不可耐的丑态。)

医生刚一离开，这位病人就十分痛苦地挣扎着，用一只胳膊肘支起了身子，口中气喘吁吁，他探头朝窗口望去。

他看到的只是光秃秃的一堵墙。

(又是矛盾，本想看到更多的光明和美景，结果却是黑暗。欧·亨利结尾，增强艺术效果，更是人生的警示。追求美本来是人的天性，但当私欲膨胀，把美占为己有时，它的眼前只能是一片黑暗。)

2. 探究这种结尾的艺术。(主题解析)

欧·亨利结尾——

意料之外：前面花费大量的笔墨来写窗外不存在的美景，目的是要蓄势，与结尾一堵光秃秃的墙陡转，形成强烈反差，出乎我们意料。

情理之中：前面有铺垫。景物照例的“照例”，说明这可能只是一种想象。景物的类型引人深思，一类是唤起人生之留念的景物，一类是唤起人与病魔斗争的景物。医生对不靠窗病人的病情加重原因不得而知。如果窗外是美景，医生可能就猜到他患上“红眼病”了。从故事情节上来说，窗外的景色描述得越是优美，对不靠窗病人的诱惑性就越大，他产生占据靠窗位置的心理以及见死不救的行为就越可信，而结果却是墙。这种构思能够更好地嘲弄和无情地鞭挞不靠窗的人。

揭示灵魂上：采取对象分析法。从这个结尾出发，近窗人是一个什么样的人？为什么他不顾静养，而去虚构窗外的美景？这个结尾更加突出他是一个热爱生活、热爱生命、意志坚强、心胸宽广、心灵美好、品德高尚、乐于助人的人。他一方面借以表达自己对生活的情感，对生命的意识，另一方面激励病友顽强地与疾病斗争，生存下去。这些美好的景物也是他自身美好心灵的写照。

从远窗人的角度出发，他是怎样的一个人？这个结尾对塑造这个人物起什么样的作用？远窗人原本也是一个善良的人，但由于私欲膨胀，产生邪念，终于见死不救，一发而不可收拾，滑入丑恶的深渊。假如，一开始他就住在窗边，那么，说不定他也可以为别人编造窗外的美景。这里就隐含着一个重要的人性，我们往往能够分担别人的痛苦，却常常不能忍受别人的幸福，往往在这个时候，嫉妒之火就会熊熊燃烧。远窗人离我们到底还有多远？我们该怎样抑恶扬善？

还有一个对象就是“窗”。它是沟通、接纳、包容的象征，与隔阂、冷漠、阴暗、潮湿的墙形成鲜明的对比。窗不仅是作品中的“物”，结构情节，而且是心灵的窗户，映照出美与丑不同的灵魂。甚至我们也可以把它看成一个第三者，它是上帝之眼，它让我们看清了两种人性，一个利己，一个利他；一个热情，一个冷漠；一座是高尚者的墓志铭，一张是卑鄙者的通行证。

3. 续写结尾。（略）

4. 问题在继续——

假如近窗人不编造窗外的美景，远窗人会不会见死不救？这里涉及一个问题，好人反而没有好报，那么，我们还要不要做一个好人？

假如远窗人一开始就住在窗边，结果会如何？

5. 总结

周国平说，无论做什么，一定要让自己的精神和灵魂在场！

康德说：世界上唯有两样东西能够长久打动我们的灵魂，一个是我们头顶上灿烂的星空，一个是我们内心中崇高的道德准则！

# 旁逸斜出的一次导入

## ——《人是一棵有思想的苇草》课堂实录

那天上帕斯卡尔的《人是一棵有思想的苇草》。上课伊始，我突然有个想法，我为什么不问问我的学生——人是什么？然后再上帕斯卡尔的《人是一棵有思想的苇草》，之后，再让我们的学生重新写“人是什么”。我觉得这个可能就是一种成长。

师：所有的哲学，都回避不了一个问题，那就是：人是什么？对这个问题的追究，一直就是哲学的永恒主题，也是很多哲学派别的分水岭。今天，我们不妨也来追究一下人是什么。给同学们一段时间心灵远游，越简单越好。

王佳佳：人是打不到怪兽的奥特曼。

师：有意思，奥特曼的唯一功能就是打怪兽，维护世界和平和安宁。而打不到怪兽的奥特曼，自然揭示了人是一种尴尬的存在。人具有无所不能的能量，但却陷入了无物之阵。

李小舟：人是会思考的动物。

师：对啊，人是会思考的动物。为了把我们和其他的动物区别开，我们每天都要坚持思考。我思故我“人”。

冯慧：人是不可怜的可怜虫。

师：这个需要我们的班长解释一下了。为什么人是不可怜的可怜虫？

冯慧：因为人自高自大，趾高气扬，以为自己是万物主宰，所以，他们不可怜，有时候还骄横不已。但本质上人又是可怜的，因为不觉得自己可怜而可怜。

师：明白了，如苏格拉底所言：“懂得自己无知是最大的智慧。”那么，不知道自己可怜乃是最大的可怜。

卢莹：人是鸟笼外边的鸟笼。

师：才女是悲观主义者了。说说看，为什么？

卢莹：人不断给别的东西带来束缚，也不断被别的东西束缚。

师：同学们还记得一首诗吗？“打开鸟笼，让鸟飞走吧。还笼子自由。”卢莹说的就是这个意思。

钱柏依：人是被摆布的棋子。

师：每个人都是棋子，命运对我们，举手无回从不犹豫，我们都是它的棋子。想起王菲的《棋子》那首歌了。

张婷：人是脆弱的竹子，是习惯于风吹的蒲公英。

师：这个需要你帮助我们解读了。

张婷：人尽管是脆弱的，但人又是有节操的，宁折不弯。人尽管不断流浪，但人能够把每一个地方当作自己的家园。

师：人就是这种矛盾的存在，但在你眼里，人是一种乐观的存在。

马文君：人是油锅里的一棵小青菜。

师：人生就是苦难，社会就是一个大油锅，我们注定要焦头烂额。

韩叶：人是我怎么也想不起来的一种东西。人就是人，它可以什么都是，但它又什么都不是。

师：哈哈，你的观点就是人是不可知的。

傅婉婷：人是能够主宰自己命运的浮萍。

师：有意思，浮萍随聚随分，不能自主，但你又坚信人是能够主宰自己命运的。唯其能主宰自己命运，才显出人之为人的伟大和坚韧。

康佳璐：人是被抛在路上的脆弱。

师：人是一种脆弱，而且被抛在路上，永远在路上呻吟流汗，最终却还是两手空空，一无所有。

彭颖：人是星光下的钻石。

师：这个意象比较有特色，来给我们解说解说。

彭颖：在这个孤独的星球上，每个人都是浪漫的，每个人都是不同的，都是有价值的钻石，都散发着自己的光芒。

师：真美好啊，让我想起了小王子的话：“每个人都是一颗孤独的星球。”只是我们彭颖所说的星球更加明亮。

周颖：人是狂奔列车上的司机。

师：就是说，人出生了就是一个旅程，一路狂奔，走向目的地。但人又是司机，是能够把握方向，控制进程的一种动物。

陶丹娅：人是天使和恶魔的结合。

师：人有时候呈现出天使的特征，有时候又是恶魔，人是复杂的。不好意思，陶丹娅，你现在是天使，还是魔鬼？（学生大笑）开个玩笑，我们继续。

吕楠：人是上帝的宠物。

师：有道理，人既是上帝的宠物，但所有的宠物往往也是玩偶。所以，人也是上帝的玩偶。

范亦哲：人是在说人是什么的时候尽说些比喻句的无聊。

师：呵呵，人是一种无聊。也包括你刚才的这一句？

范亦哲：当然包括，因为我也是人，我当然不能独立于人之外。

师：人是一种无聊。哲学上属于叔本华的悲观主义人生哲学。他认为人生就是在痛苦和无聊之间来回地摆动。

严梦莹：人是脆弱的英雄，人是脆弱的伟大。

师：如周国平所说，唯其软弱，犹能承担起苦难，更能见出人之伟大。

朱嘉颖：人是肉体与灵性和良心的结合体。

师：好的，朱嘉颖，你来解说一下你的观点。

朱嘉颖：人不可能脱离肉体，但人又不能仅仅是肉体，人还是灵性和良心的结合。

师：我喜欢灵性和良心一说。灵性的就是有露水的，晶莹的，有生命力的。良心才是人之为人的根本。

李红豆：人是自以为真诚的狐狸。

师：哈哈，人，自以为真诚，可是更多的时候，我们的潜意识欺骗了我们。人可能并不高尚，有时候还卑劣。懂得这点不是耻辱，是进步。

唐涛：人只是自然的一部分。

师：所以，从本质上来说，我们都来自自然，复归于自然，我们要与自然融合为一，庄子所说的《逍遥游》就有那个味道。

马文宁：人是有目标的风筝，人是妄想长大的木偶。

师：这个有点意思，第二个怎么解说？

马文宁：人都妄想长大，但事实上人被命运操纵，人永远不可能成熟，只能无限接近成熟。

师：怪不得有人说："人类一思考，上帝就发笑。"

冷雯璐：人是沙漠里的一条鱼。

师：沙漠里的一条鱼，鱼需要水，有水的地方就是绿洲。没有水的地方，人就是白花花的一种存在。

彭冲：人是单色的彩虹。

师：你也解说一下。

彭冲：人只是思想和情感的结合。人其实是单纯的。所谓的复杂，是我们把人想复杂了。就像彩虹，实质上是单色的。

陆慧：人是灵魂的载体。人是比含羞草还要敏感的动物，人是微茫不知所及的一滴水。

师：哈哈，这个像一首现代诗了。你们看，我们变化一下它的格式。

**人**

灵魂在敏感

含羞草一样的颤抖

如此微茫又不知所及

如掌心里握住的一滴水

陆慧似乎还想要解说，但我坚决不赞成。这个句子诗味浓郁，一旦解说，有可能会限制我们，反而是对我们的伤害。

朱颖淑：人是拒绝飞翔的鸟儿。

师：天空如此阔大，但"大道如青天，我却不想飞"。人本身是懒惰的。

顾采忻：人是有思想有情感的木偶，人是有一颗心的稻草人。

师：好，两个句子意思差不多，人只不过是木偶和稻草人，但却有思想有情感有一颗温柔的或者坚强的心。

周佳妙：人是飘浮不定的飓风。

师：为什么这么说？我们请佳妙来说说。

周佳妙：人是飓风，是说人的力量确实是猛烈的，摧毁一切的，可怕的。但究竟人把力量往哪里使，这又是一个问题。

师：就是说，人既可以做成天使之事，也可以做成恶魔之事。关键是要看风往哪里吹。

钱丹：人是天空里飘落的雨点。

师：这个比较浪漫。

瞿思嘉：人是为自己而生的自私动物。

师：为什么这样说？

瞿思嘉：不管承认与否，人在本质上是自私的动物。之所以有时候显得不那么自私，那也是因为有了情感或者其他。

师：这也算一家之说。

郭奕秋：人是造物主的珍宝，又是造物主的垃圾。

师：我想起了《北京人在纽约》中的一句台词。“如果你爱她，把她送到纽约去吧，因为那里是天堂。如果你恨她，把她送到纽约去吧，因为那里是地狱。”人也是这样，既是造物主的珍宝，又是造物主的垃圾。甚至是这个人的珍宝，但却是那个人眼里的垃圾。

陈淑婷：人是一座难得有船经过的孤岛。

师：人是寂寞的，哭着来。在漫漫的人生旅途中，真正能够等到陪伴我们的，带我们走一段人生旅程的人，并不容易。有时候，好容易等到了，还不知道我们的这一张旧船票，能否登上那一条破船。

陈磊：人是有欲望的皮囊。

师：有欲望不要怕，但千万注意不能是空空的皮囊。呵呵。

葛雨楠：人是刹那但无比灿烂的烟火。

师：你是乐观的。

葛雨楠：对，我是乐观主义者，尽管人的生命可能只是刹那，那我燃烧过，灿烂过，光华过，天空里划过我美丽的痕迹。人们能够遥远地记得我，这就够了。

丁天：人是天空里的云朵，多姿多彩却又随风飘荡。

师：有一首歌，叫作《风中有朵雨做的云》：“风中有朵雨做的云，一朵雨做的云，云在风里伤透了心，不知又将吹向哪儿去。”人可能也有这样的缺憾，多姿多彩，却又不能自主，随风飘荡。

沈佳怡：人是在妄想中迷失的傀儡娃娃。

师：什么是傀儡娃娃？给我们说说。

沈佳怡：这个是我创造的一个意象，没什么好说的，人总要妄想，又总要迷失。但如果人不再妄想了，那么，人还叫作人吗？

师：哈哈，有道理。可能正是因为我们“异想”，所以才有“天开”。

何丹：人注定漂泊，人比烟花寂寞。人，生是深海里的游鱼，死是海面上的一串泡沫。

师：生，何等自由而轻快，哪怕漂泊，也是一种行吟。但人死了，不过是一串泡沫，终究要破灭的。

陆谈：人是披着羊皮的狼。

师：这个狼终究是要露馅的。因为它不是穿着羊皮，它是披着羊皮，它可能能够欺骗所有人于一时，能够欺骗某些人一段时间，欺骗少数人一辈子，但它不可能欺骗所有人一辈子。只要一阵风过，它就要露出狼的尾巴。但我还有一个问题，有没有人是披着狼皮的羊啊？

陆谈：我正想补充这一点。因为很多人色厉内荏，外强中干，所以需要外表更加强大。

师：陆谈，我开个玩笑，你属于哪一种？

陆谈：人是复杂的，我可能两种都具备。某个时候，我是披着羊皮的狼，某个时候我是披着狼皮的羊。

师：哈哈，我也是。

张旻：人是站在岔路口的雕塑。

师：这个有意思。张旻来解说一下。

张旻：我觉得人一辈子都在选择，一辈子都在岔路口选择。

师：为什么说人是雕塑？

张旻：因为人就算做出了选择，肉体上处在行进之中，在路上，但人的精神还在彷徨。我的这个选择正确吗？我有没有错过更好的东西？不论人的选择多么成功，人的精神还会存在岔路之中。所以，我说它是雕塑。

师：因为不确知的东西带给人的想象，使得人的精神总留在选择之中。真精彩啊。最后一个人了，陆丽洁说一说。

陆丽洁：人是相对而言比较幸福的。

师：什么意思？

陆丽洁：刚才很多人都说了人的诸多不足。但我还是认为人是相对幸福的。要不然我问大家一个问题，如果有来生，我们其中有谁不愿意做人吗？

（学生大笑）

师：（等学生笑完）同学们，什么是人？人就是听到铃声，就知道要休息的动物。好，下课。

# 自主评点交流课
## ——《想北平》课堂实录

### 一、铺垫

美国著名作家海明威提出冰山理论，他曾在《午后之死》一书中写道："如果一位散文作家对于他想写的东西心里有数，那么他可以省略他所知道的东西，读者呢，只要作者写得真实，会强烈地感觉到他所省略的地方，好像作者已经写出来似的。冰山在海里移动很庄严宏伟，这是因为它只有八分之一露在水面上。"我们读者所要做的就是努力看到水底下的八分之七，要学会点评。下面我们就用海明威的《政变》中的片段来做一个例子。请同学们畅所欲言。

清晨六点钟，他们在一家医院墙根枪毙了六名部长。院子里有好些个小水坑。柏油路面上覆满淋湿的落叶。雨下得很大，医院的百叶窗都关死了。有一个部长得了伤寒病。两名士兵把他抬下楼，抬到楼外的雨地里。他们费劲地想扶他靠墙站着。后来那军官对士兵说让他站着不行。他们刚一放排枪，他就应声倒到泥水里，头耷拉在膝盖上。

（生发言。略）

师：（总结）枪毙人跑到医院里去枪毙，医院是救治人的地方啊，这就有了对比，有了张力。部长是病人，把病人拿来枪毙。结合标题，更显政治斗争的残酷。气氛是怎样的呢？清晨六点钟，光线是暗淡的，院子里有好多个小水坑，冷雨下得挺久的了。柏油路上铺满了淋湿的落叶，没有人来清扫。这是一个黯淡的、寒冷的，荒凉的氛围，这就为处决渲染了气氛。医院的百叶窗都关死了，人都躲在里面，没有反应，这究竟是为什么？是不是因为恐怖？至少也是一种冷寂的象征。处决部长，下雨也要处决，得了重病也要处决，站不直也要处决。所以，砰的一枪打过去，部长还没有站稳就倒下了，“头耷拉在膝盖上”。这个细节多么精致，一般被枪毙的人，是头朝前冲栽倒在地，这里却是腿软下来，“头耷拉在膝盖上”。这正好和他的病重呼应起来，这是一种内在逻辑事理的真实。

这里没有鲜血，没有抒情，没有渲染，甚至没有感叹，但却有足够的暗示，构成一种悲惨的、凄凉的、残酷的氛围。这就是大师手法。语言是平静的，只提供必要的信息，医院、水坑、落叶、雨、关着的百叶窗、抬下楼、站不住、开枪、头耷拉在膝盖上，这就够了，再多就浪费了。

## 二、正题

下面这篇文章，就请同学们努力找出冰山下的八分之七来，评点文章，激扬文字。

### 想北平

设若让我写一本小说，以北平作背景，我不至于害怕，因为我可以捡着我知道的写，而躲开我所不知道的。让我单摆浮搁的讲一套北平，我没办法。北平的地方那么大，事情那么多，我知道的真觉太少了，虽然我生在那里，一直到廿七岁才离开。以名胜说，我没到过陶然亭，这多可笑！以此类推，我所知道的那点只是“我的北平”，而我的北平大概等于牛的一毛。

可是，我真爱北平。这个爱几乎是要说而说不出的。我爱我的母亲。怎样爱？我说不出。在我想作一件讨她老人家喜欢的时候，我独自微微的笑着；在我想到她的健康而不放心的时候，我欲落泪。言语是不够表现我的心情的，只有独自微笑或落泪才足以把内心揭露在外面一些来。我之爱北平也近乎这个。夸奖这个古城的某一点是容易的，可是那就把北平看得太小了。我所爱的北平不是枝枝节节的一些什么，而是整个儿与我的心灵相粘合的一段历史，一大块地方，多少风景名胜，从雨后什刹海的蜻蜓一直到我梦里的玉泉山的塔影，都积凑到一块，每一小的事件中有个我，我的每一思念中有个北平，这只有说不出而已。

真愿成为诗人，把一切好听好看的字都浸在自己的心血里，象杜鹃似的啼出北平的俊伟。啊！我不是诗人！我将永远道不出我的爱，一种象由音乐与图画所引起的爱。这不但是辜负了北平，也对不住我自己，因为我的最初的知识与印象都得自北平，它是在我的血里，我的性格与脾气里有许多地方是这古城所赐给的。我不能爱上海与天津，因为我心中有个北平。可是我说不出来！

伦敦，巴黎，罗马与堪司坦丁堡，曾被称为欧洲的四大“历史的都城”。我知道一些伦敦的情形；巴黎与罗马只是到过而已；堪司坦丁堡根本没有去过。就伦敦，巴黎，罗马来说，巴黎更近似北平——虽然“近似”两字要拉扯得很远——不过，假使让我“家住巴黎”，我一定会和没有家一样的感到寂苦。

巴黎，据我看，还太热闹。自然，那里也有空旷静寂的地方，可是又未免太旷；不象北平那样既复杂而又有个边际，使我能摸着——那长着红酸枣的老城墙！面向着积水潭，背后是城墙，坐在石上看水中的小蝌蚪或苇叶上的嫩蜻蜓，我可以快乐的坐一天，心中完全安适，无所求也无可怕，象小儿安睡在摇篮里。是的，北平也有热闹的地方，但是它和太极拳相似，动中有静。巴黎有许多地方使人疲乏，所以咖啡与酒是必要的，以便刺激；在北平，有温和的香片茶就够了。论说巴黎的布置已比伦敦罗马匀调的多了，可是比上北平还差点事儿。

北平在人为之中显出自然，几乎是什么地方既不挤得慌，又不太僻静：最小的胡同里的房子也有院子与树；最空旷的地方也离买卖街与住宅区不远。这种分配法可以算——在我的经验中——天下第一了。北平的好处不在处处设备得完全，而在它处处有空儿，可以使人自由的喘气；不在有好些美丽的建筑，而在建筑的四围都有空闲的地方，使它们成为美景。每一个城楼，每一个牌楼，都可以从老远就看见。况且在街上还可以看见北山与西山呢！

好学的，爱古物的，人们自然喜欢北平，因为这里书多古物多。我不好学，也没钱买古物。对于物质上，我却喜爱北平的花多菜多果子多。花草是种费钱的玩艺，可是此地的“草花儿”很便宜，而且家家有院子，可以花不多的钱而种一院子花，即使算不了什么，可是到底可爱呀。墙上的牵牛，墙根的靠山竹与草茉莉，是多么省钱省事而也足以招来蝴蝶呀！至于青菜，白菜，扁豆，毛豆角，黄瓜，菠菜等等，大多数是直接由城外担来而送到家门口的。雨后，韭菜叶上还往往带着雨时溅起的泥点。青菜摊子上的红红绿绿几乎有诗似的美丽。果子有不少是由西山与北山来的，西山的沙果，海棠，北山的黑枣，柿子，进了城还带着一层白霜儿呀！哼，美国的橘子包着纸；遇到北平的带霜儿的玉李，还不愧杀！

是的，北平是个都城，而能有好多自己产生的花，菜，水果，这就使人更接近了自然。从它里面说，它没有像伦敦的那些成天冒烟的工厂；从外面说，它紧连着园林，菜圃与农村。采菊东篱下，在这里，确是可以悠然见南山的；大概把“南”字变个“西”或“北”，也没有多少了不得的吧。

像我这样的一个贫寒的人，或者只有在北平能享受一点清福了。

好，不再说了吧；要落泪了，真想念北平呀！

（原载于：一九三六年六月十六日《宇宙风》第十九期）

师：老舍先生是我很喜爱的一个作家。他也是中国曾经最靠近诺贝尔文学奖的人。诺贝尔文学奖先是由国际著名学者提名几百人，然后层层筛选，最后剩下5位候选人，再由评选委员秘密投票，得票最多的就是诺贝尔文学奖得主。老舍先生的《猫城记》作为世界上第一部描写科幻世界的作品，具有历史性的开创意义，当年秘密投票的第一名就是老舍。但是1968年正是中国“文革”高峰期。各国谣传老舍已经去世，瑞典就派驻华大使去寻访老舍下落，又发动其他国家进行联合调查，中国官方对此表示沉默，瑞典方面断定老舍已经去世。由于诺贝尔奖一般不颁给已故之人，所以评选委员会决定在剩下的4个人中重新进行评选，条件之一，最好是颁给一个东方人。结果当年的诺贝尔文学奖得主，被替换成了日本的川端康成。而那个时候的老舍正躺在太平湖下。太平湖简直就是一个反讽，“文革”怎么还会有太平？这个小小太平湖又如何能够盛得下老舍那么一颗伟大的灵魂？总之，中国好几代文化人的文化梦从此破灭了。

其实《猫城记》并非是老舍最有名的作品，老舍的经典作品很多。有名的有《骆驼祥子》《四世同堂》《正红旗下》，话剧《茶馆》《龙须沟》等，老舍还因为《龙须沟》的创作，而获得人民艺术家的光荣称号。我以为要获得对老舍先生的深入理解，不妨看看他儿子舒乙的五句话介绍。

有人曾经问舒乙，如何用几句话来概括老舍区别于中国现代其他作家的特点，舒乙用了五句话：第一句就是“他是北京人”；二是“他是一个满族人”；三是“他是一个穷人”；四是“他差不多有十年生活在国外”；五是“他生于十九世纪的最后一年，在二十世纪六十年代去世”。这几句话微言大义。人们提起老舍，就不能不想起北京，这是老舍倾注了毕生心血和笔墨的古都老城。

杨晓瑜：如果让我写一本小说，以北平做背景，我不至于害怕。老舍先生以北平做背景的小说《正红旗下》《四世同堂》《骆驼祥子》等。还有“捡”说明信手拈来，极其简单，正好与后面“爱北平却说不出”对比。“躲开”一词也用得形象生动。

师：嗯，很好，杨晓瑜同学抓住小说和散文的不同来比较。小说来自虚构，北平只是背景，那是“他们的”北平，作者信手就可以拈来。而散文来自生活的真实，来自自己的血肉体验，是“我的”北平，是最挚爱的北平，所以觉得困难。

潘开心：我有个疑问，既然题目是《想北平》，为什么第一段要反复强调“我的北平大概等于牛的一毛”？

师：发现问题永远比解决问题更重要，潘开心提的问题很好。谁能够帮助她解决这个问题？

刘昕怡：作者反复强调“我的北平”，这是全文的关键，为后文所写的北平划定了一个明确的范围。点明“我”的北平，不是区域上的，而是“我”感情上的。而这和上文所说的“北平的地方那么大，事情那么多，我知道的真觉太少了”也是一种呼应关系。

蒋一帆：“我的北平大概等于牛的一毛”，一个是“我”了解的北平大概等于牛的一毛，还有就是我自身大概也等于牛的一毛，微不足道，在浩大的北平之中。这与后文，“我”的北平是平民眼里的北平，而北平生活中的“我”是一个穷苦人，也是一种关联。

师：点评得不错，同学们之间形成对话了，这正是学习之道。还有谁来继续点评？

冷雯璐：第二段多处写自己说不出来，显得朴素而感人，作者没有华丽的排比和优美的词句大力来说，自己有多爱北平，只是直白地说：“我真爱北平！”为什么要这样？北平是作者的根，是作者心里最宁静的一个地方，表达的语言越是简单，就越真诚，文中写到母亲，其实就是写北平，作者把对北平的爱类比为对母亲的爱，更加细腻感人。

师：你的观点是越是朴素的东西，越是真诚的。好像是古希腊的雕塑，简单是成熟的美丽，单纯是丰富的高雅。老舍先生是著名的孝子，把北平的爱比作母亲的爱，可见爱之真切。要注意全世界所有的语言，在妈妈这个词的发音上是相同的，因此，有人说世界上最伟大的声音就是母亲的呼唤。

朱康建：对北平和对母亲的爱一样，爱到深处，都无法言传，运用比喻来说明这种爱源自内心，付诸行动，很难用语言表达。以对母亲的爱比喻对北平的爱，道出爱的真切、深沉，容易打动读者。

师：你从表达的效果上来分析，很好。真实的，能引起共鸣的东西是最有价值的东西。这是我们今后选材的重要依据。这种爱难以表达，正如舒婷的诗歌：“纵使我心里有一片汪洋，然而流出来的只有两颗眼泪。”

钱柏依：我想分析这两句：“言语是不够表现我的心情的，只有独自微笑或落泪才足以把内心揭露在外面一些来。”

在社会上，我们也会微笑或落泪，但也许只是逢场作戏，为了获得什么表达什么，而独自微笑和流泪就不同了。独自一个人才能表现出真我，才能把内心的最真的想法表现出来。老舍独自一人的微笑和落泪，表现出老舍对北平的爱，是一种最真实最深沉的爱，说不出来，只有微笑和流泪。

师：说得很精彩，抓住一个“独自”，分析出了老舍独特的心理，我们刚刚说草原上的那个男孩看到美，反而引起了忧郁。还有，何其芳奇怪地问，欢乐是不是也流着泪，如同悲伤？这些都是特有的心理感受，而这种感受又契合前文作者说的“我的北平”。是我主观上的心理上的北平，是与众不同的，是真实的个性的属于我独自一个人的北平。

蒋珏：把对北平的爱比作对母亲的爱，亲切而又寓意深刻，比喻中是在写母亲，但处处是在写北平。联系文章的背景，1936年，北平已经笼罩在日寇的阴影之中，文中说“在我想到她的健康而不放心的时候，我欲落泪”，正是作者为北平的安危而不放心，但又无能为力，心中充满焦灼的真实写照，正因为老舍对北平爱之深，才思之切，正因为思之切，所以才欲落泪。表达了作者对北平无限的爱和担忧。

师：很好，能结合背景来谈了。我们曾经说过一切知识只有在一定的背景下才能获得深刻的确认和理解。

施斐：“每一小的事件中有个我，我的每一思念中有个北平，这只是说不出而已。”说明了“我”和北平都是细微的，平凡的，“我”的所感也是平凡的，但“我”对北平的想念却是珍贵的，无价的，是言语无法形容的。

师：是啊，看一看，北平的细小和“我”的卑微，在这里血脉交融，在北平这个网状的体系中，每个细小的事件就像是运行的血管和细胞，而“我”就参与在细小的事件之中，是北平给了“我”真实的血液和生活，北平就是母亲。

承怡：作者对北平的爱几乎是想说而说不出的，但是又是热切的、迫切的，想要表达出这强烈的爱。于是，作者想用夸奖表达出自己的爱，但是，又嫌夸奖太苍白，太不够表达自己的爱，配不上自己心中的北平，看似矛盾，其实正是作者对北平爱的体现。

师：也就是说这里写出了作者的矛盾心理，越是矛盾的地方，越是反常的地方，越是感情最复杂和动人的地方。同学们要有一双慧眼看出这种不寻常的构思。

胡依豆：“从雨后什刹海的蜻蜓一直到我梦里的玉泉山的塔影”，都是十分细小的东西，都是与生活和美相连的小事，每一件小事中都代表着“我”对北平的记忆，都是对北平爱的深切。

缪思愉：我想说的是，每一个细小的事件中有个“我”，说明“我”是普通的，也是细小的，“我”融化在北平细小的事件里，血脉相连，但“我”对北平的感情却不是细小的，不普通的，但“我”又说不出，“我”

感到痛苦。这种痛苦就是爱的升华。

师：有意思，痛苦是爱的升华。眼因流多泪水而愈显清明，心因饱经忧患而愈显醇厚。

魏楠：我想提一个问题。应该说，作者也喜爱眷念北平的历史和文化，但这些又都是依托在历史古城的风景名胜上的，而前文又说夸奖古城的某一点会把北平看得太小，这其中似乎有矛盾。

师：对啊，这里是不是有什么矛盾？谁来解释一下？

张楠："我所爱的北平不是枝枝节节的一些什么，而是整个儿与我的心灵相粘合的一段历史，一大块地方，多少风景名胜，从雨后什刹海的蜻蜓一直到我梦里的玉泉山的塔影，每一小的事件中有个我，我的每一思念中有个北平，这只是说不出而已。"我觉得这句话就是解答，作者并没有夸奖古城的某一点，因为那就成了枝枝节节的了。作者喜欢的是整个儿的，与自己相黏合在一起的，一大块的，从什刹海到玉泉山的。最后是物我交融的。

师：魏楠，你觉得张楠的解释怎么样？你还满意吗？

魏楠：很满意。

师：学习就要这样，我感觉我们今天完成了一个超越，老舍先生《想北平》想得很厉害，我想同学们自主学习也想得很厉害，今天都算实现了。

沈鹿：第二段的"积凑"一词用得特别好，绝不能用"拼凑"。"拼凑"是不得已的东拼西凑，是罗列，而"积凑"则是长时间的感情的累积，这既与前文作者在北平生活了26年相照应，又是北平和自己终于血肉相连的途径。

师：分析得很好。很多人特别擅长炼字，往往一个字就是诗眼，甚至文眼，诸多感情寄寓其中，学会解字是一种很重要的阅读方法。

王煜嘉：我也分析字。"浸"和"啼"两个字用得特别精彩。"浸"，说明这种爱时间很长，并且已经融入血肉，以"杜鹃啼血"的意象，表达自己对北平血肉不可分的眷念和魂牵梦萦。

承怡：杜鹃啼血，多么凄美的比喻，多么热切的思念，北平！北平！北平！啼声逐渐高涨，情感也随着过渡到一个新的层次，将文章推到一个小高潮。

师：说得很好，我感觉同学们已经完全进入老舍的情境里去了。“杜鹃啼血”这个典故，说的是古时候蜀国的帝王杜宇，客死他乡之后，魂魄化为杜鹃，叫声凄厉；很像“不如归去”，常啼至流血。这个典故常被用来形容思乡心愿难偿。李白有诗句：“蜀国曾闻子规鸟，宣城又见杜鹃花。一叫一回肠一断，三春三月忆三巴。”李商隐也有诗句：“庄生晓梦迷蝴蝶，望帝春心托杜鹃。”文天祥的诗句：“从今别却江南日，化作啼鹃带血归。”这些名句都引用了“杜鹃啼血”的典故。

许天豪：我想说说“辜负”和“对不起”。两者的意思大致都是“对不起”，但还是有细微的差别，在句中的位置也很有讲究。“辜负”一句含有别人给了自己巨大的期望或好意，而自己却未能对得起她（他）。北平给了“我”一切，包括血和生命，但“我”连对她的爱都说不出来。“辜负”突出了北平在自己心中的崇高地位，又照应了下文的“赐”，“我”的性格和禀赋都是古城赐予“我”的，这里的“赐”字，原指上级赐予下级，用在这里，体现出自己灵魂深处对北平的膜拜，把自己写得很渺小，把北平抬得很高。

师：这里的分析已经上升到一个层面了，我最喜欢的是同学们能够前后关联地分析，瞻前顾后，在整体中看出作者遣词造句的美。谁来说说作者反复说“说不出来”，为什么说不出来？最后，究竟有没有写出来？

刘昕怡：我认为，并不是作者做不到，而是作者不想用通俗的方法写，作者渴望自己成为一个擅长抒情的诗人，但成不了诗人，“一切好听好看的字”，都无法表达出作者对北平母亲般的爱，朴实无华的语言，不仅表达出了作者的感情，同时也打动了读者的心。

师：嗯，说得不错，其他同学补充说明。

承怡：作者认为自己不能表达出对北平的爱，就是辜负了北平，也对不住自己，可是作者最后依旧强调自己说不出来，此处的矛盾心理充分体现作者对北平爱的迫切，他不是说不出，而是害怕说不尽，说不好。因为有太多要说，以致话到嘴边又无法说出口。

师：说得好。作者所谓的说不出，是真实的发自内心的，因为北平给了他那么多，他怎么赞美也不为过，他所害怕的是说不尽说不好。但从我们看来，他或许是没有说尽，但已经说得很好了。呵呵。

钱柏依："我的最初的知识与印象都得自北平"，这个可以看成是作者爱北平的一个很重要的缘由。

人往往最初的印象都是最美好、最深刻的，最能影响人的一生。而老舍先生的最初印象都来自北平，说明北平对先生的影响之大，老舍先生对北平的感情之深。

师：鲁迅曾经说过："童年的情形就是将来的命运。"可见童年对人的一生的重要意义。弗洛伊德精神分析学说、后现代主义学说都和人类的童年和早期有着很大的关系。美国诗人惠特曼这样写道："有一个孩子每天向前走去，他看见最初的东西，他就变成那东西，那东西就变成他的一部分……"

沈鹿：4、5、6三段是评说北平的特征。作者运用对比突出"我的北平"的几个特点，既复杂又有边际，动中有静，布局匀调，人为中显出自然。

师：说得不错，但还是有遗漏。运用比较可以更鲜明直观地看出北平的不同寻常的可爱。其实在某种程度上那些被用来比较的对象也是一种映衬。同学们一定还记得黑人的那首诗：

我们民族的肤色是美的；
我们民族的眼睛是美的；
我们民族的灵魂也是美的。

无疑这是一首平庸的诗歌，但在前面加上映衬的意象就不同了。

夜是美的，我们民族的肤色是美的；
星星是美的，我们民族的眼睛是美的；
太阳是美的，我们民族的灵魂也是美的。

所以，有人说山之精神写不出，以烟霞写之；春之精神写不出，以草树写之。故诗无气象，则精神亦无所寓矣。

师：谁来补充沈鹿遗漏的地方？

学生：安静温和，接近生活，靠近自然等。

后面的分析还有老城墙和小蝌蚪、嫩蜻蜓、小孩子的赏析，还有"安适""安闲"两个词的赏析。最后一段的呼唤，忧心如焚，杜鹃啼血，充满了民族忧患意识，震人心弦。艾青说："为什么我的眼里常含泪水？因为我对这土地爱得深沉。”

师结：大处着眼，小处落笔，正因为老舍对北平的熟悉与热爱，他才写出北平的与众不同。老舍把笔伸向了普通北京人的院子、墙根，就因为他是一个平民，一个普通的老北京人，他的生活就在这些院落里，墙根边，他是一个平民艺术家。作者用这些舒缓而平淡的文字，表达了一个平民知识分子对北平娴雅而热烈的情怀。从另外一个角度讲，老舍以一个贫寒人的眼光看待北平，他关注的是和他一样的平常人的生活以及环境，看到的就是“温和自然”“布置匀调”“物产可爱”，归结到一点就是他的“平民意识”。

老舍先生曾用一首诗歌《乡思》，来表达自己的思乡之情。诗云：

茫茫何处话桑麻？破碎山河破碎家；
一代文章千古事，余年心愿半庭花！
西风碧海珊瑚冷，北岳霜天羚角斜；
无限乡思秋日晚，夕阳白发待归鸦！

## 三、尾声

一个失去故乡的人，是没有根的，2004年我离开家乡也写下这样一段文字：

“就这么走了吗？踯躅在熟悉的路上，我一次次拷问着我的内心，我看到心的影子，在目光无法触及的地方，躲躲藏藏。不是有很多牢骚，很多不快，很多委屈吗？为什么现在都已化解成了热热的眼泪？往日的欢歌，今天的朋友，明朝的梦想，都纠缠在一起——剪不断，理还乱。一个人在操场上来来回回地找了很久，失落了很久。倒是去年我无心种植的一棵柏树，在操场中野野地生长。

妻子和孩子早已经走了，可怜的孩子哪里知道这一去是永不回头啊！小伙伴呢，玩具们呢，孩子，有一天你问起我，我该如何面对？就这样一个人在空荡荡的房中，伤感就像暮色很快就统领了天空，感觉自己沉重得就像一条丧家的狗。电话早已经是捏死了，今晚我只属于家园，属于老屋，属于我一颗破碎的心。而我一定要拥老屋入眠，做一个纯粹的梦。

屋里已经搬空了，家具们挤在街道的一辆车上等我。就睡在客厅的地上吧！过去报时的钟没有了，不知道为什么嘀嗒声却隐约可闻……我知道半夜就要走，我知道我应该早一点入梦，可是，睡不着，老屋像极了我初恋的情人，在心灵的深处，用忧郁的眼神默无声息地呼唤着我。后来就有猫叫，后来竟然下起了雨……我还听见树叶挥着翅膀从我头上飞过……不知道睡了多少次，也不知道醒了多少回。再就是起来，洗个脸，却发现毛巾没有，镜子没有，刮脸的也没有，一颗心也就没有。

出门的时候，雨竟然停了，风却很大，夏夜的风居然还有点刺骨。叫醒了门卫，抖抖索索地开了门，一个人仓皇地出去，不想却惊动了村里的几条狗，在后面追得虎虎生风……”

并且也有一首很豪迈的诗：

壮志凌云下洲沙，王者归来尽紫霞。
青天直上揽明月，凯歌已奏五侯家。
故园多年空老泪，东风依旧可桑麻。
南国早见春晖色，横刀立马写物华。

第二辑

# 文本解读

# 孔子的变与不变

## ——《孔子世家》解读

在司马迁的理想人格中，首推的就是孔子。

自汉以来，儒家学说一花独放，成为中国封建文化的正统，孔子的许多思想，已经融入中华民族的文化和精神之中，成为我们血脉中不可分割的部分。

在孔子的人生长河中，他正道直行又善于变通，如此矛盾的两个方面整合在孔子身上，构成孔子的独特性格。

### 一、政治上的不变

在政治上，孔子咬定青山不放松，坚持原则，绝无通融。以石门司门者的话来说，就是“知其不可而为之”，孔子是天底下最大的“不识时务”者。

儒家主张“格物、致知、诚意、正心、修身、齐家、治国、平天下”，倡导“学而优则仕”的积极用世思想，孔子当然身体力行。从孔子的人生历程来看，他既有从政热情，又有行政能力，而且获得过施政机会，“寻常看不见，偶尔露峥嵘”。但孔子又终身不得大用，最终退而著书，只在《春秋》编撰中，留下一声叹息。

孔子的政治热情表现在很多地方。

一是常常以天赋使命自居。

孔子被匡地的人围困时，曾经说：“周文王死了以后，周代的礼乐文化不都体现在我的身上吗？上天如果想要消灭这种文化，那我就不可能掌握这种文化了；上天如果不消灭这种文化，那么匡人又能把我怎么样呢？”孔子自认为自己是周礼的唯一继承人，那么周礼的匡扶只能依靠自己。在主张以礼治国的孔子眼里，自己当然是从政的不二人选。

二是疾没世而名不称。

晚年，孔子担心自己苟活于世，自己的政治理想不能实现。因此，到处跑官要官，甚至有点慌不择路。

就连反叛的公山弗扰来召孔子，孔子也准备前去。子路困惑不解，责备孔子不该去。孔子说：“如有用我者，吾其为东周乎？”后来，作乱的佛肸也想召孔子去，孔子又兴冲冲地打算前往。子路又说：“从前我听先生说过：‘亲自做坏事的人那里，君子是不去的。’现在佛肸据中牟反叛，你却要去，这如何解释呢？”孔子说：“是的，我有过这样的话。不是说坚硬的东西磨也磨不坏吗？不是说洁白的东西染也染不黑吗？我难道是个苦味的葫芦吗？怎么能只挂在那里而不给人吃呢？”

是的，孔子害怕自己成为一个苦瓜，一辈子挂在那里，不能立功、立德、立言。为了推销自己的政治理想，孔子不辞劳苦，周游六国，累累若丧家之犬。“吾道不行矣，吾何以自见于后世哉？”这就是外表祥和的孔子内心绝望的哀叹。

三是对“待贾而沽”的真诚表白。

子贡曾经问孔子曰：“我这里有一块美玉，是把它收藏在柜子里呢，还是找一个识货的商人卖掉呢？”孔子说：“快卖掉吧，卖掉吧！我也正等着识货的人呢。”

在“待贾而沽”中，孔子自称是“待贾者”，他一方面四处游说，以宣传礼治天下为己任，期待着各国统治者能够实行自己的道；另一方面，孔子也随时准备把自己推上治国之位，依靠政权的力量去推行礼。孔子岂是为做官而做官？“功成不受爵，长揖归田庐。”说不定也是孔子的人生愿望。了解了这一点，我们就会懂得，孔子为什么发自内心地敬重那些隐士。

孔子不愿意待贾而沽，还可以从“阳货见孔子”中看出。

阳货想见孔子，孔子不愿见他，他就赠送给孔子一头熟小猪，想要孔子去回访他。孔子是最讲究礼的人啊。孔子也坏，打听到阳货不在家时，才去他家拜谢，阳货更坏，在半路上堵住了孔子。阳货对孔子说：“把自己的本领藏起来而听任国家迷乱，这可以叫作仁吗？”孔子回答说：“不可以。”阳货说：“喜欢参与政事而又屡次错过机会，这可以说是智吗？”孔子回答说："不可以。"阳货说："时间一天天过去了，年岁是不等人的。"孔子说："好吧，我将要去做官了。"

其实，孔子年轻的时候，很容易就可以做上官。但鲁国的政权实际掌握在大臣的陪臣手中，孔子认为"离于正道，故不仕"，所以宁愿"退而修诗书礼乐"。

然而到了人生暮年，田园虽好，时不我待，政治理想的实现需要更为迫切。但这还只是一个方面，孔子还认为"用之则行，舍之则藏"，这是孔子为官处世的一条重要原则。"国家有道而自己贫贱，是耻辱；国家无道而自己富贵，也是耻辱。"应当把个人的贫贱荣辱与国家的兴衰存亡联系在一起，这也是孔子为官的基点。所有这些，都构成了孔子汲汲乎功名的缘由。

孔子后世的衣钵传人朱熹，对孔子内心的玲珑剔透，洞察得一清二楚。他形容孔子"三月无君则吊"，闲居三个月，孔子就心神不宁，寂寞难耐，以致"君命召，不俟驾而行"。

非常有意思的是，朱熹还记载了孔子做官上朝时的表情：面色红润，喜气洋洋，作揖打拱，疾步如飞；正襟危立，面色紧张，双脚抓地，心情舒畅。

孔子的从政热情不用说了，那么，孔子有无从政的才能？有无施政的政绩？

孔子在当时就小有名气，仪封人就曾评价孔子为"天将以夫子为木铎"。孔子也毫不客气地认为："苟有用我者，期月而已可也，三年有成。"就是说："如果有人用我治理国家，一个月便可以搞出个样子，三年就一定会有成效。"

拨开历史的重重烟雾，孔子执政能力究竟如何呢？我们不妨来审视孔子人生的几个片段。

孔子曾担任季氏家中管仓库的小吏，把财务管理得准确公平；后来担任管理牧场的小官，在他的管理下家畜繁殖，数量增多。不久孔子升为掌管工程事务的官员，绩效显著。其后定公让孔子担任中都宰，孔子治理中都一年，"四方皆则之"，被升为小司空，不久又升为大司寇，鲁国大治。孔子的"仁治"思想，很快闻名诸侯国，齐鲁夹谷之会后，齐国出于对孔子“仁治”的敬畏，齐景公归还了侵占鲁国的汶阳、龟阴等地。

我们不难看出，孔子曾经是一个杰出的公务员，一个政绩卓著的政治家，一个宰相的代理者，一个懂得“文事者武备，武事者文备”的外交家，一个摧枯拉朽的改革派，一个谈笑间樯橹灰飞烟灭的指挥官……

但，孔子最大的悲剧就在这里，他在最应该疯狂的年代，政治生涯突然被拦腰斩断。孔子内心的痛苦和失落，可想而知。每每想起孔子，我就不自觉地想起管仲。孔子曾经小看管仲，管仲已经够了不起了，帮助齐桓公称霸，九合诸侯，何其壮也！但孔子小看他的原因，就在于认为管仲还可以做得更好。由此可见孔子人尽其才的苛刻，由此我们也可以窥探到孔子内心中才不为用的苦痛。

其后，孔子在鲁国待不下去，逃往齐国，结果遭到排挤，在宋国和卫国被驱逐，在陈国和蔡国被围困，差点饿死……最终孔子又不得不回到鲁国。

但孔子的政治之心绝没有失去。为了让后世之人了解和认识自己，孔子开始编撰《春秋》。诸多春秋笔法，让很多人芒刺在背，客观上匡扶自己的政治思想。比如吴国、楚国的国君，虽自称为“王”，而春秋却贬称他们为“子”；践土之会是诸侯召见周天子，但《春秋》却讳称为“天子河阳狩猎”，孔子用此类曲笔来规范当时的社会行为，期望自己的贬损之意被后世统治者发现并阐释，从而有所收敛。据史书记载：《春秋》的记述和规范推行开来，世上那些祸害国家的人都害怕了。难怪孔子曾经自豪地说：“后代的人要了解我要依据《春秋》，要怪罪我也会依据《春秋》。”舍此之外，孔子还像愚公移山一样，把自己的执政理想，传给自己的弟子，生命不息，挖山不止，而且成效显著。楚令尹子西与楚王的一段对话，可见孔门弟子的政治才能：

> 王之使使诸侯有如子贡者乎？——无有。
>
> 王之辅相有如颜回者乎？——无有。
>
> 王之将率有如子路者乎？——无有。
>
> 王之官尹有如宰予者乎？——无有。

这就是执着的孔子，在政治上不通融，不变通，不苟且，始终怀着无限的政治热情，奔走在广袤的天底下，然而“大道如青天，我独不见用”。

孔子，像极了那个大战风车的堂吉诃德。

然而，一旦回到教育上来，孔子简直就是一个极端变通的人。

## 二、教育上的“变”

《论语·子罕》记载：子曰：“吾有知乎哉？无知也，有鄙夫问于我，空空如也。我叩其两端而竭焉。”有意思的是，孔子这一点像极了苏格拉底：“我最大的智慧就是我知道自己无知。”因为无知，所以求索，理性的思考弥补了“我”的无知。

孔子不断求索，彻悟了一个神秘的圣人之道，其实质就是“仁”。孔子说：“民之于仁也，甚于水火。”人民需要仁，胜过生命中最重要的东西。但孔子对仁的解释，却常常因时而化，因人而异。

譬如孔子的五个弟子都曾经问“仁”于孔子。

樊迟问仁。子曰：“爱人。”

司马牛问仁。子曰：“仁者，其言也讱。”

仲弓问仁。子曰：“出门如见大宾，使民如承大祭。己所不欲，勿施于人。”

子贡问仁。子曰：“己欲立而立人，己欲达而达人。”

颜渊问仁。子曰：“克己复礼为仁，一日克己复礼，天下归仁焉。非礼勿视，非礼勿听，非礼勿言，非礼勿动。”

樊迟的资质较鲁钝，孔子对他就只讲“仁”的最基本概念——“爱人”，仁从爱人开始，这样有助于樊迟更好地领会和把握；司马牛因“多言而躁”，孔子就偷换了一个概念，把仁换成了仁者，是想要告诫司马牛——做一个仁人要说话谨慎，不要急于表态；仲弓对人不够谦恭，不能体谅别人的难处，孔子就教他忠恕之道，要能将心比心，推己及人；子贡有志于仁，每天都想博施济众，但徒事高远，眼高手低，不知从何做起，孔子就教他从自身做起，可以说教给子贡一个“行仁之方”。颜渊是孔门第一大弟子，具有很高的德行，孔子数次称赞“贤哉，回也”，表现出对颜回的信任和嘉许，所以孔子就用仁的最高标准来要求他——言行视听，一举一动都要合乎礼的规范。朱熹评论《论语》这一章说：“乃传授心法切要之言。非至明不能察其机，非至健不能致其决，故惟颜子得闻之。”

这是历史上最高明的一次教育，历经两千多年的雨雪风霜，依然闪耀着教育学、心理学的光辉。孔子根据每个学生最真实的情况，给他们最切实的知识和帮助，而且这中间还有内容上的层次性，让学生有逐步攀登的乐趣。

可以说，“仁”是孔子学说的核心，但孔子却很少主动谈“仁”，这不能不说是咄咄怪事。也许孔子认为，“仁”属于人生的正路，跟个人有关，“我欲仁，斯仁至矣”，我不想仁，仁也是强加不得的。每一个人的“仁”，都是不一样的，所以要因人说“仁”，看这个人的处境如何，他应该怎么去做，怎样切实地践行仁道。这可能是孔子这样施教的原因。

下面我还想举仁为例，说明孔子的善于变通。

有一天，子路对孔子说：“先生所教的仁义之道，真是令人向往！我听到的这些道理，应该马上去实行吗？”

孔子说：“你有父亲兄长在，你怎么能听到这些道理就去实行呢！”

过了一会儿，冉有也来问同样的问题，孔子却说：“应该听到后就去实行。”

站在一边的公西华被弄糊涂了，不由得追问孔子其中的缘故。幸亏公西华有这一问，否则，我们又何以参透两千多年前大教育家孔子此时的内心？

孔子回答说：“冉有为人懦弱，所以要激励他的勇气；子路武勇过人，所以要中和他的暴性。”冉有与子路二人，后来从政都大有所成，不能不说是孔子磨砺的结果。

孔子也有落魄的时候，也有学生不理解，甚至恶语相加的时候，这时候孔子究竟有什么样的表现？这样的表现又呈现出孔子的什么思想？

《史记·孔子世家》有一段记载，可谓惊心动魄。

孔子及弟子，围与蔡，不得行，绝粮。从者病，莫能兴。孔子讲诵弦歌不衰。子路愠见曰：“君子亦有穷乎？”孔子曰：“君子固穷，小人穷斯滥矣。”

子贡色作。孔子曰：“赐，尔以予为多学而识之者与？”曰：“然。非与？”孔子曰：“非也。予一以贯之。”

孔子一行处于困境之中，断粮缺水，人饿得都站不起来了，孔子却处变不惊，照样“讲诵弦歌不衰”，以致引起了子路和子贡的愤怒，他们直接指责孔子道“穷”，弟子们对孔子产生了信仰危机。这里有一句话值得探究。孔子说，他并不是一个多学而多智之人，但他是一个“一以贯之”之人。这个“一以贯之”，我以为就是信仰，就是孔子“明知不可为而为之”的精神，也就是我们上文所说的不变通。

由于遭遇了信仰危机，这个问题无法回避，孔子召来三个高徒，问了他们同样一个问题，却得到了三种不同的回答，孔子针对这三个人，立马给予了不同的回应。

孔子知弟子有愠心，乃召子路而问曰：“诗云‘匪兕匪虎，率彼旷野’。吾道非邪？吾何为于此？”子路曰：“意者吾未仁邪？人之不我信也。意者吾未知邪？人之不我行也。”孔子曰：“有是乎！由，譬使仁者而必信，安有伯夷、叔齐？使知者而必行，安有王子比干？”

子路认为孔子之道中有不仁不智的因素，因而导致众叛亲离。这是对孔子之道的正确性产生怀疑，孔子没有正面回答，而说：“有是乎！由，譬使仁者而必信，安有伯夷、叔齐？使知者而必行，安有王子比干？”“假如仁爱的人别人一定相信他们，那么，还会有伯夷、叔齐的遭遇吗？假如聪明的人一定让别人跟着自己干，还会有王子比干的遭遇吗？”这两个反问非常有力。孔子用伯夷、叔齐和比干的事实，从反面提醒子路仁与智的有与否，并不是“吾道”是与否、穷与达的要害。

同样的问题，子贡回答是：“夫子之道至大也，故天下莫能容夫子。夫子盖少贬焉？”孔子曰：“赐，良农能稼而不能为穑，良工能巧而不能为顺。君子能修其道，纲而纪之，统而理之，而不能为容。今尔不修尔道而求为容。赐，而志不远矣！”

子贡从能否为社会所接受，能否为世所用的角度出发，认为孔子的理想过于迂阔，凌空高蹈，因而得不到民众的认可和支持。实际上暗示孔子之道不切实际，这是对孔子之道的实用性产生怀疑。孔子对他进行了毫不客气的批评：“不患人不知己，患不己知。”应当多考虑自己的理想和主张，不要急功近利，只看眼前，否则，就会目光短浅，鼠目寸光，最终会失“道”。

同样的问题，颜回的回答则是：“夫子之道至大，故天下莫能容。虽然，夫子推而行之，不容何病，不容然后见君子！夫道之不修也，是吾丑也。夫道既已大修而不用，是有国者之丑也。不容何病，不容然后见君子！”

颜回笃信孔子之道，认为天下莫能容，恰好证明了孔子之道的先进性和准确性，而且道穷正好检验一个人是否是坚持自己信仰的真君子。在颜回看来，孔子之道尽善尽美，不能提出理想的道，是我们自己的耻辱，但是有了理想的道，统治者不去施行，那是执政者的耻辱。孔子对这种审时知世而又坚守其道的君子风范特别欣赏，竟然忍不住开了一个玩笑，说：“你这个颜家的孩子，希望你拥有很多财产，我去给你当总管。”

孔子真正做到了因材施教，因时施教，而且不拘一格，灵活多变。

在这种教育方式下，每个人都可以畅所欲言，都可以对老师质疑，甚至于互相争论。子路常常对孔子出言不逊，有时候甚至横加指责。最有趣的是孔子的弟子宰我和孔子的一次争论。孔子主张父母死掉以后，子女要为父母守丧三年。宰我不认同这个主张。

宰我问：“三年之丧，期已久矣。君子三年不为礼，礼必坏；三年不为乐，乐必崩。旧谷既没，新谷既升，钻燧改火，期可已矣。”子曰：“食夫稻，衣夫锦，于女安乎？”曰：“安。”“女安则为之。夫君子之居丧，食旨不甘，闻乐不乐，居处不安，故不为也。今女安，则为之！”

这段辩论，有声有色，至今言犹在耳。

宰我坚持自己的观点，论据翔实，逻辑清晰：“君子三年不为礼，礼必坏；三年不为乐，乐必崩。”宰我从实际出发论证了守丧三年的弊端。孔子没办法驳斥他，只好问他，你这样做良心安不安？谁知宰我竟然回答道：“我心安得很。”孔子说：“如果心安，那就算了。”因为在孔子眼里，三年之丧本来是出于心所不能已的哀伤之情，连这种哀情都没有，勉强服三年之丧又有什么意义呢？这就如同孔子不主动宣讲“仁”一样，求仁才会得仁。

孔子的教育就是这样豁达，所有的教育都必须内化，否则就宁肯让它真实地自由地成长。由此可见孔子教育中的宽容和变通。但最有意思的就在这里。孔子教育中所有的变通，实质上都指向一个决不变通的核心，指向孔子的另一个坚守。那就是教育的目的是“成人”，教育的内容是“做人”。

《史记》载：“孔子以诗书礼乐教。”《论语》也说：“子以四教：文、行、忠、信。”这些内容所侧重的方面虽各不相同，但围绕着“成人”“成德”这一主题却是一以贯之的。如“诗”“书”主于“文”，是立言的根本，“礼乐”主于“行”，是立身行事乃至“成人”的根本，所谓“兴于诗，立于礼，成于乐”。孔子教育他的儿子孔鲤也是要学诗、学礼，否则无以立言、立行。

因为孔子的知人善教，孔门弟子的发展也各有所长。以“德行”著称的有颜渊、闵子骞、冉伯牛、仲弓，以“言语”著称的有宰我、子贡，以“政事”著称的有冉有、季路，以“文学”著称的有子游、子夏。这些学生虽然都是人中翘楚，但孔子最重视的还是他们的“德行”。比如孔子认为子贡不及颜渊，斥责宰我为“不仁”，批评冉有为季氏聚敛，告诫擅长文学的子夏“汝为君子儒，无为小人儒”。学生的发展可以也必须千差万别，但做人却毫不含糊。这个就是孔子多姿多彩教育中的一种坚守，一种执拗，一种顽固，一种信仰。

两千多年后，我想起来，仍然觉得眼里一热。

这就是孔子，如此矛盾又如此和谐统一的可亲可敬的老夫子。难怪2000年诺贝尔奖获得者在瑞士发表《洛桑宣言》中说：“人类要想在21世纪活得更好，应该到两千多年前中国孔子那里去汲取智慧。”

壮哉，孔子!

## 不是每一块砖都有机会去筑长城
### ——《谈厄运》和《直面苦难》解读

“苦难中的尊严”板块，教材选择的文本是培根的《论厄运》和周国平的《直面苦难》，仍然是一中一外，一正一反，正好形成碰撞。

培根的主要观点有：“好的运气令人羡慕，而战胜厄运更令人惊叹；幸运所需要的美德是节制，而厄运所需要的美德是坚忍，后者比前者更为难能可贵；超越自己的奇迹，总是在对厄运的征服中被显示的。”他是苦难哲学坚定的拥护者。

周国平则认为：“人凭借最真实的勇气，维护了人的最高的也是最后的尊严——人在大自然面前的尊严。苦难磨钝了多少敏感的心灵，悲剧毁灭了多少失意的英雄。人天生是软弱的，唯其软弱而犹能承担起苦难，才显出人的尊严。

两者的共同点在于，都强调了厄运的不可避免，都强调以积极的态度对待厄运。不同之处在于培根强调的是“像神那样无所畏惧”英雄式的苦难，而周国平则倡导“具有软弱天性”普通人的苦难。

## 一、苦难不可避免

可以说，苦难主题是文学的永恒主题，它是人类成长史的见证，也是人类生命史的见证。各种宗教和哲学都力图从苦难的价值和意义层面解释苦难，超越苦难，以拯救在苦难中挣扎的芸芸众生。比如基督教提倡原罪说，认为人与生俱来就是有罪的，苦难相伴人生，人类经历苦难是自我拯救的必要手段。佛教则宣扬来世，认为人生就是受苦，现世是一个苦海无边的俗世，你无法摆脱今世的苦难，只能修福以期获得来世。无论是宗教还是哲学，毫无例外，都认为苦难不可避免。

西方人认为，自从自己的始祖被赶出伊甸园，他们就再也回不去了，只能在人生的苦难中呻吟流汗，直到耶稣用鲜血染红十字架。存在主义哲学则认为，在苦难面前，人无法预料，也无法把握。人想干什么，说不出道理；人能干什么，没有把握；人将成为什么样的人，无法自主。人只能在冒险中抉择自己，这就注定了人只能处在永不停息、永不安宁的恍惚状态之中。正如《存在主义简史》一书的作者让·华尔所说：“剧烈的苦闷的体验把我们暴露给自己，我们看到自己暴露在这个世界上，孤独无依，没有救助，没有躲避。我们不知道为什么被扔进这个世界……我们存在着，但是，我们找不到我们所以存在的任何理由，因此，我们是没有本质的存在。”

在苦难之中，家是唯一的藏身之所，但家在哪里？现代人似乎无家可归。这里的家当然是精神的家园，灵魂的故乡，生命的避难所。

如果一个人对现实失望，一般有四条路可以选择。

从时间的层面上来说，一条是回到古代去。

如中国古代的孔子、墨子和庄子。他们都对现实生活感到绝望，孔子怒斥现实“礼崩乐坏”，所以希望回到“郁郁乎文哉”的西周去。墨子贬斥现实为“交相恶”的乱世，他要人们返回到“禹汤”时代去。庄子则诅咒他的时代为“仅免刑焉”，所以希望回到“结绳而居”的草莽时代。这是典型的厚古非今的思想。

一条是寄希望于将来。

柏拉图有他的“理想国”，莫尔有他的“乌托邦”，康博内拉有他的“太阳城”，陶渊明有一个“桃花源”。他们都有家可归。回到古代或者奔往未来的虚构，鼓舞着这些对现实不满的人去从事破坏和创造。如果这两条路不愿意走，那么，余下的还有两条路。

一条路是死后升上天堂，另一条路是生前躲入地下室。这是从空间层面上来选择。

基尔凯郭尔选择“上天”，把希望寄托在天国，故对上帝战战兢兢，诚惶诚恐，从审美境界到道德境界，再到宗教境界，一步步把自己交托给上帝。

而陀思妥耶夫斯基创作的《地下室手记》，最大的成就则是塑造出了一个“地下人”的形象。

这个精神极度敏感，内心极度矛盾、混乱，行动上软弱无力的人，“感觉到我在整个世界面前只是一只肮脏、放荡的苍蝇——最聪明的、最有教养的、最高尚的苍蝇，然而总是不停地对一切忍让，受尽了一切侮辱和损害的苍蝇”，最后，终于躲到地下室里去了。

卡夫卡也屡次宣布要与人类划清界限，要躲避到“洞穴”中去，因被布洛德劝阻而未果，可布洛德留得住卡夫卡的身体却留不住他的心，卡夫卡曾说过，他和动物待在一起，要比和人待在一起让他感到更亲近些。在《变形记》中，卡夫卡让格里高里变形为甲虫，是把人处于这种生存状态下的变异的极度夸张，其实也是卡夫卡自己曾经的梦魇，他逃避现实，希望自己能有一个洞穴，一张桌子，一盏灯，过隐居的生活。卡夫卡和格里高里是交织的、融合的一体。

## 二、为什么要宣扬苦难哲学

其实多年来，像培根一样宣传苦难哲学的人并不鲜见。

现实中，中国的庄子、古希腊的第欧根尼、荷兰的大哲学家斯宾诺莎都主动追求清贫的生活，将物质欲望降到最低，甚至对自己苛刻到残忍的地步，这是主动对苦难的承担。但这样的人毕竟还是特例，是少数精神贵族的自觉超越。

文学创作中，中国传记作家，不断地宣扬传主历尽磨难，终成正果的人生历程。客观上消解了苦难的杀伤力，要知道，文学中的苦难主题比宗教对苦难的阐释，更具有灵魂的震撼力。因为这种过度阐释，苦难成了励志者的身份证、道德标签和行为艺术，苦难在文学叙述中的功能发生了变异，变成了一种炫耀的资本，一种成功的牵引力，一种道德上的特权。文学中的苦难书写推波助澜，塑造了一个个受难英雄的神话。书写历史的苦难只是为了躲避现实的苦难，把苦难与民族、国家意志等宏大叙事等同起来，某种程度上，反而否认了个人苦难的意义。

孔子曰："一箪食，一瓢饮。在陋巷，人不堪其忧，回也不改其乐。"孟子更是直言："天将降大任于是人也，必先苦其心志，劳其筋骨，饿其体肤，空乏其身，行拂乱其所为，所以动心忍性，增益其所不能。"在这两大圣贤的眼里，苦难已经不仅仅是一种现实遭遇，而成了一种观念，一种哲学，一种文化。

但苦难真的有那么神奇吗?

中国人喜欢赞美苦难，认为苦难能磨炼一个人的意志，其实，苦难并不总是导致伟大。相反，在很多情况下，它使人的自尊毁坏，心灵蒙尘，良心失去，伦理丧失，人性沉沦。

我们常常认为正是因为遭受宫刑的奇耻大辱，司马迁才发奋完成了彪炳史册的《史记》；正是因为惨遭抄家，内心惨痛，才导致曹雪芹伟大的《红楼梦》的诞生；甚至认为鲁迅的成功，亦来自其家门的不幸。实践自然是检验真理的标准，但谁的实践是检验真理的标准？由于历史经验的不可重复性，有人获得了实践的检验权，别的实践就没有了检验的机会，但谁能保证它不是真理？谁能告诉我们，司马迁不受宫刑，就写不出《史记》？曹雪芹不抄家，就创作不出《红楼梦》？鲁迅家道不中落，就不能成为中国的文学魂？这显然是把特殊的历史情境当成了普遍的创造规律。一个很显然的例证就是，古代受宫刑的多了去了，但《史记》只有一部；抄家的多了去了，曹雪芹只有一个。真正的成功者是靠自身的才华和努力，坚韧不拔的意志，远大目标的专一，而不仅是苦难本身的孕育。否则就没有办法解释那些一帆风顺的大文豪，譬如泰戈尔，譬如歌德。

除了学会证明之外，我们更需要学会证伪。所有的砖头，都经过刻苦的摔打，痛苦的切割，艰苦的烘烤，但不是所有的砖头，都有机会去构筑长城。经过苦难磨砺过的人，他们人生的走向亦是如此。

那么，这么多人颂扬苦难的目的何在？背后究竟有什么心理和动机？

从事实上来说，幸福人生，我们只需祝福，苦难人生才需要我们关注。我们不仅要锦上添花，更需要雪中送炭。从人类的潜意识来看，苦难哲学实际上是对人类苦难人生的一种理性思考，是一种舒展的姿态和温暖，是悲天悯人的一种情怀，它传递给我们一种生命力量的延伸，唤醒我们内在的力量，告诉我们老天并没有抛弃我们的意思。一切的苦难，都是老天对我们的考验，只要我们咬紧牙关，我们终究会穿越人生的暗夜，到达一个金银澄碧的精神领地。

而那个地方，桃花盛开，阳光灿烂。

## 《陈情表》后的刀光剑影

### ——《陈情表》解读

李密的《陈情表》，历来被认为是一篇“悲恻动人”的千古奇文。我想这篇奇文除了作者狼狈不堪，所陈之情凄恻委婉外，苏轼老先生的大力举荐，恐怕也是重要原因。苏子说：“读《出师表》而不流泪者，其人必不忠；读《陈情表》而不流泪者，其人必不孝；读《祭十二郎文》而不流泪者，其人必不友。”由“李江苏海”的苏轼来给李密做广告，那影响大了去了。

歌德凭一部《少年维特之烦恼》，给德国文学赢得一席之地；那么，李密凭一篇《陈情表》而立足文坛，似乎也并不奇怪。

关键是《陈情表》是否是一篇悲恻千古的文章。恰恰是在这点上，李密站不住脚。

我们从两方面来看。

## 一、晋武帝为什么非要让李密做官不可

晋武帝为什么非要让李密出来做官，这里面大有文章。

首先，中国古代以“忠孝”治天下。君为臣纲，父为子纲。此乃人之伦也。统治者作力打造“孝”，让所有的人从小就无条件听命于家长，一旦这些人长大之后，马上就“移孝为忠”，无条件地听命于皇上。奴才就是这样炼成的，封建政权也就是这样巩固起来的。

但司马氏却不敢以“忠”来号令天下，因为晋武帝司马炎自己的屁股就不干净。想当年，虽然乃父司马昭之心，路人皆知，但他并未面南背北。但司马炎继承父亲爵位后，却火烧屁股，立马一脚踢开魏帝，自立为皇帝，改国号为“晋”。这是典型的篡权夺位，乱臣误国，如果以“忠”来治理天下，全天下的人不都要笑得满地找牙。晋武帝干脆以“孝”治天下。老子天下第一，我就是你们的父母官，你们都是我的儿孙，都要孝敬我，又怎么的。

晋武帝是历史上第一个妃子超过万人的皇帝，但他还“选而不厌”，下令所有太守以下的官员，都要把适龄女儿送到宫里接受挑选，否则，杀无赦。这样一来，问题就大了。晋武帝每天看女人画像都来不及，每天究竟宠幸哪个妃子，简直比哥德巴赫猜想还要困难。有人就给晋武帝出了一个好主意，让他驾着羊车，羊跑到哪里，就宠幸哪个。妃子们为了得到皇帝的恩宠雨露，就在门上插上青草，引诱羊……晋武帝的类似的丑事还有很多。

天子以天下人为刍狗，天下人当然以天子为寇仇。

照理说，物以类聚，人以群分。那么，荒诞不经的晋武帝为什么如此

高看李密？

第一，司马氏夺取曹魏天下后，内部政权并不稳固，还没有到大开杀戒的时候。

第二，灭蜀后，为了笼络西蜀人才，加强对蜀地的统治，李密作为蜀国的郎署，有相当大的号召力。

第三，晋武帝还没有完成消灭东吴的大业，想通过安抚蜀国大臣的方式，诱降东吴，搞和平演变。

第四，晋朝以“孝”治天下，而李密恰好“孝”名远扬，是搞宣传的不二人选。据《晋书·李密传》记载：“祖母有疾，密痛哭流涕，夜不解衣，侍其左右。膳食、汤药，必亲自口尝然后进献。”

那么，李密为什么不肯应诏？仅仅是因为祖母无人奉养吗？

## 二、李密为什么不愿出来做官

李密不肯奉诏，原因很复杂。

第一，确实是奉养祖母。李密六月丧父，六岁失母，九岁不行，常年多病，是祖母躬亲抚养。祖孙二人相依为命，感情不可谓不厚。此为骨肉之情也。

第二，蜀国刚刚破灭，而刘氏实为汉家正统也。孝忠总是不分家的，大孝子李密作为蜀国旧臣，不可能没有忠君之想，故国之思。女人都知道，饿死事小，失节事大，文人也有节操问题。此为怀旧之情也。

第三，司马氏杀伐心太重，阴险毒辣，而招降李密心情又如此急迫，让李密无所适从。李密认为，后主刘禅是“可以齐桓”的，只不过是“未得其人”罢了，而武帝司马炎却是深藏不露，偷天换日，此种人君最难将息。此为疑虑之情也。

第四，晋朝是北方氏族为基础的政权，对南方人向来非常轻视，李密是“亡国贱俘，至微至陋”，更是人微言轻，基石不稳。况且又要充当太子洗马，宫廷斗争，波诡云谲，叫“我”如何不怕它！李密不想做政权倾轧的牺牲品。此为恐惧之情也。

第五，蜀国新亡，晋国名不正言不顺，一般来说，一个新政权成立之初，统一之时，常常是法家，而到治理天下之时，又会变成儒家。李密觉得这个时候出山，风险太大，成本太高，他还需要等待。此为观望之情也。

从历史上来看，李密的眼光是惊人的，魏晋的杀人档案，触目惊心。余秋雨在《遥远的绝响》中记载：

“何晏，玄学的创始人、哲学家、诗人、谋士，被杀；张华，政治家、诗人、《博物志》的作者，被杀；潘岳，与陆机齐名的诗人，中国古代最著名的美男子，被杀；谢灵运，中国古代山水诗的鼻祖，直到今天还有很多名句活在人们口边的横跨千年的第一流诗人，被杀；范晔，写成了皇皇史学巨著《后汉书》的杰出历史学家，被杀；嵇康，晋代最伟大的学问家，读书人的种子，三千太学生求情而不得，被杀，《广陵散》从此绝矣……”

可以列举的还有很多，但李密不在其中。李密最让我失望的是，祖母死后，他守完孝，就高高兴兴地出来做官了。后来，一直做到汉中太守，还嫌乌纱帽太小，吵着要到朝廷里做官，终于触怒皇帝，被一下子撤掉了，只好哭着鼻子回家，晚节不保。由此看来，《陈情表》和嵇康《与山巨源绝交书》不好相提并论啊。

《陈情表》陈上去之后，晋武帝非常感动，说：“士之名，不虚也。”不仅同意了李密的请求，还赐给李密两个奴婢，还让地方官员给李密的祖母提供生活用品。

很多人认为李密文章写得高明，打动了混世魔王司马炎。我却觉得司马炎不会如此简单。司马炎不是一个普通的人，听了祥林嫂阿毛的故事，就要滴几滴猫尿，人家是政治家，是冷血动物，洞若观火。为什么李密在蜀时就能做官，到晋时就不能做官了？这个逻辑很难说得通。李密的小九九，晋武帝还能看不出来？晋武帝重用李密，只不过是在利用他，李密不过是一个工具，一个筹码，一个道具，后来晋武帝不同意李密到朝廷做官就是例证。而现在《陈情表》洛阳纸贵，晋武帝的孝道宣传已经是如火如荼了，更何况还能显示自己的英明和大度，这场戏如此圆满，晋武帝何乐而不为？

至于苏轼为何高看这篇文章，只要想想：苏轼屡遭放逐，流离失所，对父母不能尽孝，内心中的惨痛；信而见疑，忠而被谤，对皇帝一片忠心，却“多情却被无情恼”的失落；还有“但愿人长久，千里共婵娟”对弟弟的真情祈祝……我们就可以知道，这三篇文章是他人之酒杯，浇苏子之块垒，如此而已。

# 原来你也在这里

## ——张爱玲的《爱》解读

夜很深了，外面有星星点点的风，这样的晚上，不冷不热的天。开学正在倒计时，时间渺茫地嘀嘀嗒嗒走着。假期的快乐一点点地消融，在时间无垠的荒野上。也就在这个时候，突然想起刘若英的歌曲《原来你也在这里》。之所以对这首歌充满感情，是因为这首歌明显脱胎于张爱玲的散文《爱》，而《爱》实在是一篇妙处难以言说的佳作。

### 爱

张爱玲

这是真的。

有个村庄的小康之家的女孩子，生得美，有许多人来做媒，但都没有说成。那年她不过十五六岁吧，是春天的晚上，她立在后门口，手扶着桃树。她记得她穿的是一件月白的衫子。对门住的年青人，同她见过面，可是从来没有打过招呼的，他走了过来，离得不远，站定了，轻轻地说了一声："噢，你也在这里吗？"她没有说什么，他也没有再说什么，站了一会，各自走开了。

就这样就完了。

后来这女人被亲眷拐了，卖到他乡外县去作妾，又几次三番地被转卖，经过无数的惊险的风波，老了的时候她还记得从前那一回事，常常说起，在那春天的晚上，在后门口的桃树下，那个青年。

于千万人之中遇见你所要遇见的人，于千万年之中，时间的无涯的荒野里，没有早一步，也没有晚一步，刚巧赶上了，那也没有别的话可说，惟有轻轻地问一声："噢，你也在这里吗?"

## 一、"这是真的"

张爱玲不断强调"这是真的"。

她是一个小康之家的女孩子，而且还生得美，自然不断地有人来提亲，但最终都没有说成。正如钱钟书先生所言："从前门进来的都是父母眼里的金龟婿，从后窗爬进来的才是小姐肯把灵魂肉体完全交托的真正情人。"可是，那个时代后窗未必有人敢爬进来。这是女人的悲剧，未尝不是男人的悲剧。

怀春美人，总是要思慕的。可又是小康人家的女孩子，哀而不怨，只能在傍晚，在春天，浅浅地、淡淡地惆怅。那个十五六岁的女孩子，穿着一件月白的衫子，在春天里，站在那样一个傍晚，那个傍晚和她自己一样暧昧，应该还有银色的月光吧，她就那样手扶着桃树。这里不用一个字说她的容貌，但她清新脱俗的姿容却隐约在眼前弥散。这就是不言之言，月光如水水如天，人面桃花，交相辉映，连空气里都闪烁着女孩子的明艳。这个时候，对门住的年轻人，走过来，站定了。他们见过面，可是从来没有打过招呼的。注意，一定是要没有打过招呼的，才好，才透着新鲜，像草叶上的露珠，生命就是这样偶然。

"噢，你也在这里吗?"

这话也还是淡淡的，有着喜欢，有着亲近，有着盈盈一水间的迷惘。但它又意味深长，是不问而问，是搭讪，是试探，也是一种亲昵。可是害羞的女孩子什么也没有说，那个男孩子也没有再说什么。这个时候，我们屏住呼吸，月光和时间似乎也都停滞，也许彼此都有点尴尬。"站了一会儿，各自都走开了"，我不知道，站了一会儿，他们想了一些什么，也许他们什么也没有想，甚至也无须想，那种朦胧的情愫，伴随着纷纷坠落的桃花，本来就是一种美好。在这里，外在的静，烘托出内在的动，淡淡的喜悦，无言的默契，萌动的情愫，在一瞬间照亮，然后，暗香残留。其实，好多时候，我们就这样，匆匆而过，把另一种可能一下子剪断。

女孩子不久就被卖掉了，是做妾，而且辗转反复，卖过来卖过去。“这是真的。”命运就是如此残酷。曹禺说：“宇宙正像一口残酷的井，落在里面，怎样呼号，也难逃脱这黑暗的坑。”是的，人有时候被命运裹挟，无能为力，就算躲过一个个暗礁，谁也不能避免最终要船沉海底。难怪叔本华要说：“人生就像钟摆，在痛苦和无聊之间摆动，每有一个人诞生了，就是一个人生的发条上好了，开始无助地向前。”

但我不能理解的是，女孩的命运如此悲惨，张爱玲何以如此冷静？

这个故事确实是真的。那个女孩子就是胡兰成的庶母，而那个时候，张爱玲和胡兰成正在热恋。人恋爱的时候，对爱的理解总是和其他时候不同。故事是凄凉的，但却是美的。瞬间、短暂的相逢，就那么一句话，但却成为永恒。永久的怅然，永存的叹息，永恒的悲哀，永远的回味，这就是女孩子的命。回到张爱玲身上，胡兰成是大汉奸，有妻室，可以做张爱玲的父亲，但这一切张爱玲都不在乎。这个绝世的女子，当然不会以尘世的价值观去评论一个人，只是把胡兰成当作一个懂她的男人，对于胡兰成的妻子，她也不在乎，她在一封信中对胡兰成说：“我想过，你将来就是在我这里来来去去亦可以的。”她只在乎胡兰成对她的爱，是当下，哪怕是瞬间，其他的，她都不愿多想。

西谚说：

一粒沙中一个世界  
一朵花里一个天堂  
把无限握在手中  
瞬间就是永恒

可是在命运拨弄之下，在这样的境遇之中，女孩子靠什么活下来，靠什么支撑自己苍白的不由自主的人生？为什么在历尽种种苦难之后，女孩还记得从前那一回事，还常常说起：“在后门口的桃树下，那个青年。”还有那一句轻轻的问候。在苦难和龌龊之中，当初的那一份纯美，那份朦胧的情感，已经变成生命中难以忘却的爱恋，爱成了一种救赎，成了女孩活下来的唯一理由。因为在春天的晚上，在桃树下，有那么一个青年，那么尊重她，那么固守着那一段距离……她也一定会想，如果当初自己不那么矜持，命运又会怎么样呢？人生没有假设，时光不能回头。美的无奈，美的缺憾，美的脆弱，都让人心疼，但因了这一句话，而坚强地活下来，“这也是真的”。

## 二、“真的”背后

真实的不是事件，是意义。

此情可待成追忆，只是当时已惘然。

命运如此残忍，生命如此脆弱，人生的确证如此艰难，好在还有爱。但谁能告诉我，爱是真实的，还是虚幻的？是瞬间即逝的，还是永恒的？是存在于当下，还是存在于回忆之中？重要的是，我们还不能怀疑和追问，还只能相信，否则就没有办法救赎，但把命运的救赎放在本身就不能证实的爱情之上，这未尝不是画饼充饥，望梅止渴，这就是悖论。

“于千万人之中”，这是辽阔的空间，“于千万年之中”，这是浩渺的时间，时空的阔大，开拓了小说的意境与意义指向，这个女孩子的命运也就成了人类的普遍命运。“生命是一袭华美的睡袍，里面爬满了虱子。”她的悖论，也就成了人的悖论。

爱，不能不遭遇又难于遭遇，不能不追寻又难于追寻，于千万人之中，于千万年之中，没有早一步，也没有晚一步，刚巧赶上了。这样的偶然相逢，却还要错过。爱是多么无奈与苍凉啊，更何况还要承担命运的救赎？

# 魏征和唐太宗：谁成全了另一半

## ——《谏太宗十思疏》中的魏征解读

魏征作为历史上的一代良臣，甚至被宋代的包拯视为偶像，可见他的清廉刚直。但穿过历史的风尘，究竟是魏征成全了唐太宗，还是唐太宗成全了魏征，还实在是一个问题。

## 一、做良臣，不做忠臣

魏征自幼丧父失母，家境贫寒，但酷爱读书。在侍奉太宗之前，魏征还曾侍奉过三个主子。公元618年，魏征投奔瓦岗军首领李密。李密失败后，魏征又入关降唐。不久，魏征被起义军首领窦建德俘获，于是又归顺了窦建德。窦建德失败后，魏征回到长安，侍奉太子李建成，曾多次劝说建成先发制人，干掉李世民，未果。

玄武门之变后，李世民非但没有怪罪魏征，反而任其为谏官。于是魏征倒入唐太宗的怀抱，从此欣逢明主，竭诚辅佐，终于成为一代良臣。

魏征共侍奉过四个主子，特别是这四个主子又都是矛盾对立的双方，如此立场不稳，反戈相向，这难道不是一个严重的污点？但魏征似乎并未受到影响，尤其是此前的魏征似乎并没有显露出诤臣良骨的气态来。那么，何以在唐太宗面前，魏征就改头换面，敢谏善谏，终于成为历代第一谏臣呢？

魏征关于忠臣和良臣的辩论，可做注解。有一次，唐太宗听信了其他人的谗言，批评魏征包庇自己的亲戚，后来查无实据，又经魏征辩论，唐太宗知道自己错了。魏征进一步说道："我希望陛下让我做一个良臣，不要让我做一个忠臣。"太宗听后很吃惊，问："难道良臣和忠臣有什么区别吗？"魏征说："区别很大。良臣身享美名，君主也得到好声誉，子孙相传，流传千古；忠臣得罪被杀，君主得到的是一个昏庸的恶名，国破家亡，忠臣得到的只是一个空名。"唐太宗听后，十分激赏。细想想还真是这么回事，被剖心的比干，风波亭上的岳飞至今都被人们传诵，而昏庸的商纣王和赵构却被钉在历史的耻辱柱上。忠臣事实上是通过劝谏对比出国君的昏庸，陷国君于不义而留名青史。魏征目光深邃，穿透古今，对古今忠臣出力不讨好的下场看得格外透彻，因此极力去做一个良臣，努力开创一种君臣双赢的局面。这就很好地解释了魏征此前的做派，如果做不了良臣，那就绝不去做什么忠臣！

《万历十五年》中记载了万历皇帝对一些忠臣的看法："一些诤谏者并非是对他尽忠，而是出于自私自利，即所谓的'讪君卖直'。这些人把正直当成商品，甚至不惜用诽谤讪议人君的方法作本钱，然后，招摇贩卖他正直的声望。”

黄仁宇先生这样评价：“有些文官熟读诗书，深知百世流芳之说，他们可以找到一个题目，宁可在御前犯不敬之罪，今日受刑，明日名扬史册。”当然伴随着他们的名扬史册，还必须有一个皇帝做一个冤大头。

## 二、另一个魏征

与魏征可以互相参读的人是唐朝的裴矩。

裴矩是隋朝重要的顾问大臣之一。因为炀帝昏庸，聪明绝顶的裴矩成不了良臣，又不敢做拼死抗命的忠臣，干脆就做一个不折不扣的佞臣。试看裴矩的丑恶表现。

炀帝出巡江都，卫士逃亡甚众，裴矩就出坏点子，向炀帝建议：把江都的女子征集起来，分配给卫士们“恣欲”，以稳定军心，鼓舞士气。敢情隋朝的时候，裴矩就会弄慰安妇了，这实在是一大创举。炀帝大喜，当然下令照办。

裴矩最大的失误还在于，他顺从炀帝的野心，冒险推动对高丽的侵略战争，战争的结果是灾难性的，并在事实上造成了隋帝国的崩溃。司马光《资治通鉴》称：“卒令中国疲弊以至于亡，皆矩之唱导也。”

后来炀帝被诛杀，裴矩被宇文化及任命为河北道安抚使，为河北起义军窦建德俘获。窦建德兵败被杀后，裴矩又率余部降唐，摇身一变，成为唐太宗的左膀右臂。此段经历与魏征何其相像也！雄才大略的唐太宗，富有雅量，善纳人言。于是，见风使舵的裴矩，突然间刚正无私，秉公直处，抗辞激烈，犯颜直谏，终于成为一代诤臣。唐太宗就曾这样夸奖他：“大臣皆如裴矩者，国何忧而不治？”

同是一个人，前后反差何其大也！

司马光说：“国君圣明则臣子正直。”裴矩在隋朝是奸佞之人，但到了唐代却变成了忠臣，并不是他的品性发生了什么变化。国君厌恶听到自己的过错，那么忠诚就会变为佞伪；国君喜爱听到正直的言论，那么佞伪就会变为忠诚。这说明国君就像是个标杆，臣子就是它的影子，标杆怎么动影子就会怎样跟随。

正所谓：“上有好者，下必有甚焉。”

于是，又想起宁武子。孔子说他：“邦有道，则知；邦无道，则愚。”所以，我们与其说，是魏征成全了唐太宗，成全了贞观之治，倒不如说是唐太宗成全了魏征，成就了一代良臣的熠熠生辉。

# 有才不许补苍天

## ——《和氏璧》解读

每次听到这个故事，我都有异样的感觉，和氏璧中究竟隐藏着什么样的基因和密码？好多次我的眼睛滑过它，假装不在意，可是，它依然能够在刹那间击中我的魂魄，让我提笔。

据史书记载：

楚卞和往荆山，见石中有璞玉，抱献楚历王。王使玉人相之，曰：“石也。”王怪其诈，刖其左足。历王卒，子武王立，和又献之。王使玉人相之，曰：“石也。”王又怪其诈，刖其右足。武王卒，子文王立，和欲献之，恐王见害，乃抱其璞哭三日夜，泪尽继之以血。文王知之，使谓之曰：“天下刖者多，子独泣之悲，何也？”和曰：“吾非泣足也，宝玉而名之曰石，贞士而名之曰诈，是以泣也。”王取璞，命玉人琢之，果得美玉，厚赏而归。世传和氏璧，以为至宝。

### 一、执着是一种病

故事中的卞和，能够在乱石之中慧眼识玉，其才不在小。然而，忠心耿耿的卞和两次献玉，却以两条腿为代价。厉王之“厉”，武王之“武”，可都是货真价实，毫不含糊的。

卞和在楚山下大哭三日以鸣其冤，史称卞和泣血。当然，眼里泣血可能只是文人的弄词，但卞和坚持真理把生死置之度外的顽强精神，不达目的誓不罢休的执着，也实在让人感动。

然而，我在感动之余，却又忍不住感叹，假如文王不“文”呢？卞和还有什么可以被砍去？血腥的政治，诡异的宫廷，喜怒无常的君王，常常就是如此啊！

在我看来，卞和的执着其实是一种病。其实质仍然是封建的奴才思想，他以为“普天之下，莫非王土”，所以，所得璧玉就应该归于帝王家。然而，他不明白帝王往往也是多疑的、残暴的、刚愎自用的、金口玉言的，说你是你就是，不是也是；说不是就不是，是也不是。你爱大楚王，可大楚王不一定爱你呀，卞和偶然的悲剧中隐含着必然。

当卞和两次被砍去脚，我总在想，为什么两个王都选择了刖刑，照理说，诈之罪和刖之刑之间其实并无关联。但，总而言之，卞和是失去脚了，残酷的现实告诉他，此路不通。

此时的卞和陷入了人生的困境，他到底还能有什么选择？有人说，卞和在献玉之前，应该请玉匠剖开宝石，那就不但可以保全双脚，或许还能发财。然而别忘了，“在周朝以前，玉是权力的象征，在周以后，玉是美德的象征”，也就是说，无论是哪一种象征，都决定了卞和没得选择。

当然，卞和可以选择做屈原，怀揣璧玉，愤然投江，以死来抗议世道的不公和自己的冤屈。但要知道，伟大的屈原跳进了汨罗江，也没激起多大的浪花，白白便宜了鱼儿。而一个小小的欺骗大王的卞和投江，其作用又值几何呢？说不准惹恼了帝王，弄不好是要株连九族的。

想来想去，卞和只有哭泣，但我对眼泪往往很怀疑。除了眼泪本身是否真切以外，眼泪实在只会增加强势者的不屑和厌恶，其作用自然很寥寥。屈原在《离骚》中说：“人穷则反本，故劳苦倦极，未尝不呼天也；疾痛惨怛，未尝不呼父母也。”可见，眼泪实在是一种没有答案的答案，没得选择的选择。

至音岂合众听，故伯牙绝琴；至宝不同众好，故卞和泣玉。

卞和的悲剧在于，人们都在追求美好的事物，帝王更是如此，可是太美好的事物，由于意出尘外，大巧若拙，却又往往难以被人识别。所以，《老子》说：“大音希声，大象无形。”大智若愚，大宝不宝。卞和的璞玉天下无双，但当它还没有被雕琢出来的时候，谁也不会去理睬，反而两次遭遇刖刑。就算最后卞和证明了自己不是骗子，是表里如一的浑金璞玉，还被王赐姓为“和”，但是，一个小小的“和”字，就能掩饰掉血腥和残暴吗？那简直是把屠夫的凶残化为一笑！

卞和的悲剧是人类共有的悲剧，所以，才具有摧折人心的力量。因为不能铺地、砌墙、做槌衣石，陨石被看成是丑石；因为不能行船，不能灌溉，柳宗元自嘲为愚溪；因为追求志同道合的爱情，不走仕途经济，贾宝玉被斥责为顽石。在世人的眼里，丑到极点，愚到极点，顽到极点，也许恰恰就是他本质上美到了极点，可是，美到极点之物在被别人发现之前呢？它寒冷的、孤寂的生存的土壤在哪里？还有，他这样生存的价值和意义究竟是什么？

也许，所有脱俗的美好，注定是一场烟花的美丽，它脱离了我们的空间，在另一个领地短暂地开放，然后归于黑暗的虚无。就像我们的心，它何止比和氏璧珍贵千万倍，可又有多少人能够真正地认识并且领悟它呢？就是我们自己的心灵，我们又何曾花费过一丝一毫的工夫去省视它呢？这样看来，泣血的岂止是卞和？

## 二、多情却被无情恼

现在我想从卞和中抽出身来，看看历代的文人为何对这个故事如痴如醉，钟情有加。

史书记载，仅唐宋以来，就有数千首吟咏和氏璧的诗歌。那么，文人在这个题材中究竟发现了什么，遭遇了什么，抑或是寄托着什么？是什么牵引着他们痴迷的目光，山崩于前，而不变色；海啸于后，而不变声。

要破解这个谜团，必须先回到玉上。中国的“玉”文化，源远流长，蔚为壮观。从新石器时代开始，玉器便与石器分离，走上了与原始宗教、图腾崇拜相结合的道路。到了春秋战国时期，百家争鸣，百花齐放，人性的觉悟超越了对神的崇拜，“比德于玉”的思想道德观念进一步完善，标志着玉器人格化的确立，神秘的玉器又戴上了“品德高尚”的桂冠。中国文人从此爱玉、尊玉、宠玉、携玉，几成怪癖，文人怀瑾握瑜，既是品格的写照，又是才能的隐喻，更是德才兼备者的自况。

从这个角度来看，卞和献玉，其实就是献他自己，献他自己的一腔忠诚和满腹才华。尽管献玉之途，“路漫漫其修远兮”，卞和却能“上下而求索”。

那么，卞和为什么如此执着地献玉？这种执着的背后究竟隐藏着什么样的心理？

要知道，在中国历史上，文人阶层似乎从来没有发育成一支完全独立的政治力量。尽管他们历来是一支强大的、极富潜力的社会文化势力，在历史发展的长河中占有举足轻重的地位，但从历代史实考察，文人阶层只有依附统治集团，才有可能比较有效地发挥其政治作用；同样地，文人只有成为统治集团的成员，也才有可能比较充分地释放其潜在的文化能量。因此，儒家提出了“正心、修身、齐家、治国、平天下”的人生理想。也就是先磨炼自己，“正心、修身、齐家”，让自己成为一块“良玉”，然后，学而优则仕，把自己贷于帝王家，实现“治国、平天下”的人生理想。在某种程度上，中国文人的人生哲学就是为官哲学。随着科举制度的不断完善，文人对政治权力的依附程度日趋加深。读书不做官，简直就像衣绣而夜行于道。然而，用你不用你，做官不做官，却不是文人说了算的。所以，中国多有怀才不遇的文士，壮志难酬的文人。

文藉虽满腹，不如一囊钱。

廉颇老矣，尚能饭否？

不才明主弃，多病故人疏。

贾生年少虚垂泪，王粲春来更远游。……

从某种层面来看，整个中国的王朝史，就是一部文人的失意史。

事实上，不仅卞和在献玉，哪个读书人不在“献玉”呢？卞和之玉，其实是所有文人都要借自己的酒杯来浇的块垒。卞和的幸与不幸，恰恰是所有文人的梦想和梦魇。他们都在卞和的身上找到了自己，抚摸到了自己的辛酸苦辣，照见了自己的枯槁形容，复制了自己的希望和绝望。卞和的断足之痛和惊天一哭，是为天下所有的失意志士的泣血一哭，所以，才能惊天地，泣鬼神，才能激荡读书人的心弦，千回百转，荡气回肠，令人扼腕叹息，怅惘低回。

然而，特别遗憾的是文人的买家只有一个，学而优则仕，也必须仕于帝王家。每一个中国人生来就是为了实现“治国平天下”的伟大理想。而要实现这一伟大理想，只有担任治人的领导，才能带领治下人民谋幸福，所以只有“货于帝王家”，才是文人体现人生价值的唯一途径。

然而，卖主如过江之鲫，买主却只此一家，别无分店。僧多粥少，这才是中国读书人真正的悲剧所在。更何况中国自古多的就是“厉王”和“武王”，多的是很多尸位素餐，却占据庙堂之高的禄蠹。好在卞和用自己的两条断足，蹚开了一条血路，让读书人重新看到了坚守的希望。

卞和的泣血，实际上是文人的呐喊，和氏璧散发的光芒，也只是黑暗中的星火一点，它或许是一个巨大的偶然甚至是一个骗局，但却能使文人干枯的眼睛，流出了泉涌的热泪；却能让他们拾掇好自己的心灵，把沉甸甸的“治国平天下”揣在怀里，继续朝着他们的梦想朝圣。

## 三、为什么我的真换来我的痛

宣室求贤访逐臣，贾生才调更无伦。可怜夜半虚前席，不问苍生问鬼神。

这首诗借咏贾谊故事，尖锐地指出统治者不可能真正地重视人才，让他们在政治上发挥应有的作用。汉文帝史称有道明君，尚且如此，更遑论其他的无道昏君。

卞和以两个脚为代价，侥幸献出了自己的玉，明君文王把它雕琢出和氏璧。然而，更加令人绝望的是：和氏璧，仍然不过是帝王的玩物，装点着皇权的威严，赢得美人的红尘一笑。那些侥幸突出重围的人才，纵然得到帝王的青眼相加，又有几人不是如此结局呢？

鲁迅先生对此曾有过精辟的论述。先生以为中国统治者只在两种情况下需要文人。第一种情况，统治者刚刚掌权，偃武修文，需要文人来加以粉饰，此时文人扮演的是歌功颂德的“帮闲”角色。第二种情况，在自己的统治发生危机时，当权者无计可施，走投无路，病急乱投医，于是，开始垂听文人的“治国平天下”的意见，而此时的文人觉得英雄终有用武之地了，于是高高兴兴地“出山”了，这时的文人成了“帮忙”。能够充当花瓶就不错了，统治者何曾真正重视过文人啊。

了解了这些，我们就能懂得，为什么当年大唱“仰天大笑出门去，我辈岂是蓬蒿人”的青莲之玉李白，在被雕琢成“天子呼来不上船”集万千宠爱于一身的“和氏璧”之后，仍然要悲愤地发出天问“大道如青天，我独不得出”，并最终要选择“且放白鹿青崖间，须行即骑访名山”，而且还要沉痛地自责“安能摧眉折腰事权贵，使我不得开心颜”。

和氏璧是失去双脚的，它注定不可能独立行走，只适合于把玩，而视自由和独立为生命的李白，自然也不可能做笼中鸟，唱不属于自己嗓子的赞歌。于是，他选择了飞走，飞回山林。像李白这样的读书人也只是完成了一个循环，像和氏璧的环形一样，从山林飞到朝堂，又从朝堂退回山林。这是一个零的寓言和悲剧。更何况，正如鲁迅先生所嘲讽的“那些归隐山林之人，看似仙风道骨，不问人间烟火，可是，朝廷的一举一动，他们也还是要竖起耳朵的”。和氏璧，何曾愿意做青埂峰下的一块普通的石头呢？

无才不可补苍天，有才不许补苍天，而读书人又以补天为己任，所以献宝，所以泣血；所以崭露头角，所以毛遂自荐……直至玉碎宫倾，直至杀身成仁，这就是古代读书人永恒的悲剧，真实而且醒目。而这个时候的和氏璧，一定在某个角落，像一出伟大悲剧的诞生，带着自信的彷徨，艺术的陶醉，深深沉睡。

## 与一个契约相依为命
### ——评《威尼斯商人》中的夏洛克

莎士比亚是西方文学史上最具创造力的作家，直到今天，他的影响力仍无法衡量，也无人能够企及。所以说，莎士比亚不属于哪一个时代，而是属于所有的世纪。17世纪大诗人弥尔顿说：“他登上艺术宝座；他创造了整个世界，加以统治。”马克思也把莎士比亚称为“人类最伟大的天才之一”。有人说：“要谈论莎士比亚，也许我们永远也不可能正确。”由此可见莎翁作品的丰富诡异及其揭示的人性的复杂。

《威尼斯商人》是中国舞台上影响力最大的莎翁作品，莎翁笔下的商人夏洛克，是一个站在正义对立面的小丑，他的吝啬、贪婪和残忍早就在人们的心上刻上了烙印，莎士比亚通过他和安东尼奥等人的对比集中体现了人性的善与恶。夏洛克最终的无路可走，陷入绝境，似乎是咎由自取，他早已被钉在历史的耻辱柱上，成为世界四大吝啬鬼的典型之一。

但是，夏洛克果真如此不堪吗？俗话说，没有无缘无故的爱，也没有无缘无故的恨，夏洛克极端的性格究竟是如何形成的？在这种性格的背后究竟藏着什么样的隐情？套用莎翁的“生存，还是毁灭”这句话，我们也想问一问，夏洛克究竟是魔鬼，还是常人？

## 一、喜剧，还是悲剧

康德认为：“在一切引起活泼的撼动人的笑里，必须有某种荒谬的东西存在着。”他强调喜剧性是“从紧张的期待突然转化为虚无的感情”。

黑格尔则指出：“任何一个本质和理想的对比，任何一个目的因与手段对比，如果显出矛盾和不相称，因而导致这种现象的自否定，或者是对立在实现之中落了空，这种情况就成为可笑的。”

从这两种认识来判断，《威尼斯商人》确乎应该看成是喜剧，夏洛克“紧张的期待转化成了虚无”，“一磅肉和不流血”的矛盾，以及“这种现象的自否定，在对立之中落了空”，都告诉我们“这种情况是可笑的”，是可鄙的，是可让人解闷的，“是把人生无意义的东西撕破给人看的”，因而是喜剧。

但事实果真如此吗？

鲁迅先生对民主的论述，很有参照意义：西方的物质文明和科学民主确有积极的一面。而当人们把民主变成众数崇拜时，必“借众以凌寡，托言以众治，压制尤烈于暴君”，从而形成“以独制众者古，以众虐独者今”的历史循环，并最终形成“多数人的暴政”。其实，《威尼斯商人》在某种程度上就是“以众虐独”，“是多数人的暴政”，因此，所谓的喜剧，也只能是安东尼奥和巴萨尼奥的喜剧，或者说是莎士比亚的欧洲和基督教的喜剧，而对夏洛克，或者对整个犹太民族来说，则是一场彻底的悲剧和一段无法忘却的伤心剧。

喜剧是把无价值的东西撕破给人看，夏洛克手握的契约无疑就是无价值的东西，一份真实的契约，却被一个女扮男装的假法官轻而易举地摧毁了，犹太人的契约如此不堪一击！但这绝不是简单的戏剧场景，而是当时社会的真实再现，那么，所谓的欧洲的正义和良知又在哪里呢？最终，夏洛克不仅失去了血汗换来的财产，还有亲情的流失，更为严重的是他还要被迫改信基督教。这个老犹太商人毕生所信仰的两样最神圣的东西——金钱和宗教都没了，你能说这个是喜剧？就算有人辩解，戏剧如标题所言，展示的是“威尼斯商人”安东尼奥的喜剧，那么，夏洛克算不算“威尼斯商人”呢？

## 二、残忍，还是公平

读《威尼斯商人》，我们还常常有这样一个困惑：夏洛克不是一个大吝啬鬼吗？为什么他在这次斗争中，视金钱为粪土，连二十倍的本金也不要，一定要置安东尼奥于死地呢？

搞清这一点，一定要把人物还给历史，还给人物复杂的内心，还给人物性格发展的必然逻辑。

夏洛克是一个犹太人，莎翁时代的欧洲对犹太人极端歧视，其实，欧洲对犹太人的歧视并非从希特勒开始。从古希腊罗马以来，欧洲的反犹声浪就一浪高过一浪。

首先，犹太人只能住在欧洲国家规定的地方，白天不能随便出入公共场合，如果要出来，一定要头戴红色小帽，以示和基督教徒的区别；其次，犹太人不能拥有自己的不动产，即便你再有钱也不能拥有一间属于自己的屋子，所以犹太人唯一拥有的就是钱币。因为他们要面临的风险和不定因素实在太多，没法得到世俗和法律的承认，没有财产、没有地位、没有尊严，他们能做的也许只有尽可能地储备金钱，来抵抗那些无法预计的风险。

这或许就是夏洛克锱铢必较的部分原因，那么，夏洛克对待安东尼奥，为什么放弃了对金钱的狂热，变得那么残忍呢？

《威尼斯商人》中的“借债割肉”，实质上不是一桩简单的契约关系，它展现的是以威尼斯商人安东尼奥和高利贷者犹太人夏洛克为对立面的民族矛盾，以及早期商业资本家和早期金融资本家之间的矛盾，这些矛盾纠结在一起，尖锐激烈，不可调和。

伴随着宗教信仰上的矛盾，基督徒安东尼奥经常在公开场合侮辱夏洛克；与此同时，他们在经营方式上也有矛盾，安东尼奥无偿把钱借给他人，大大影响了夏洛克的生意，也就是说，他们实际上还是针锋相对的对手！夏洛克曾经对安东尼奥说："安东尼奥先生，好多次您在交易所里骂我，说我盘剥取利，我总是忍气吞声，耸耸肩膀，没有跟您争辩，因为忍受迫害本来是我们民族的特色。您骂我是异教徒，杀人的狗，把唾液吐在我的犹太长袍上，只因为我用我自己的钱博取几个利息……既然我是狗，那么，您可留心我的狗牙齿吧！"所以，当基督教徒勾引走了夏洛克的女儿，当侵犯了自己宗教尊严和人生尊严的安东尼奥又无法还清债务时，旧恨新仇一起涌上心头，夏洛克终于丧失理智，要为自己讨回一个公道了。

剧中他代表受压迫的犹太人说的一段话，简直是血泪之声："难道犹太人没有眼睛、没有五官四肢、没有知觉、没有感情、没有血性？他不是吃着同样的食物，能受同样的武器伤害，同样需要医药治疗，冬天会觉得冷，夏天会觉得热，跟基督徒一样吗？"他为一个受苦受难的民族发出了不平的呼声。可是，有谁会在乎他的呼声呢？没有，什么也没有！因为他们是一个劣等民族，还因为他是一个邪恶的异教徒，夏洛克只能用自己的方式来捍卫尊严！

由此看来，这种捍卫固然残忍，却未尝不是合理合法的。

首先，夏洛克虽然谈不上是维权斗士，但是他的这种法律意识却并无过错。我们先来看夏洛克一段精彩的台词，他借用《创世记》的故事来解释自己放钱的合理性，还说"只要不是偷窃，会打算盘总是好事"，这话颇像中国的"君子爱财，取之有道"。综合看起来，夏洛克的经商之道确实无懈可击，放债收利本就是合理的事情，何况是借给与他对立的安东尼奥呢？他在法庭上抗争种族歧视的话语，也并非全是狡辩之词，而是代表本民族说出的控诉之声！就算是狡辩之词，在法庭这个特定场合，也是无可厚非的。

其次，在当时违约即违法的情况下，他向安东尼奥索要一磅肉也是合理的。当初安东尼奥主动签了这个合约，没有任何人的怂恿或威胁，完全是一个有自主意识的人的自主行为，那么他为此履行他的承诺又有什么不对？当他连续用"大海的怒涛无法减低威力，豺狼害得母羊为失去羔羊而哀啼，以及松柏受到天风的吹拂不能不发出声音"等比喻，来强调夏洛克的残忍之无法改变，只能降低他贵族的身份，和他不能承担风险的懦弱。当初那个高高在上，肆意凌辱夏洛克的善良的高贵的贵族，哪里去了？

夏洛克的真正过错在于他复仇心切，一意孤行，才导致了最后的崩盘。

首先，夏洛克应该如公爵所设想的那样，羞辱够了就大发仁慈之心，那么就可以名利双收，但那显然不符合夏洛克的性格，也不符合人物性格发展的逻辑，而只是我们的一厢情愿。这个时候，夏洛克代表的不是自己，而是要为整个犹太商人讨回尊严和公道！在法庭上，夏洛克这样说："他曾经羞辱过我，夺去我几十万块钱的生意，讥笑着我的亏蚀，挖苦着我的盈余，诬蔑我的民族，破坏我的买卖，离间我的朋友，煽动我的仇敌；他的理由是什么？只因为我是一个犹太人……那么要是你们欺侮了我们，我们难道不会复仇吗？要是在别的地方我们都跟你们一样，那么在这一点上也是彼此相同的。要是一个犹太人欺侮了一个基督徒，那基督徒怎样表现他的谦逊？要是一个基督徒欺侮了一个犹太人，那么照着基督徒的榜样，那犹太人应该怎样表现他的宽容？"

如果我们能够摒弃掉我们身上对莎翁的尊敬和一切对犹太人的偏见，我们如何能够反驳夏洛克的这一段话？

其次，当鲍西娅提出请医生为安东尼奥止伤口以免流血过多而死的时候，夏洛克应该答应，这样就不会有后来"一个异邦人企图用直接或间接的手段谋害公民"的罪名。但夏洛克的想法也许并没有错，他的确没有义务请医生，契约上也没有这种规定。还有一点，夏洛克不应该复仇心切，磨刀霍霍，自己动手，当鲍西娅提出可以割一磅肉，但"不准流一滴血"，不能相差"一丝一毫"的时候，他可以提请法庭指定人动手，至于指定人"失手"弄出了血或是分量出错，那是法庭的事，与他无关，他要的只是一磅肉，多出来的不在他考虑的范围之类。如果这样的话，夏洛克或许可以全身而退。

总之，尽管夏洛克输了，输在不够仁慈、不够大度、不够狡猾上，但在道义上夏洛克并非一无是处，夏洛克固然残忍，却并没有失去公正和公平。谁最终在历史的审判台上受辱，还实在没有定论。

## 三、进步，还是局限

莎士比亚的作品有着无与伦比的启蒙价值，这是毋庸置疑的。他的作品如同人类不断走向文明的路途上燃起的永恒的明灯，给摸索于暗夜中的行人指出了方向，又引导着人们超越凡俗而趋于神圣，超越卑微而达于崇高。那么，莎士比亚如何能在同时代的作者中脱颖而出？

雨果说："西方文明有两大元典——《荷马史诗》和《圣经》，两种相辅相成的文化传统从中生成：一是肯定人类健全欲望的古希腊人本主义传统，二是关注人类精神道德价值的希伯来神本主义传统。事实上，正是这两大传统纵贯文明发展的历史，联袂充当了西方文化灵魂的角色。"而莎士比亚的特征恰恰在于，在这两大传统发生深度融会的文艺复兴和宗教改革时代，他作为古希腊人本主义的最佳继承者，对希伯来的基督教的神本主义采取了兼收并蓄态度，将二者的精华珠联璧合地体现在自己的戏剧创作中。

作为文艺复兴时代最伟大的人文主义作家，莎士比亚承袭着荷马的衣钵登上当时文学创作的峰巅。与此同时，莎士比亚又是一个对《圣经》相当了解的基督徒，见证了《圣经》文化如何渗入英国社会的伦理道德、文学艺术乃至日常生活的每个细胞之中。这为他融汇二希文化的精髓提供了必要的前提条件。正是在这种特定的语境中，他既满腔热情地弘扬希腊精神，肯定人的正当欲望，歌颂人性、青春和爱情；又真诚地张扬希伯来精神，由衷赞美高尚的道德和仁慈博爱理念，从而为人类文学宝库贡献出一部部既洋溢着现世欢乐，又引导人趋于崇高的戏剧精品。

正是这些兼容并包的思想，使莎士比亚成为欧洲文艺复兴中最伟大的巨人，但也正因为这狂热的两大支柱，使得莎士比亚具有了浓厚的宗教意识和民族偏见，人是历史的人质，人文主义的光华并没有掩盖莎士比亚的傲慢和偏见，准确地说是莎士比亚没有挣脱欧洲的傲慢和偏见。而要确切把握这一点，显然要回到文艺复兴中，回到那个时候的社会人生中。知人必须要论世，要解开莎士比亚的宗教偏见，最先不能回避的就是欧洲人为什么要反犹。

欧洲的反犹主要有以下四个因素：

第一是历史的惯性。

古希腊罗马时期，为了推行希腊化政策，全力镇压犹太人的抵制和反抗。罗马帝国灭亡以后，一方面帝国内长期推行的反犹政策在社会中形成的反犹排犹思潮并没有一下子消失，另一方面罗马帝国推行的反犹措施被后罗马时代各国所继承。

第二是经济上的偏见。

由于犹太人一直被视为魔鬼和异教徒，所以他们的就业和经营受到了很大限制，不少人只能去从事商业和金融业，特别是高利贷行业。流散到各地的犹太人凭借着自己的聪明才智和努力，很快就聚敛起大量财富，但这又会成为当地人妒忌和仇视的对象。基督教禁止基督徒进行放贷食息，所以犹太人的放贷一直被视为是“罪恶勾当”。这个就是夏洛克和安东尼奥最主要的矛盾所在。

第三是政治地位的缺乏。

犹太人在客居地基本上都是以少数族裔的面目出现的，他们的经济地位凸显了他们这一群体的独特性，但他们始终没有完全获得相应的政治权利来保障自身的利益，这使得他们始终是一个脆弱的群体。

第四是宗教文化上的克制。

公元4世纪，基督教被罗马帝国宣布为国教，基督教逐渐在欧洲取得了统治地位。但其地位一直受到来自犹太教的质疑，被基督教奉为经典的《新约》和基督耶稣一直为犹太教所否认，这种否认实际上就是对基督教合法性的一种质疑，这是基督教占统治地位的欧洲社会所不能容忍的。还有就是宗教传说中的犹太人对基督耶稣的迫害，以及一些人别有用心地把犹太人附会为犹大的后裔，这些宗教传说不论其真实与否，在基督教会不厌其烦地鼓吹下，都在一定程度上加深着基督徒对犹太人的偏见，并导致了一种强烈的宗教复仇情绪。正因为如此，那些狂热的十字军战士在东征时就提出了“干掉一个犹太人，以拯救你的灵魂”的口号，基督教会也想尽办法包括使用暴力手段来迫使犹太人改变信仰乃至消灭他们。

在整个欧洲狂热的反犹声浪中，莎士比亚也不能免俗，《威尼斯商人》最终成了反犹太的代表作品，并受到整个犹太社会的抵制！

除了大欧洲的沾沾自喜和宗教偏见外，莎士比亚的人文思想也有着先天的局限和不足。

人文主义的基本思想是提倡以人为中心，研究与人有关的世俗学问，他们颂扬人的权威、人的价值、人的高贵和人的伟大。但作为资产阶级的思想意识，人文主义也存在着明显的时代和阶级局限。它所鼓吹的人权和人性，主要是资产阶级的人权和人性，就是说它的人权和人性是有选择性的。对夏洛克而言，就既没有人权，其人性也得不到尊重，就算是最温文尔雅的安东尼奥，也要当众侮辱他，把口水吐到他袍子上，其他人对夏洛克的欺凌更是不言而喻。人文主义者所主张的自由和平等，归根到底是资产阶级允许的自由平等。在《威尼斯商人》中，尽管人文主义者用荒诞的方式取得了胜利，但这种胜利仍然是建立在威尼斯的法律之上。只不过所谓的自由和平等，成了他们随意搓揉的泥人。还有就是人文主义者并不是无神论者，他们反对天主教会，反对犹太教，但并不否认基督教和上帝，甚至还以基督教为武器，展开对异教徒的口诛笔伐，在这里资产阶级唯我独尊的民主自由，再次得到了充分的验证。即使是文艺复兴时期“新女性”形象鲍西娅，连恩格斯也称赞她们“勇敢反抗封建势力，又永远忠实于自己的个性”。当她穿上男人的服装，把自己的性别隐蔽起来的时候，一向被埋没的妇女才华，便令人炫目地显示出来了。她勇敢、智慧、敢作敢为、新鲜泼辣，这固然具有强大的社会意义，但鲍西娅也在自己的贵族出身和强大金钱的支撑下，肆意地玩弄法律，压制打击孱弱的新兴商人，这些又引起了我们的叹息和疑惧。

整个欧洲陷入了巨大的疯狂中，莎士比亚也不能幸免。

## 四、魔鬼，还是常人

夏洛克究竟是魔鬼，还是常人？要回答这个问题，必须要看人性的有无，有人性的就是常人，没有人性的自然就是魔鬼。

在整个社会的浊流中，夏洛克显然是被侮辱被损害的一小部分人，尽管他们为改变自己的命运进行了不懈的斗争，他们用聪明才智为自己赢得了金钱，却赢不来地位，赢不来尊严和谅解，甚至因自己富有而更加遭到土著居民的嫉恨。他们的人格遭受侮辱，信仰遭到破坏，生意遭受压制，生活遭到排挤，平等自由成了空话，法律也只不过是一纸空文。而这一切只因为他们是异教徒，是犹太人。

毋庸置疑，夏洛克身上确实有很多毛病，比如拜金主义的吝啬和残忍，这自然是我们厌弃的。但是，我们也要看到夏洛克为什么要拜金。如果没有金钱的温暖，没有家园的犹太人靠什么度过漫漫长夜和冰冷的严冬？

伴随着拜金主义而来的是夏洛克的吝啬，但这种吝啬其实也是人之常情啊，而且他的吝啬已经因女儿的卷款私奔而受到了惩罚。那么，这样看来，夏洛克最让人痛恨的就是他的残忍了！

夏洛克残忍吗？夏洛克的确残忍，但是这种残忍也是有条件的，而且这种条件是安东尼奥主动赐予的，否则，作为弱势群体的夏洛克哪里有反戈一击的机会？同时，我们还应该看到夏洛克的复仇代表了受到民族压迫的犹太人的复仇之心，而这种复仇之心显然是正义的。另外，夏洛克的复仇，还带有新兴的金融资产者凭借经济力量要求和商业资产阶级平等的愿望。而这个愿望自然也是合理的。相比较这种肉体的残忍，商业资产阶级对夏洛克的精神侮辱和宗教剥夺更为残忍！

维森索尔在《向日葵》中，描述了自己在纳粹集中营的一段特殊经历。有一天，他被带去见一个垂死的纳粹士兵，那个士兵讲述了自己参与屠杀一群犹太人的故事，然后对他说："我知道我所讲的是骇人听闻的。在长长的夜晚，我不得不躺在这里等待死亡的降临，我越来越渴望把这些事讲给一个犹太人听，并且求他宽恕。不过，我不知道还有没有犹太人活着。"在一阵可怕的沉默之后，作者什么都没有说，离开了那个房间。

波里菲亚特认为：受到迫害的犹太人能不能，或者应不应该宽恕一个垂死的纳粹，这关涉到两种伦理选择的尖锐对立。其一是惩罚犯罪者的冲动和责任，其二是容人改过自新的怜悯和良知。前者出于正义，后者出于仁爱。当它们互相面对时似乎都难成为实际的伦理选择，但是就其自身而言它们确实各自具有充分的理由。

夏洛克无疑就陷入了这样的两难之中，如果决不宽恕自己的敌人，那么，他就成了一个残忍的人，一个歇斯底里的魔鬼！如果他宽恕了自己的敌人，他又在无形中承认了自己遭遇的合理性。

谁的黑夜比白天多，夏洛克究竟是不是魔鬼，或者说是谁把夏洛克变成了魔鬼，不是昭然若揭了吗？

# 委而不讽的道德自省

## ——评杨绛先生的《老王》

今天听了孙老师的课，是杨绛先生的《老王》。孙老师首先从2005年几幅震撼人心的图画导入，演化出对苦难者的同情之心，然后引导学生总结老王的特点：善良、苦难……最后，让学生联系实际：你们会怎样对待老王？这是我第一次读这篇文章，我很感动杨先生的文字，老实说，我沉浸到老王的世界里去了。

### 一、都是善良惹的祸

说老王善良没有错，但仅仅是老王善良吗？老王的善良，文章中随处可见，因此，我们更应该看到善良的背后。老王“送的冰比他前任送的大一倍，冰价相等”，“他从没看透我们是好欺负的主顾，他大概压根儿没想到这点”，还有，老王送默存到医院去，反复问“我”是不是真的有钱，以及后来在将死的时候，竟然提着好香油和大鸡蛋来感激，来告别……这些都是老王的善良，但更要看到，在老王的善良中，时时跳动着杨先生的善良：陪老王说闲话；问老王的家在哪里；不要老王减半收费；担心老王靠一个老主顾，能否维持生活；对老王的死充满了愧怍……这里的每一个细节，都闪烁着杨先生善良的心，甚至杨先生的这种善良和同情，还延伸到她女儿（钱瑗）那里去了，为了老王的夜盲症，女儿给他吃了大瓶的鱼肝油。（那个时候的鱼肝油想来是很贵重的，我记得鲁迅先生曾经说过，我之所以吃鱼肝油保养身体，不是为了自己，而是要活着，让一些人难受。）因此，我们可不可以说，《老王》实际上是讲两个善良人的故事，是讲“组织”外两个善良人相互取暖的故事。“据老王自己讲：北京解放后，蹬三轮的都组织起来；那时候他‘脑袋慢’，‘没绕过来’，‘晚了一步’，就

‘进不去了’。”老王本就瞎了一只眼，在社会经验上又瞎了一只眼。在那样的年代，“组织”是一个特别耐人寻味的词语，它常常是内外、敌我、亲疏的界限，是又红又专和又黑又硬的分水岭。因为没有进入“组织”，老王常常有失群落伍的惶恐。也难怪老王惶恐，在那样的年代，“单干户”就是雷区！老王没能进入组织，而杨先生们则是被“组织”所遗弃。这两者本质上没有任何不同。尽管“他蹬，我坐”，但并不影响他们“组织外”的交流(说闲话)，某种程度上，这两个人都是卖火柴的小女孩，他们都被社会的温暖出卖，然后彼此用微弱的光照亮他人，温暖自己。

善良背后的第二个问题是：为什么善良的人，要惶恐不安，乃至于不能活下去？这就必须要挖掘善良背后的社会意义。记得印度电影《人世间》中的女主人公说：“我最大的过错，就是我什么过错也没有！”那么，我们可不可以说，老王和“我”不幸的命运，恰恰是因为他们太善良了。因为善良，所以遭到了报应。我这样说并非空穴来风，在那个时代，很多文人因为无耻地揭发和检举，从牛鬼蛇神一下子变成了红色干将。而老王也尽可以发挥阿Q式的狡猾，欺负欺负这些牛鬼蛇神，给自己增加一点运“货”的资本，可是他们都没有。或许正因为他们固守着自己善良的本性，所以无以为生，所以走投无路，这只能是那个社会的耻辱！这样看来，作者同情老王，实际上是讽刺那个社会，讥嘲它的黑白颠倒——为善的受贫穷更命短，造恶的享富贵又寿延。老王的悲剧实在不是老王个人的悲剧，甚至也不是善良的悲剧，而是那个时代的悲剧，社会的悲剧！

## 二、谁是真正的不幸者

文中最后的一句话实在是点睛之笔——“那是一个幸运的人对一个不幸者的愧怍”。那么，谁是真正的不幸者？老王无疑是不幸的，没有进入“组织”的惶恐，只有田螺眼的残疾；没有亲人的抚慰，只有疾病和困苦如影相随，尤为重要的是，对于一个穆斯林来说，任何人死后，都要带着洁净的身体去拥抱他所向往的天堂，每个穆斯林一生都在为这一刻做准备，而老王死的时候，居然被扔到了沟里，污秽不堪，生得如此狼狈，死得又是如此屈辱！老王的一生可谓不幸矣！

但我们还应该看到，杨先生还有一个无意识的象征。“他也许是从小营养不良而瞎了一眼，也许是得了恶病，反正同是不幸，而后者该是更深的不幸。”也就是说，老王的不幸就像他的瞎眼一样，是先天的“营养不良”，而杨先生家的不幸，乃是后天的“恶病”形成，是社会的毒瘤所致。相比较而言，人祸大于天灾，先天的不幸，较为平和，而突然断裂的不幸，给人的打击似乎更加难以想象。“‘文化大革命’开始，默存不知怎么的一条腿走不得路了。”杨先生淡淡的一句话中，有着无限的包容和恬淡。如此深爱的两个人，怎么会不知道他的一条腿走不得路了？这只能是杨先生对苦难的隐忍。从女儿吃鱼肝油，跌落到连老王都怀疑她家没有钱治病，以致拿了钱却还总不大放心。按理说，两个“组织”之外的人，经常打交道，常常闲聊，老王对杨先生家应该了如指掌，那么，杨先生家生活拮据由此可见一斑。对于一个有良知的知识分子，生活的困苦应该不是问题，最难忍受的莫过于尊严遭到侵犯，自由受到凌辱，学术遭受冻结！郑板桥曾有愤激之词——难得糊涂。为什么要糊涂？因为越是清醒的人，受到的伤害也越惨烈。东坡说“人生识字糊涂始”，屈原说“举世浑浊唯我独清，众人皆醉唯我独醒”，因为清醒，他们承受了太多的精神风暴和思想分裂！杨先生自嘲，对老王而言，当他拉不动货物的时候，好在还有一个人自愿把自己降格为“货”，我读出了社会的丑陋和杨先生天使般宽容地轻轻照耀。注意降格为“货”上面的标点，因为像默存的这些人，实在连货物也还不配。货物还要小心轻放，而这些老骨头本就应该进行“脱胎换骨”的改造了！“老王欣然在三轮平板的周围装上半寸高的边缘，好像有了这半寸边缘，乘客就围住了不会掉落。”这里的“掉落”这个词用得意味深长，默存成了真正的“货物”了！那个社会就是这样，非得把人变成非人，把最清醒的知识分子，变成最麻木最没有知觉的货物！

由此看来，老王是无知无识的物质痛苦，而杨先生家却是异常清醒的精神炼狱。那么，谁是更深重的不幸者，谁的黑夜比白天多？而杨先生却要把自己界定为一个幸运的人，并且说：“那是一个幸运的人对一个不幸者的愧怍。”这是怎样的一种人生境界？

## 三、真正的愧怍者应该是谁

默存的一条腿不知道怎么不能走路了；老王的眼睛也不知道怎么就瞎

了，后来又不知道得了一种什么病，莫名其妙地死了……文章中有很多没来由的病，那么，到底是谁病了？我觉得真正有病的还是那个社会，是那个社会的无耻和荒谬。它不仅带给人物质上的摧残，还要给人精神上更多的压迫，那是一个没有理性和尊严的时代。很多人不理解“文化大革命”中，为什么过去那么多有骨气的知识分子，讳莫如深，噤若寒蝉，活得如此窝囊和草率。难道生命那么珍贵，面包那么甜美，竟然值得他们用埋葬自由去换取吗？这种提问只能显示他们对那段历史的无知。建国以后，让文化人最感恩戴德的一件事是，政府让所有的文化人都有了工作，有了单位，也就是说，他们都有了自己的“组织”，中国文化人中的自由职业者，从此消失了。对他们而言，失去了组织，也就失去了一切。因此，当“文化大革命”到来的时候，有人问主席，如果这些文人，不愿意改造怎么办，主席说：“那就不给他们吃饭！”“不给吃饭！”这是解决问题的最有效的办法，有骨气的文人可以不吃饭，可是同甘共苦的老婆不能不吃，嗷嗷待哺的孩子不能不吃，年迈的双亲父母不能不吃！所以，有人猜测，就是鲁迅活到了建国后，也有可能闭嘴！因为先生实在还是一个孝子，也还是一个慈爱的父亲啊！

文章中还说：“我们从干校回来，载客三轮都取缔了。老王只好把他那辆三轮改成运货的平板三轮。他并没有力气运送什么货物。”政府取缔载客三轮，估计是要保护工人的尊严，骆驼祥子的那个时代早已经过去了！咱们工人们扬眉了，吐气了，当家做主了，咱们再也不要伺候那些贵族小姐了。工人们不再运人，只运货！总之，我不知道运送人和运送货物有什么区别，我只知道，老王没有气力运送货物，他感到了现实生活的威胁。因为生存才是硬道理，对挣扎在死亡线上的贫民而言，物质才是最重要的，所谓三轮车的“革命”，只增加了老王的痛苦，确切地说是“革”了老王自己的“命”，假如没有“一位老先生愿把自己降格为‘货’”的话。而对这些知识分子来说，任何物质的匮乏，都抵不上精神的残缺，然而，社会恰恰剥夺了他们的精神舒展和思想的自由。给物质匮乏的人以精神的高贵，给精神丰富的人以尊严的剥夺，这就是那个恶的社会，这就是那个社会的变态！

我突然想起“二战”中的一个事例：“人们一个接一个地被纳粹士兵残

酷地推下深坑，当一个纳粹士兵伸手要将小女孩推进深坑中去的时候，小女孩睁大漂亮的眼睛对纳粹士兵说：‘叔叔，请你把我埋得浅一点好吗？要不，等我妈妈来找我的时候，就找不到我了。’纳粹士兵伸出的手僵在了那里，所有的被活埋者都发出了怒吼……”当然，人们最后谁也没能逃出魔掌。但小女孩纯真的话语却刺痛了人们的心，让人们在死亡之前找回了人性的尊严和力量。暴力真的能摧毁一切吗？不，在天真的善良和质朴的人性面前，暴力让暴力者看到的只是统治者的丑恶和渺小。

那么，我在这篇文章中看到的是什么？我更多看到的是杨先生的纯真，当然这种纯真是洞达人性的纯真，是经历了苦难之后真正的从容。所以，她才能如此看待自己的磨难，如此地肯定磨难中的那些微薄的温暖和呼吸！越是在苦难中，越是在人性稀缺中，越要看到人性的美好和珍贵！这正是中国知识分子最可贵的本色。

## 四、黑夜给了她黑色的眼睛

“文化大革命”中，杨先生一家经历了无数的磨难，吃了太多的苦。杨绛在批斗中还被剃成了“阴阳头”，想一想，一个留洋的女知识分子被强行剃了阴阳头，这是多么大的伤害！耻辱啮咬着杨先生的心，她整夜不睡，做了一顶假发，不顾酷暑，热汗淋漓地戴上。“文革”期间，杨先生主要任务就是清扫厕所，严谨的她连水箱的拉链都要仔细擦干净。这个女厕也就成了她的“避难所”。红卫兵一来，她就躲入女厕。国际友人惊呼，让沈从文和杨绛去清扫厕所，简直就是暴殄天物！

在极端的苦难中，杨先生和钟书却玩起了福尔摩斯。他们两个在背后一起侦探，猜测并证实诬陷者是某某人，并以此度过清冷和孤寂的岁月！很多经历“文革”磨难的人，一旦从沧桑中走出来，他们立马控诉、标榜、愤怒……而杨先生却把这一切当作蛛丝一样轻轻抹去，黑夜给了她黑色的眼睛，她却用这双眼睛寻找光明、温暖的人性。

老王临死之前，给杨先生送来了香油和鸡蛋。这个情节，把两个受难者的互相取暖推到了极致。一个将死的人还有什么诉求呢？老王显然是在感恩，感恩杨先生长时间对他的信任和扶助。香油一直是我们这个民族馈赠亲友的佳品，好香油是好磨坊用心磨出来的，送香油是老百姓的一种淳朴习俗，也是对最尊贵人的一种答谢；当然，还有把鸡屁股当银行的农家出产的一枚一枚的大鸡蛋，那显然是经过挑选然后积攒起来的。杨先生一定是被感动了，她说的是“好”香油、“大”鸡蛋。在“美腿”和“丑腿”中，杨先生省略了社会的“丑腿”，而在老王的“美腿”上，杨先生看到的是人性的高贵、善良、淳朴和本色。这时候，杨先生完全忘记了自己的付出，只感到惭愧和惶恐。“眼因流多泪水而愈显清明，心因饱经忧患而愈显醇厚。”这种知识分子的德行，让我感受到人类可以为别人付出的极限，也许在她看来，所有的一切都是那样平常，那样从容，那样天经地义。但就是这些从容不迫的付出，更让我感受到人类精神力量的伟大。因为再高贵的知识分子也是人，也有酸甜苦辣，生活同样让他们充满了屈辱和磨难，但他们的高贵之处就在于，因了别人的苦难，他们忘记了自己的辛酸！

在钟书的《隐身衣》中，杨先生曾问钱钟书：“给你一件仙家法宝，你要什么？”结果两人都要隐身衣，让大家都视而不见，见而不睹。这既是他们对恶浊社会的拒绝，也是他们对自由宁静生活的向往。可是到哪里去找这样的隐身衣呢？所以，唯有面对苦难，坚定一个善良的信念。人性就像种子，等待着在春天里盛开。杨先生在《丙午丁未纪事》说：“常言‘彩云易散’，乌云又何尝能永远占领天空？”这句话，常让我想起一个“二战”记者的话：德国这个民族一定是有希望的民族！在战乱之后，在衣食还没有保证的情况下，记者看到普通民众的瓶子里，还插着鲜艳的花！是的，只要心中的希望不灭，人性的光辉永存，就会战胜所有的苦难！就会获得心灵的救赎！就会赢得人性的尊严和高贵！

不久前，记者赵亮有幸采访了九十高龄的杨先生，他们有这样一段对话：

关于生死，杨先生说：死后寂寞，没人记得，我不怕，我求之不得。死了就安静了。

关于财产，杨先生说：准备捐给公益事业，但不会以钱先生或者我的名义命名，捐了就捐了，还留名干什么？

关于女人，杨先生说：女人活在世上要比男人吃亏一点，吃亏就吃亏吧！我是吃亏主义者。

关于文化，杨先生说：中国的语言是我们喝奶时喝下去的，我们怎么也不肯放弃的。

杨先生为什么能够省略苦难？读了上面的这段对话，我沉默了很久。记得狄更斯在《双城记》中说：“这是好得不能再好的时代，这是坏得不能再坏的时代；这是闪耀着智慧的岁月，这是充满着愚蠢的岁月；这是富于信仰的时期，这是怀疑一切的时期；这是光明的季节，这是黑暗的季节；这是充满希望的春天，这是令人绝望的冬日；我们面前无所不能，我们面前一无所有；我们大家都在上天堂，我们大家都在下地狱。”而杨先生无疑用自己的德行智慧选择了前者。在漫长的黑暗和等待中，先生用灵魂的正义，良知的激情，理性的崇高，超越自我苦难的意志，升华为对他人苦难的郑重关切。更重要的是先生在这种常态的选择中，还深深为自己愧怍，而这，更显示出杨先生淡泊中的伟大。

我不想变成上帝
或者居住在永恒中
或者把天地抱在怀抱里
属于人的那种光荣对我就够了
这是我所乞求的一切
我自己是凡人
我只要求凡人的幸福

第三辑

# 课堂亮剑

# 深度语文：重拾母语教育的尊严

按照常理，语文学科应该是学生最有兴趣、最拿手的优势学科，然而，12年语文学下来，看不懂文章，不会写作的学生比比皆是。

吕叔湘先生所说的“语文教学的少慢差费”，迄今非但没有改变，反而沉疴渐重，病入膏肓。语文教学已经到了最危险的时候！

所以然者何？

作为基础教育最大的学科，语文性质至今尚未取得广泛共识。“工具论”者只注重双基夯实和应用能力培养，其结果是语文越来越窄化；“人文论”者轻视文本价值，拚命倡导人文精神的熏陶，其结果是语文越来越泛化。

新的《语文课程标准》试图糅合说：“工具性与人文性的统一，是语文课程的基本特点。”

但问题是，工具性和人文性能否实现主观的、外在的、简单的统一？如果能统一，它们内在的必然联系是什么？统一之后走向何方？如果不能统一，工具性和人文性究竟是何种关系？我们应该如何梳理这种关系指引自己的教学？

其实，工具性与人文性之争基本是伪命题，但要命的是，这种论争掩盖了语文教学要解决的真正问题，比如语文知识的问题。即使工具论者，也没有理清哪些是真知识，哪些是伪知识，哪些是核心知识，哪些是边缘知识，这些知识来源于何处，其合法性依据是什么，凭什么要传授这个知识，不传授那个知识，如何传授等等。人文论者则片面强调语文教育的人文属性，但对人文属性与语文教育的关系又缺乏有效梳理，五花八门的人文主张，因为缺少学理依据，穿凿附会，贻笑大方。

在这样的背景之下，当前很多老师的语文教学要么执此一端，死不悔改；要么随波逐流，莫衷一是。肤浅、单调、煽情、浅层次滑行……不教，学生还有一点兴趣；教了，反而味同嚼蜡。语文学习无趣、无味、无效已经到了人神共愤的地步。学生语文学习兴趣不断削弱，语文的学科地位不断下降，连于漪老师也忧愤地说，语文已经沦落为小三子、小四子、小五子了。

正是在这样的情境之下，我们发起了民间“深度语文”研究活动，希图重拾母语教育的尊严。

## 一、何为深度语文

深度语文的“深度”，不是简单地追求深奥和深刻，而是立足于学生认知水平，紧扣文本，在教学中不断遮蔽、去蔽、再遮蔽、再去弊，对学生进行思维训练和智力挑战，使文本的存在意义不断涌现，让学生时时刻刻都有发现和创造的快乐，不断获得学习的高峰体验，努力追求学生可能达到的最大认知高度，以此破除肤浅和平庸学习带来的倦怠感。

“深度语文”强调理解存在、语言与教育三者之间的关系；强调将语文视为存在的方式与本质，将存在视为语言性生存，将语言视为存在的唯一实体；强调诗与思在语文中的重要地位，追求诗与思结合，或者“经由思抵达诗”。

## 二、深度语文的全课程体系构建

（一）以“发展必备品格和关键能力”为本的教育观。

深度语文从“人才培养”转向“人的教育”，其终极目的在于“人”：解放人，充实人，提升人，使学生在接受教育的过程中，逐步形成适应个人终身发展和社会发展需要的必备品格与关键能力，成为具有“文化的修养、社会的担当、灵魂的自由和思想的独立”的一代新人。为此，必须要重建教育观。

重新发现“学生”。“学”有两层意思：一是自觉，二是仿效。“生”是“学”的内容。“学”“生”者，小而言之是“学”“生活”之解决、“生存”之保障、“生命”之延续，大而言之是“学”人民“生”活、社会“生”存、国民“生”计、民族“生”命。

重新定义“老师”。深度语文认为，老师应该做四种人，首先是铺路人，其次是引路人，再次是同路人，最后是陌路人。教学的过程是老师主体性不断弱化的过程，最终达到“不教”，使学生自会读书，自会做人。

重新认识“课堂”。课堂的中心，是一个问题的提出、理解及解决的过程；是解决问题的工具知识被探索、被发现的过程。如果没有将“问题—知识—真理”作为课堂教学的核心，没有师生完整而真实的相遇，没有真理重新发现的璀璨和炫目，教学就不可能真正发生。

深度语文认为，好的课堂必须建立在三个论断之上。

错误价值论。错误的价值无可比拟，应该鼓励学生大胆犯错，其目的是让学生摆脱怕错心理，积极主动地参与教学，因为错误能给学生教训，能让学生警醒，还能推动学生实实在在的进步。

学生视角论。真正好的课堂，不是来源于教师视角，而是来源于学生视角。一切从学生的需求出发，以学定教，课堂就会有声有色，就会事半功倍，就会有出人意料的精彩。

体验至上论。美国缅因州国家培训实验室，对学生在各种指导方法下学习24小时后，对材料平均保持率的研究结果表明：讲授5%，阅读10%，视听结合15%，示范30%，讨论50%，实践学习75%，向其他人讲授或者是所学内容立即运用95%。

该实验得出的结论雄辩证明：学生实际运用或者体验老师的教学过程，乃是最高效的学习。没有体验就没有高效的学习。

（二）以“思维训练、智力挑战”为导引的目标观。

把存在主义哲学引进语文课堂，强调经由“思”抵达“诗”，在教学中不断遮蔽、去蔽、再遮蔽，从而使文本存在意义不断涌现。

1. 深入的文本解读。深度语文文本解读有四个层次。第一层是知人论世，通过现实环境和作者意愿来解读；第二层是“作者死了”的纯作品解读法；第三层是原型结构解读法；第四层就是通过读者反映理论来解读。

2. 深层的教学设计。教学设计是一种结构重建，是教师教学智慧的集中体现，应由浅入深、由低向高、由单一而多元。深度语文注重文本和“我”的互相驯养，强调“从生活中来，向生命里去”。

3. 深厚的语言习得。深度语文将语言视为存在的唯一实体，通过替换、删减、变形等多种方式，引导学生涵泳语言文字之美，风物人情之盛，思想和精神之阔大。

4. 深切的情感体验。通过语言唯一存在的载体，入境入情入心，努力把“我”代入，“在清水里泡三次，在血水里浴三次，在碱水里煮三次”，深切体验文本背后的情感激荡。

5. 深刻的思维训练。没有智力挑战，没有思维训练的语文，就会逐渐走向肤浅和平庸，就会味同嚼蜡。深刻的思维训练，是保持语文新鲜度和挑战性的不二法门。

6. 深远的人文关怀。语文不仅是一种符号系统，更是民族精神、智慧文化的结晶。语文教育应该在物质产品和精神产品的生产上，培养起学生浩渺宽广的精神视界，远大辉煌的文化理想，和对人类命运的终极关怀。

经由思，抵达诗的境地，一切都会豁然开朗，存在的意义就会不断涌现。

（三）以“三有六让”为标志的学生观。

建立“三有六让”式的课堂教学方式，确保课堂焕发生命的活力。“三有”即“有趣，有情，有理”，“六让”即“目标让学生清楚，疑问让学生讨论，过程让学生经历，结论让学生得出，方法让学生总结，练习让学生自选。”

所谓“有趣”，就是要教给学生有意思、有意义的东西，确保知识的鲜活有趣。

所谓“有情”，教育是艺术，是艺术就有情感，就有审美感受力，“有情”就是要发扬文学感受力，与作品情感共振。

所谓“有理”，教育是科学，是科学就有理性，就有逻辑推导力，“有理”就是要提高逻辑推导力。

好的语文课堂，是“情”“理”交融的课堂，既有文学的阐发，又有科学的概括；既有艺术的具象，又有科学的抽象；既有文学的“结晶”，又有科学的“结论”。

目标让学生清楚。目标要明确、具体、集中。明确，才能起到定向的作用；具体，才好落实；集中，才便于组织教学。目标之间还要紧密联系，这种联系，不仅是知识上的联系，还应该是逻辑上的关联，认识上的深入。

疑问让学生讨论。问题是前进的号角，提出问题比解决问题更重要。唯有发动学生提出问题，讨论问题，才能取得教学上的胜利。

过程让学生经历。强调学习的过程，并不在于让学生得出什么结论，而是要让学生立足于长期的、大量的、平凡的、琐碎的探究过程，养成严谨的态度、批评的意识和独立的精神，以及相应的合作能力和实践习惯。

结论让学生得出。不能让学生做结论的见证人，而要让学生做结论的证明人。教师只以平等的学长身份，参与学生的发展，决不越俎代庖。

方法让学生总结。教师总结的方法再好，还是老师的方法。学生总结的方法再笨，也是学生的方法，哪怕是失败教训的总结，对学生都有百利而无一害。

练习让学生自选。练习分层，让学生各取所需。这里的练习不是知识的重复，而是课堂的延伸，是在巩固所学的基础上，提出新问题，进一步把触角深入未知领域里去，让学生拾级而上，享受生命成长的快乐。

（四）以“视点—质点—远点”为教学逻辑的过程观。

以深度语文的“认识、怀疑、批判、吸收”的文本认识观为依托，我创造了“视点—质点—远点”的课堂架构，以破解当前语文教学的肤浅和庸常的弊端。

1. 视点是庖丁解牛的切入点。视点牵一发动全身，常在文章关节处、动情处、升华处，或者是矛盾纠结处，抓住这一点突破，常常能切中肯綮，事半功倍。好的视点给人的感受是：“初极狭，才通人，复行数十步，豁然开朗。”

执教《合欢树》，我寻找到视点：以合欢树为连接点，抓住不同的对象和合欢树的关联，层层深入，探究文本深刻内涵。

（1）母亲与合欢树有什么样的关系？在母亲的眼里，合欢树代表着什么？

（2）母亲去世后，“我”和合欢树有着什么样的关系？在“我”的眼里，合欢树代表着什么？

（3）那个孩子和合欢树又有怎样的关系？在孩子身上，合欢树代表着什么？

（4）我们的合欢树？读完文章之后，合欢树对我们的生命有着怎样的意义？

2. 质点是教学要抵达的最高峰。质点有本质之意，是教师通过视点切入所要抵达文本价值的核心高地。

每篇课文都存在很多教学价值点，对全部价值点予以关注和教学，不仅不可能，也没有必要，所以要抓“语文核心价值”。文本不同，核心价值不同。同一文本，学生不同，核心价值的选择也可能不同。

譬如《老王》的“质点”，我把它定为：很多年之后，杨绛为何要写老王，其真正的意图何在？

师生合作研读最后一句：“那是一个幸运者对不幸者的愧怍。”

为什么说“我”是一个幸运者？

没有幸运者和不幸者，只有不幸者和更不幸者。老王死了，“我们”却活了下来，“我”的不幸已经是幸运。更重要的是，在“文革”这样的灾难面前，作为一名知识分子，个人的不幸实在称不上不幸。

为什么“我”要愧怍？

因为“我”对老王只有物质上的平等交易，没有感情上的对等投入。“我”只想到自己的经历和伤痛，却无视老王这些更孤苦者。通过反思，“我”深切感受到知识分子身上的清高与冷漠以及悲悯与忏悔的稀缺。

钱钟书先生在给杨绛的《干校六记》序言中写道，杨绛还缺少一个“运动记愧”。“文革”后，很多当年受难的知识分子摇身一变，批斗身边的“文革”得势者，整个民族尤其是知识分子，根本没有自省和忏悔精神。

杨绛在这不久后就写了《老王》，希望将一己的生活经验推广为一切人的生存体验。任何一个时代都有幸运者和不幸者。作为相对的幸运者，如果“我”能够无视不幸的老王，漠视他的情感和感受，那么，“我们”有什么理由责怪“文革”中更加幸运的人对“我们”所施加的伤害呢？

由此可见，《老王》只是杨绛的隐身衣，借助自己的忏悔和愧怍批评“文革”中的忏悔健忘者，这才是杨绛真实的意图。文章研讨至此，师生抵达“质点”，在惊人的结论中获得了高峰体验。

3. 远点是文本的灵魂深处。“质点”之后怎么样？这是一个很现实的问题，很多优秀老师在这里遗憾地停住了脚步，很多优质课到这里戛然而止。其实，我们还可以往前再走一步，看一看“质点”背后的“远点”。

远点的第一个要义是要深入作者的灵魂深处，辨别个体的意识和无意识。在执教《金岳霖先生》时，我以“直笔、闲笔、曲笔”结构全文。通过“直笔”把握金先生的“童趣、风趣、雅趣、士趣”。而闲笔不闲，“比如联大的许多教授都应该有人好好地写一写”既与前文“西南联大有许多很有趣的教授”相呼应，又巧妙点出金先生只是西南联大人文群像中的一个，进而探究西南联大的教授精神，深入挖掘汪曾祺的言外之意；曲笔则更深地透露了作者的意识或者潜意识。

远点的第二层要义是深入文化深处，挖掘作品的民族心理。民族不同，概同人面。阅读教学如果能够从文本延伸到民族文化心理，并形成两种民族文化心理的比较，对学生深刻认识人物、提高鉴赏水平肯定大有助益。

执教《一个人的遭遇》时，我分三步拾阶而上，深入民族文化心理。

第一步，战争对所有的普通人都构成伤害。第二步，战争构成的心灵伤害，永远无法愈合。第三步，纵然自己的伤痕无法愈合，依然要给战争中的孩子筑起人道主义的大厦。

三步之后，课堂学习达到了质点，师生总结出索科洛夫绝望中有希望、眼泪中有坚强、谎言中有大爱、苦难中有人道主义光辉。

但我继续深入，探究文本的远点。一个人的遭遇，也是一个群体的遭遇，一个民族的遭遇；一个人的性格，也是一个群体的性格，一个民族的性格。我们不妨研究俄罗斯这个民族的性格对索科洛夫的影响。

正如陀思妥耶夫斯基说：“我唯一害怕的是我配不上我所承受的苦难。”俄罗斯这个民族总能从苦难中汲取力量，这就是索科洛夫性格的渊源所在。

“二战”中，我们死去了3000多万热血同胞，但我们很少诞生伟大作品，也很少塑造出索科洛夫这样的典型形象。我们的民族往往不敢直面苦难，善于健忘，把屠夫的凶残化为一笑。抗日神剧的流行就是如此。好在我们终于迎来国家公祭，这是一个伟大民族对苦难最好的铭记，也是深刻反思的开始。

远点的第三个要义深入母题深处，建构微型课程体系。我们结合单元母题，补充互文性的文本，深入解读作品的母题，构建微型化的课程体系。比如苏教版第一册的《家园板块》。

《想北平》表达一个老北京对故乡的深切情感。《我心归去》是作者在国外考察期间对故乡的一种强烈感受。《乡土情结》把目光转向定居他乡的海外游子，乡土情结上升到故国情结。《前方》转向哲学思考，人本质上都在路上，前方是什么，怀着这种期望和绝望，人负重前行。《今生今世的证据》则从存在主义哲学的层面来思考：我们寻找今生今世的证据，我们来过这个世界吗？谁能够给出证明？我们住过村庄，但村庄会改变，物会改变，记忆会模糊，会消失，人也会消失，连存在本身也会消失。这种寻找充满了绝望，我们双脚必将踏踏实实走上虚无之途。但当刘亮程窥见了美与痛，并把它书写出来，就成就了永恒。刘亮程的《今生今世的证据》注定比刘亮程活得更加长久。也就是说，当我们“经由思抵达诗”的时候，我们就获得了存在的证明。

远点的第四层含义则是深入东西方文化，辨认作品的原型结构。世界不是由物构成的，而是由物与物之间的关系构成的。结构主义总是从作品的关系中寻求意义。很多类似的主题，都有一种相似的原型结构，探究结构的原型，也就成了远点的题中之旨。

比如古希腊神话中，很多英雄不满足现状，他们离开家，寻找美女海伦、寻找金羊毛、寻找圣杯等等，总之，有一个任务促使他们离开家，又总要经历种种磨难、艰险、伤痛，终于成熟起来，然后回家。我们从中可以归纳出一个原型结构，就是“离家—经历苦难—深刻领悟人生—回家”。

中国作品也是如此，《西游记》中的孙悟空，离开花果山，西天取经，经历九九八十一难，终于修成正果，又回到花果山。《红楼梦》中的贾宝玉，离开青埂峰，到大观园花花世界，经历了悲欢离合，生离死别，终于又回到大荒山下，青埂峰旁。

（五）以“审美—审智—审心”为阶梯的教育境界观。

课堂首先是审美的；其次是让孩子变得智慧；最后还要深入精神的层面，让孩子灵魂充盈。审美—审智—审心，分别对应着感性—理性—灵魂。这是语文教学“术—法—道”相结合的三个境界。

艺术情感无非三个层面，情感的表层是感觉、感知，情感的深处是智性和理性。审智比审美更富于才智的挑战性，也更具有超越和颠覆现成话语的可能性。

注重审美到审智的过程观，就是要以对话、实践和创新为抓手，强调学生的思维暴露，展示学生学习过程，引导学生由审美向审智转化，让学生的心灵舒展，把课堂变成审美的灵性的智性的，从而激发出学生的创造力。

譬如“红杏枝头春意闹”，一个“闹”字，化视觉为听觉，让人联想到蜂围蝶绕，春意盎然的美好场景，这就是审美。但审美有时候解决不了问题，比如为什么“闹”字用在这里好？能否有更好的词替代？如果“闹”字能用，“吵”字“打”字也都能用吗？审美解释不了的时候，就必须要审智。

从心理原因来看，“吵”和“打”带有厌烦和贬义的色彩，不符合春意盎然的喜庆。从联想的逻辑来看，“吵”和“打”和红杏风马牛不相及，“闹”字则不然。红杏—红火—火热—热闹，几步联想，一气呵成。由此可见，“闹”既符合词语的陌生化，又契合联想的心理，绝对是“中国好修辞”。

从审美到审智，从感性到理性，如果仅仅这样理解深度语文的教学，仍然是危险的。也就是说，审智不是我们追求的最终结果。

傅雷在《给傅聪的信》中有这样一段话，意味深长：“关于莫扎特的话，例如说他天真、可爱、清新等等，似乎很多人都懂得，但弹起来还是没有那种天真、可爱、清新味儿。这道理，我觉得是‘理性认识’与‘感情深入’的分别。感性认识固然是初步印象，是大概认识；理性认识是深入一步，了解到本质。但艺术的领会，还不能以此为限。必须再深入进去，把理性所认识的，用心灵去体会，才能使原作者每一根神经的震颤都在你的神经上引起反响。否则即使道理说了一大堆，仍然隔了一层。一般的艺术家偏于理智冷静，就因为他们停留在理性认识的阶段上。”

从审美到审智再到审心，从语文教学的层面来看，我们可以把它分为三个阶段：感性—理性—诗性。一切体验必须要用心灵去体会，才能真正地融入血脉，这时候，知识不再是外在于我们的知识，而内化为我们丰富生命的一部分，我们就将成为真正精神明亮的人。

譬如教学《活了100万次的猫》，整堂课我设计了三个问题。“猫为什么不再起死回生？”“这是一个有关什么的故事？”“这个故事与我何干？”三个问题梯度鲜明，尤其最后一个问题的探究，让所有人感同身受，猫的故事就是我们的故事。所有的故事都曾经发生过，所有的故事都是同一个故事，所有的故事都是我的故事。

（六）以“问题绵延”为抓手走向未来的课堂模式观。

没有问题就没有教学，以问题绵延为抓手，可以构建走向未来的课堂教学模式：话题—探险—对话—冲突—建构—绵延。

1. 话题。主题朝话题延伸。由于过去的知识单元，逐渐让位于主题单元，主题单元的包容性和广阔性，给我们提供了一个开放的话题领域。教师可以通过组合、删减、变形、改写等方式，来实现话题的最大拓展。

“只读”向“可写”转化。“只读”又叫“作者文本”，“可写”则为“读者文本”。新课程把“作者文本”演化成“读者文本”，读者的地位大为提高，可理所当然地在作品中“写入”自己的看法和见解。

2. 探险。阅读是作家和读者的一种对抗。对作家而言，写作是一场冒险，尽量要出乎读者意料之外；对读者而言，阅读是一次探险，就是要把作家带给我们的意料之外转变为情理之中。

3. 对话。课堂上的对话具有很多的特殊性。作者、文本、编者、教师、学生，众声喧哗。这种对话，是一种多边的、多重的、互动的和立体的对话，是思想碰撞和心灵交流的动态过程。

4. 冲突。文学作品充满着冲突，这种冲突给文章带来了巨大张力。教学应由冲突引起，围绕冲突展开。教学的过程是冲突的形成、展开和解决的过程。没有冲突，就没有教学。教师要精心创设冲突情境，让学生不断产生问题，问题就是冲突。

5. 建构。新知识、新观念的到来，必然使原有的知识结构失去平衡，而失衡自然是反常的、不稳定的，它必然要在一个新的过程中，通过激烈斗争达成一种新的平衡。这个过程就是和谐的建构过程。

6. 绵延。绵延是我取自柏格森的一个概念。在柏格森看来，生命是由时间绵延而成的，世间万物都在时间的绵延中变化创新。人作为最高知性的生命体，正是在课堂中，在这种绵延的变化创新中实现自我价值。

时间的绵延就意味着发明，意味着新形式的创造，意味着一切新鲜事物连续不断的产生。从这个层面来看，课堂结束只是空间授课的结束，而在时间的绵延中，下课只是一个新的开始，是过去之物连续不断的前进过程，它与未来连接，并且在前进的过程中不断壮大。

好的课堂下课，绝不是竖起一座精致的墓碑，而是种下一棵树。让问题伴随着每个学生，用时间来浇灌，相信这棵树未来会郁郁葱葱，枝繁叶茂。

以上，我总结了深度语文的教学主张。正如郑板桥所说："非不欲全，实不能全，也不必全也。"

好在理论是灰色的，探索之树长青。

# 为学生的终身发展奠基

理想的教育，需要理想的教育思想，理想的教育思想，能为学生的终身发展奠基。理想的教育思想至少包括以下几个方面。

## 一、以学生全面发展为本的教育观

为什么要以学生全面发展为本？

从素质教育的角度来说。

柳斌曾经以"三全"来概括素质教育："抓全体，全面抓，抓全面。"对学生个体而言，最重要的当然就是"抓全面"，其实质就是以学生全面发展为本。朱永新老师更是举重若轻。他说："什么是素质教育？好的教育就是素质教育，还教育本来面目的教育就是素质教育。"那么，什么是好的教育？教育的本来面目是什么？教育的对象是学生，教育的目标是引导学生发展，而且是全面地和谐地可持续发展。如此看来，教育是在"以生为本"的基础上，大力弘扬以学生全面发展为本的教育观。

从未来教育趋势来看。

当前的教育界有两大国际性的思潮，一个是终身教育，一个是学习型社会。终身教育是从人类个体纵向的时间拓展角度出发来加以建构，而学习型社会则是以人类整体的横向空间延展为标准的一种目标和理想。富尔在《学会生存——教育世界的今天和明天》中指出：“每一个人必须终生连续不断地学习。终生教育是学习化社会的基石。”

正是在这个基础和前提上，理想的教育观应该是：培养学生学会做人，学会做事，培养学生的创新精神、实践能力、合作意识，以学生的全面发展为本，以期为学生终身发展打好基础，使他们在将来学习化社会中蹚出一条血路。

从学生自身需要来说。

以学生全面发展为本的教育观，是“以学生为本”的教育观。肖川说：“建基于价值引导和自主构建相统一的教育，从学生的成长过程来说，是精神的唤醒、潜能的显发、内心的敞亮、主体性的弘扬与独特性的张显；而从师生共同活动的角度来说，则是经验的共享、视界的融合和灵魂的感召。”

可以说，没有大视野，就没有大格局。任何头痛医头脚痛医脚短视的教育，都不可能培养出目光远大视野开阔的真正的人。

## 二、过一种幸福完整的教育生活的目标观

教育本来就是一种成长，一种情怀，它理应是快乐的、幸福的，魅惑的、多姿多彩的，它打开的应该是一个全新的世界，一个露珠一样新鲜清澈的世界，它能把人吸引到更高的层次和境界上去。然而，现实的教育却让很多孩子望而却步、生不如死。贵州某希望小学，开学不到一个月，免费读书的孩子跑了个精光，他们宁愿到山上放牛，也不愿意读书，因为读书一点也不好玩。南京有一个五年级的孩子，竟然希望自己是聋子瞎子，因为那样就不用上学了。还有一个四年级的孩子，新年最大的愿望，就是像爷爷一样，早早退休，不用再上学了。应试教育之祸之烈至此哉！

因此，朱永新先生强调：过一种幸福完整的教育生活，不仅有对教育终极意义的目标追求，更有矫正当前畸形教育的价值期待。这种理念，其实质是一种多元、平等的理性背景下的追求教育终极意义的目标观。

过一种幸福的教育生活，是让每个学生都享受到自由阳光的轻轻照耀。在精英教育向大众教育转变的过程中，面向每个学生，使每个学生各取所需，各尽所能，各得其宜，都得到应有的发展；通过保证每个学生的幸福，保证每个学生给自己赋予生活意义的自由，来保证民族和社会的整体利益，

这应该是教育的理想追求。

无限相信学生的潜能，尊重学生的个体差异，倡导学生自主发展。重视学习者本身的活动，引导他们主动参与，积极发现问题、探究问题和解决问题，充分表现学习者的选择性、主动性、创造性和想象力。这样的教育，应该会让幸福触手可及。

“完整的”，是对原有教育缺失的补救和矫正。传统的教育思想已经黯然失色，教育的主导思想竟然由“全面发展的人”，向着“专业化的实用人才”全力倾斜。当整个全球都“一体化”的时候，每一个个体存在的人，反而被要求更“专门化”了，这简直是滑天下之大稽！须知旧教育所培养的单一知识和能力结构的学生，越来越不适应社会的发展。智力和非智力因素全面发展，智商和情商两翼推进，认知情感和和谐人格统一的必然诉求，还有更加清醒自觉的道德观、伦理观和价值观的培养，这些不仅是未来人才的必要，也是个人成长的需求。

以语文为例，那就要由原来的“知识和技能”的平面目标，发展到“知识和技能，过程和方法，情感、态度、价值观”三维目标为旨归。

第一维目标：知识与能力目标。主要包括人类生存所不可或缺的核心知识和学科基本知识；基本能力——获取、收集、处理、运用信息的能力、创新精神和实践能力、终身学习的愿望和能力。

第二维目标：过程与方法目标。主要包括人类生存所不可或缺的过程与方法。过程——指应答性学习环境和交往、体验。方法——包括基本的学习方式（自主学习、合作学习、探究学习）和具体的学习方式（发现式学习、小组式学习、交往式学习……）。

第三维目标：情感、态度与价值观目标。情感不仅指学习兴趣、学习责任，更重要的是乐观的生活态度、求实的科学态度、宽容的人生态度。价值观不仅强调个人的价值，更强调个人价值和社会价值的统一；不仅强调科学的价值，更强调科学的价值和人文价值的统一；不仅强调人类价值，更强调人类价值和自然价值的统一，从而使学生内心确立起对真善美的价值追求以及人与自然和谐和可持续发展的理念。

三维的课程目标应是一个整体，知识与技能、过程与方法、情感态度与价值观三个方面互相联系，融为一体。在教学中，既没有离开情感态度与价值观、过程与方法的知识与技能的学习，也没有离开知识与技能的情感态度与价值观、过程与方法的学习。

教育生活，隐含着的寓意是“教育即生活，而且是一种最重要的生活”。另一层含义是“生活也是教育，一种很现实的广义的教育”。古人说，读万卷书，行万里路。曹雪芹说：“世事洞明皆学问，人情练达即文章。”都是“生活就是教育”的直白表达。李镇西老师有“语文生活化，生活语文化”，说的都是这个道理。但是，新教育强调教育生活，并没有把教育低俗化、侏儒化、平庸化，而是把教育当成一种常态，一种生活的常态。新教育一直强调要引导师生从优秀到卓越，那么，如何追求卓越呢？我以为，那就是始终不放弃创新精神和实践能力的涵养，并把创新和实践生活化，变成一种习惯，一种常态，让它们融入学生的生命里去。

把创新精神融入学生的生命里去，那么，何谓创新精神呢？广义地来看，创新精神其实是一种游走型的智慧生存方式，是不断探求人类求知境界的探险精神，它本能地摒弃认同于任何一个所谓的正确答案，摒弃停泊在任何一个人为的港口，摒弃尊奉任何一个传统的规则。只有创新精神的人，才能异想天开，石破天惊，提出新观点，变革新方法。但创新一定不能排斥知识教育，不能拒绝小事。海尔总裁张瑞敏说：“什么叫不简单？把小事做好，就是不简单。”

空袋不能直立，无知必然无识，贫乏必然平庸。

## 三、让课堂焕发出生命活力的教学观

如何让课堂焕发出生命的活力呢？

关键在于老师，老师是让课堂焕发活力的第一生产力。鉴于此，教育应把自己的逻辑起点放在教师身上，学生其次，通过改变教师的行走方式，来带动学生行走。实践证明，任何教育如果没有改变老师的行走，没有触动老师的心灵，就一定不会取得成功。只有转换目标培养和评价机制，改变老师的行走态势，彻底改变教学方法，课堂才能真正焕发活力。

1. 注重素质。教学中强调学生的思维训练，引导学生进行智力挑战，让学生变得更聪明。要知道当下的血汗教育，其实质是启愚教育，学生只会越来越笨。

曾经有一名数学特级教师对低、中、高三个年级段随机抽取的各二十个学生进行测试。题目是这样的：一条船上载了25只羊，19头牛，还有一位船长，要求根据已知条件求出船长的年龄是多少。结果让人大吃一惊，绝大多数学生居然算出了具体“结果”，只有少数学生对试题的合理性提出疑问。而且质疑者低年级居多，中年级次之，高年级最少。随着学生年级的提升，受教育时间的增加，知识量的扩大，学生的好奇心、想象力、创造力反而在逐渐萎缩，问题意识、批判意识在淡漠，而对教师、书本的依赖、盲从、迷信的程度则越来越严重。这不能不引起我们极大的关注。

2. 尊重个性。教学中要创造条件，因材施教，张扬学生的个性，让个性散发出独特的光彩。大锅饭、一刀切的模式，培养社会主义劳动者还差不多，但永远培养不出丘吉尔和爱因斯坦。

英国哲学家怀特海曾经指出，把教育的目的规定为“培养专门家”和“急用人才”上，这样的教育必然偏重于“知识的分析”和“公式的求证”，由“抽象的概念”到更多“抽象的概念”。这样的教育培养出来的人，可能是专业的，但也必然是单一的；可能是实用型的，但也必然是工具型的；他可能“理解太阳、大气层和地球运转的一切问题”，却不再能够感受到“夕阳西下时那迷人的光辉”。须知没有了情感的独特性和丰富性，就很可能失去了另一个最富有创造力的大脑。我甚至怀疑，爱因斯坦没有自娱自乐的小提琴，还会不会弄出相对论来。

3. 学会合作。教学中注重学生的交流和协作，互助攻关，培养学生请教他人的耐心，展示自己的勇气，说服他人的能力。要知道，一个苹果和一个苹果交换，还是一个苹果；而一个思想和另一个思想交流，就获得了两个思想。还有，一个人如果吃五个苹果，就只能尝到一种味道，甚至还可能因为吃得多而拉肚子，但如果用另四个去交换，那么就可以获得橘子、杏子、芒果、葡萄，这就是交流合作的妙处。

封闭只能落后，合作才能双赢。

4. 懂得创新，教师要大胆创新，不拘一格，但开风气敢为先。同时，要鼓励学生创新，甚至于鼓励学生犯错，伊壁鸠鲁说：“认识错误是拯救自己的第一步。”只有摒弃了怕错心理，让学生用自己的嘴说话，用自己的头脑思考，如此，学生才能发别人所不敢发，言他人所不能言。学问千千万，创新价最高。

圆珠笔芯的改良就是如此。起先的圆珠笔芯，油还没有用完，笔芯的珠子就磨损了，导致大量漏油，让人叫苦不迭。厂家想换一种材料作笔芯珠，新材料的代价又太大，正当这种发明快要夭折时，一个底层的员工，突然改换思维，向总经理建议，减少笔芯里的油，让笔芯还没有磨损的情况下，油就用完了。简单地变换一个方向，就是创新。

5. 开展活动。教学要摆脱封闭，拓宽视野，开拓视界，延展到广阔的生活中去，向重过程、重方法、重应用、重体验、重情感、重参与的方向转变。

陶行知本名叫陶知行，之所以改名陶行知，就是认识到“知是行之始”的理论不妥，应该是“行是知之始，知是行之成”，不行不知，行而后知，实践出真知，只有注重活动中学生的身体力行，知行合一，才能培养出真正的人才，因而改名。

6. 重视发展。教师要关注学生三维目标的发展，培养出立体的大写的健康的人，为学生的终身发展提供动力支持和智力保证。正如黑格尔所说：“那隐藏着的宇宙本质自身并没有力量足以抗拒求知的勇气。对于勇毅的求知者，它只能揭开它的秘密，将它的财富和奥妙公开给他，让他享受。”了解到这些，我们就会生命不息，发展不止。

## 四、审美审智审心的过程观

旧式教育短视，只强调结果，新教育逐渐开始强调过程，强调学生的思维暴露，注重学生的思维操练和智力挑战，并且引导学生，由审美向审智转化。

艺术情感分为三个层面，情感的表层是感觉、感知，而在情感的深处，是智性，或者更深邃一点是理性。由此看来审智比审美，更富于才智的挑战性，更具有超越和颠覆现成话语的可能性。

注重审美到审智的过程观，就是要有层次地展示学生学习的过程，启发学生思考，以对话、实践和创新为抓手，让学生变得聪明，力争把课堂变成审美的灵性的智性的，也就是说，课堂最终的理想是感性和理性的沟通，科学和艺术的匹配。

比如说，对于“红杏枝头春意闹”的赏析，我们能很好地感受到，一个“闹”字，化视觉为听觉，让人联想到蜂围蝶绕，春意盎然的景象，所以，用得精彩。但这只是审美。真正的审智，我们还必须探究为什么“闹”字用在这里好、能否有更好的词替代。古人就有批评这个“闹”字的，认为“闹”字能用，那么，“吵”字“打”字都能用。

分析深层的心理原因和联想机制，我们不难发现，绝对不能用“吵”和“打”。首先，“吵”和“打”在色彩上来看，带有厌烦和贬义的色彩。更重要的是这两个词和红杏缺乏必要的联想机制。而“闹”则不然。红杏—红火—火热—热闹，几步联想，一气呵成。所以，这个“闹”字既符合词语的陌生化，又契合联想的心理，起到意想不到的效果。

从审美到审智，从感性到理性，如果仅仅这样理解教育的过程，那么，仍然是危险的。也就是说，审智还不是我们追求的最终结果。

傅雷在《给傅聪的信》中有这样一段话，意味深长。“关于莫扎特的话，例如说他天真、可爱、清新等等，似乎很多人都懂得；但弹起来还是没有那种天真、可爱、清新味儿。这道理，我觉得是‘理性认识’与‘感情深入’的分别。感性认识固然是初步印象，是大概认识；理性认识是深入一步，了解到本质。但艺术的领会，还不能以此为限。必须再深入进去，把理性所认识的，用心灵去体会，才能使原作者每一根神经的震颤都在你的神经上引起反响。否则即使道理说了一大堆，仍然隔了一层。一般的艺术家偏于理智冷静，就因为他们停留在理性认识的阶段上。”

哲学家费希特说：“使一切非理性的东西服从于自己，自由地按照自己固有的规律去驾驭一切非理性的东西，这就是人的最终目的。”可见，费希特也还停留在理性认识的阶段上，或者说他是一个理性至上主义者。

从审美到审智再到审心，从语文的教育层面来看，我们当然也可以把它分为三个阶段：感性—理性—灵魂。没有灵魂就没有精神生命。

# 优秀教师的八种武器

理想的教育，需要理想的教师来实现，而理想的教师需要一些必要的素质和准备。理想的教师必须拥有八种武器。

## 一、师德

学高为师，德高为范，永远不要忽视师德的感召力量。

清华附中一个老教师退休，多年来他培养了无数的卓越人才。母校为了总结他的经验，邀请了一大批他的学生回来，让他们写下老师对他们一生最有影响的什么。结果百分之九十的学生，竟然不约而同地写下了最难忘的是老师的目光。那种默默流淌的尊重、热情、信赖、理解、爱护的目光，竟然温暖了学生那么多年，照亮他们人生的路。

我们有时候恰恰忘记或丢失了一些本真的东西，更多地关注一些实在的利益，比如考分和荣誉等。这绝对是得不偿失的。要知道一两身教大于一吨言传！教师的理想信念、人生态度、价值取向、道德品质、治学方法乃至为人处世的态度等等都对学生产生积极影响。

在这个浮躁的社会里，师德，是学生人生价值最后的保护线，是学生心目中最后的桃花源，也是学生保持心灵洁净最重要的理由，更是让学生自觉抵制各种不良思想侵害的最后武器。师德的堕落，必然标志着社会道德水平的整体堕落；而师德的高尚，乃是一个民族未来自省自强的希望所在。

## 二、民主

2006年，北京某教育机构曾经做过一个调查：学生最需要老师的什么？结果让所有人大吃一惊，学生最需要老师的不是爱，而是尊重——最简单的尊重。由此可见，我们教育中民主的稀缺，已经到了何等地步！

苏霍姆林斯基这样表述："教育——这首先是人学！"教育者面对的是活生生的人，教育理应充满着对人的理解、尊重、信任和感染，理应体现出民主与平等的现代意识。然而，现实中的民主教育喊得最厉害，落实得却最少。

美国教育家杜威更是认为，教育是为了民主的，同时教育也应该是民主的。民主主义不仅为教育提供了一个奋斗目标，而且还对教育提出了民主的要求。李镇西老师所理解的"民主教育"，除了指教育者应该具备民主思想和民主精神外，还包括对学生所进行的一系列有关民主素质的启蒙教育。比如，师生关系的平等和谐，民主与法制的教育，权利与义务的教育，自由与纪律的教育等等。这样理解民主教育，对当前的教育更加具有现实意义。

民主平等，是人格与权利的平等，是尊重每个人的参与权利与决策权利，是尊重差异、尊重多样选择、尊重各自的独特价值的平等。民主平等在课堂上的具体表现是，教师尊重学生，学生尊敬老师，强势学生尊重弱势学生。

### 三、个性

你可以有很多缺点，但你不可以没有个性。文艺理论中甚至有"丑得如此精美"的妙论。美学上说"一个美女在微笑"，你的头脑里空空如也；可是要说成"一个长虎牙的美女在微笑"，你的头脑里形象就产生了，甚至挥之不去。什么原因呢？"虎牙"就是特点，甚至可以看成是个性，而个性就是魅力。要知道没有个性的老师，往往很难容忍，也很难培养出有个性的学生。

我读中学的时候，我们的语文老师个性张扬，特立独行，是很多学生崇拜的偶像。比如，他上课经常读错字，却坚决不肯承认，反而问我们："谁规定这个字是这样读的？如果当初规定的是我这个读音，那我现在就是正确的。"这显然是无理取闹。但他就是这种性格，这种死不认错的个性明显是一种缺点，可学生就是喜欢，狂热地喜欢，而且他的教学成绩还好得不得了。后来，他发挥自己善辩的特长，考取了中国政法大学的硕士，结果成了中国著名的律师，还帮助我国商人打赢了好几场国际官司。

鲁迅曾经说：“有缺点的战士毕竟是战士，完美的苍蝇终究不过是苍蝇。”对老师而言，宁可做一个有缺点有个性的老师，也绝不做一个四平八稳的平庸老师。

## 四、才华

老师作为人类精神火炬的传递者，当然要有才华。三千文章百万兵，腹有诗书气自华。只有自己眼界开阔，知识渊博，旁征博引，妙语如珠，才能赢得学生的尊敬和爱戴。学生亲其师，才能信其教、乐其教、助其教。永远不要怀疑老师的才华魅力的现身说法的作用和精神感召。

曾经有一次作文课，我布置学生当堂完成一篇作文，学生很不高兴，有人还小声嘀咕：“一节课写一篇文章，你为什么不试一试?”我装作没有听见，很随意地对同学们说：“你们都在认真写，老师也不能闲着啊，我要和你们同甘共苦。”可能是请将不如激将，压力产生动力。那一天，我文思泉涌，倚马可待，笔走龙蛇，不可遏止，在一堂课之中完成了两篇文章。两篇文章都是文采斐然，字字珠玉。下课时，我把两篇文章往黑板上一贴，说：“欢迎同学们批评指正!”学生读罢，一片惊呼!

从此，他们发奋写作，从无怨言，而且对我佩服得五体投地。设想一下，如果面对学生的挑战，我当时默无声息，或者用所谓的师道尊严来极力压制，其结果又会是什么?

## 五、机智

教学是一门遗憾的艺术，由于教学过程的任务性和目的性，在实施的过程中，必然充满了诸多不可预知性，需要教师充满机智，四两拨千斤，化腐朽为神奇。

举例来说，去年一天下午，我走进高三（3）班，突然看到在教室正中央的投影机下，有一个学生用细长的线吊着小球挂在那里，晃晃悠悠。学生都看着我，我却没有理会他们。那节课讲黄冈试卷的现代文阅读，选文是张家港高级中学郭婧娟的《逃离》，其中有一句话要求阐释：“人生就像荡秋千，总想荡到生活的最高处，但最终却回到起点。”当说到这句话的时候，我在悬挂的小球上轻轻一推，小球荡了起来，荡到了最高，并最终无奈地回到原点。教室里突然响起了热烈的掌声……我敢大胆地说，学生可能会忘记掉老师强调的解题秘诀，但一定忘记不了师生生活中的吉光片羽。

还有一次，我正在讲现代文阅读，讲的是阅读中句子的多义性问题。突然，我发现叶杨从桌子底下拿出一只手来，然后，用手捂住自己的嘴巴。过了一会儿，这样的动作又重复了一遍。我也是一时兴起，就说了句："呵呵，叶杨又吃了一颗糖。"全班笑倒。

我当然不会放过这个机会，我说现代文句子的复杂性，就像"叶杨又吃了一颗糖"一样，其实很好理解。只要抓住句子的本意、语境义、情感义，再结合文章主旨，肯定能够pass过去。我接着说："就以'叶杨又吃了一颗糖'为例。首先，这句话的意思必然是叶杨今天吃了不止一颗糖；其次，这句还能体现出叶杨是一个调皮可爱的孩子，老师是一个宽容的老师；最后，由过去叶杨又吃了一通批评，到今天叶杨又吃了一颗糖，这是师生关系的转变，是师生和谐关系的象征。"

学生放声大笑。

这时候苏菲说，老师，叶杨不是在吃糖，她是在吃草莓。教室里突然安静下来。我说："那好啊，我改正。叶杨又吃了一颗草莓。像我们的眼睛经常欺骗我们一样，现代文的句子有时候也并非是字面意思，我们还必须挖掘它的深层意蕴。好啦，下面，我们就来做这样的尝试，希望同学们不要被糖迷惑，要能敏锐地嗅到草莓的淡淡香味。"事实证明，那节课的效果非常显著。

再看一些其他老师的例子。

有一位物理老师正在上万有引力，一块黑板擦掉在了讲台上，学生哄笑起来。老师灵机一动，说："这再次证明了万有引力的科学性。"于是，学生们会心地笑了。课堂气氛极为轻松，教学效果十分显著。

我的一个朋友，正在上"文化大革命"，一堂课之中，门两次被大风吹开。当门第二次被吹开的时候，老师故意咬牙切齿地说："这真是'右倾翻案风'啊！"学生大笑，之后的课堂进行得异常顺利，所有学生的眼睛炯炯有神。

当然，教学机智是建立在教学规律的深入理解、准确把握和对偶发现象的敏锐反应、灵活处置上的。这正是——“机智”本天成，妙手偶得之。

## 六、创新

创新是一个民族发展的灵魂，也是一个人进步的标志。那种画地为牢、故步自封、夜郎自大的人，永远都是那个井底的蛙，只看见四角的井沿和天空。苏霍姆林斯基说：“我熟悉几十种职业的工作人员，但是没有——我对此深信不疑——比教师更富有求知精神，不满足现状，更富有创造思想的人。”没有现成的固定模式，不能照搬别人的经验，更不能年复一年地重复自己，因此，教师必须不断地去创造，去更新。

教师的创新有几层含义，首先创新是师生的共同活动，而不是教师单枪匹马的“孤军奋战”；创新表现在教师的职业活动之中，而不是远离职业活动，另起炉灶。创新要以师生的思维极限作为起点，从对本质的把握转向对可能世界的建构及可能世界的呈现。

就我个人来说，我发现学生到了高年级，越来越不主动，一个很重要的原因是学生长大了，他们爱面子，生怕回答错误会给自己带来尴尬。鉴于此，我第一个提出“鼓励学生犯错”，并与学生共同探讨，学习的目的在于成长，而错误和正确对我们个人成长带来的价值，孰大孰小，更是一目了然。畏惧错误就是毁灭进步，而正视错误则是进步的基石。这个小小的创新，给我的课堂带来了生机和活力。可见创新教育的重大意义。

比如几乎所有的老师都引导学生研究做题，我却另辟蹊径，让学生研究命题方法，然后自主命题，一旦学生把握了命题的奥秘和规律，做题也就有了保证。再比如高考背诵篇目的检查，任务重，压力大。我把所有学生的背诵篇目全部上墙，男生在女生面前背诵，女生在男生面前背诵，老师及时总结最新的背诵成果，把男女生的互要面子，转化成良好的教育内驱力，效果极其显著。另外，做班主任的老师都知道，每学期的学生评语，是一项很繁杂的任务，于是，我充分发挥学生互相了解的特点，让学生互写同学传记，要求既要有缺点点击，又要有优点展示，没想到效果很好。后来，我又发展到让学生用文言文互写评语，永远保持教育的新鲜度和创造性，学生又大呼过瘾。

## 七、精气神

这个是从精神面貌上来说的。鲁迅曾经说过："我虽然自有我的痛苦和不幸，但我不愿意把它传染给那些正做着好梦的青年。"面对学生，我们更应该如此，更要以和蔼、热情的态度，亲切、诚恳的语气，激昂、振奋的精神，喜悦、快乐的情绪来对待自己的职业生活。用三个字来概括，教师需要"精气神"——精神抖擞，气吞山河，神采飞扬。以生机唤醒生机，以激情碰撞激情，以理想鼓舞理想，以人格塑造人格。

精气神中最重要的是"气"。气是气息，气质，气度，气势，精神和生命力。在《孟子》里，"气"是哲学概念，类似于伯格森所说的"生气勃勃"，是人格上的元气。孟子说，吾善养吾浩然之气。这种气，至大至刚，是伟大的道德动力，是人类求美善、求正义的高贵精神。

选择了教师，选择了黑板，就是选择了一种站立，一种姿势，一种精神，一种光明磊落的情怀和默默无闻的奉献。当然，最重要的还是，老师的精气神还能激发学生的精气神，产生一种良好的气场效应，使这种气"直养而无害，则塞于天地之间"。

## 八、意识

教师意识十分重要，意识的超前和落后对教学产生至关重要的影响。教师的意识主要有研究意识、自主意识、发展意识、学习意识、自省意识、使命意识、人文意识、开放意识、民主意识、启发意识、活动意识等。

当前最重要的是教师意识要完成四个转换。

1. 从消费者转换为生产者。

教师从课程单纯的实施者转换为既是实施者，更是开发者、建设者，实际上教师自身就是课程。从教学实际出发，对学习内容的取舍、整合、重组、延伸、变形、拓展，这些都是对课程的开发和建设。

2. 从教书匠转换为教研员。

教师要从过去技术的层面，上升到研究的层面。教师要具有研究的意识和能力，要具有开阔的视野、丰富的学识和卓越的教学胆略。鉴于此，教师要研究先进的教育理论，研究课程开发，研究学习的心理，勤于反思，勇于实验，不断总结，在探索中与学生一同成长，一同进步。

3. 从独奏者转换为伴奏者。

教师由过去的布道者、传教者，变成一个辅助者、伴奏者。要从一个高明的讲授者，变为一个和谐的倾听者。教学中必须以生为本，教师力争做学生能力发展和心灵成长的引导者、帮助者、促进者。学生的角色也要有极大的转换，学习方式必须要有根本性的改变，改变过去照单全收的被动学习，力求主体参与、主动探究和合作学习。

4. 从引路人转换为同路人。

教师要由过去的全知全能的引路人，变成和学生一道发展的同路人。对于学生学习的过程、求知的艰辛、阅读的困惑，必须和学生一道经历。只有这样，和谐的师生关系才能建立起来。直至最后，教师要成为学生发展的“陌路人”，完全放开手脚，让学生自主读书，自我发展。唯其如此，才能培养出能够自主学习、终身学习的人。

## 好学生的六项修炼

学生的不好，我们每个老师可能都有一本清账，但好学生究竟好在哪、好学生究竟有哪些共性，可能我们并不清楚。我认为，真正的好学生应该具备六项修炼。

### 一、具有强烈的自我意识

新课程越来越淡化老师的教学方式，越来越关注学生的学习方式。我们可以大胆地说，学习方式的转变才是一场真正的“学习的革命”。这就要求学生具有强烈的主体性，即要有浓厚的自我意识，主体性是自我发展的前提。好的学生都会明白：学习是我的学习，发展是我的发展，成长是我的成长。适合自己的才是最好的，我的学习我做主，我应该给我的学习赋予方式和意义。

1. 自发学习。

因为学习本来就是学生自己的事情，他们有权利选择自主学习。学生成为学习的主人，在正确的动机和浓厚兴趣指引下，把学习的负担转化为人生的享受，他们就会自发学习，获得积极的情感体验，甚至获得高峰体验。

2. 自觉学习。

学习不是一种外力的压迫，也不仅是内在的功利需求，学习是学生成长的必然过程，是生命丰富的自然履历。理解到这些，学生就会主动参与，全身心投入。

曾经有一个学校每周都放电影，学生非常喜欢，每周的电影不仅是他们茶余饭后的谈资，甚至成了他们繁重学习中最大的乐趣所在。后来学校改变了策略，要求看电影之后，学生们必须要写影评。让学校万万没有想到的是，学生看电影的心情荡然无存，一切都变味了，最后甚至集体抵制看电影。这个案例告诉我们，一旦学习有了强烈的外在功利，学生就会失去自主学习的动力。

3. 自控学习。

毕达哥拉斯说："不能制约自己的人，不能称之为自由的人。"应在强烈情感和坚强意志的指导下展开学习的过程，学习不应该由老师监控，而应该是学生自控学习。学生自己选定学习、策划学习、评价学习、合作学习。我的"三有六让"的学习中，就有很多自控学习的因素。

4. 自创学习。

学习是自己的事情，休谟说："习惯就是人生的最大指导。"首先应把学习当成自己成长的习惯。莱布尼茨说："世界上没有两片相同的叶子。"每个人的学习也都有差异，因此，自创学习特别重要，适合自己的才是最好的。

在中学读书的时候，比如背诵很长的诗歌，我就独创了一种办法。我把每句诗的第一个字写下来，看着它们默背。然后，间隔着去掉字，直到所有的字都擦去，一首长诗就背出来了。那个时候，记忆性的知识很多，每个概念，我都要赋予它一个意义，利用这种方式来加深记忆。比如非洲的乞力马扎罗山高度为5895，我就把它记成“吾爸救吾”，一直到今天都不能忘怀。

有一次，一个家长告诉我电话号码，我也没写下来，很快就记住了。家长非常惊讶。走在路上，我还在思考其中的教育元素，到了班级里，我给学生分析原因。我说：“为什么考试后，那么多学科成绩，你只看了一遍，就全记住了。如果那些数字不是你的成绩，你还能记住那么多吗?”学生们全都摇头。我说：“这是因为你们给这些数字赋予了意义，它就不再是简单的数字了。比如有个电话号码是8362557，我把它记成语文83，数学62，总分557，一旦给这组数字赋予意义，就好记了。”

学习，必须要找到适合自己的最佳学习方式，这就是自创学习。

## 二、能够以接受性学习完成原始积累

新课程越来越强调探究学习和研究性学习，这些学习特别强调主体的自我思考和主动探究，通过自我探究和合作学习，发现问题的结论和规律，成为发现者，并在这个过程中，培养自己的创新精神和实践能力，为将来的自我发展和终身教育打下基础。

这种学习方式，能使学生在较高的层面上进行学习，但这种学习并不排斥记忆、理解等低层次的学习，更不会忽视接受性学习。因为接受性学习是研究性学习的前提，可以说，没有接受性学习获得的知识为依托，研究性学习就是“水中月，镜中花”。然而，现在很多学科的研究性学习，矫枉过正，过于强调自我探究发现，忽视了必要的接受性学习，其危害不容小视。

要知道，人类文化遗产及先进的科学技术知识的获得，主要是通过接受学习。通过接受学习，学生可以在较短的时间内掌握大量的、系统的、完整的、精确的间接知识，并与原先认知结构的适当知识建立联系，形成较丰富的知识积累。这种积累，无疑对学生学习的可持续发展具有重要作用。近年来，美国兴起的建构主义心理学也认为，学生学习的过程是主动建构知识的过程，学生以自己原有的知识、经验为基础（主要是接受性学习获得），对新知识信息进行加工、理解，由此建构起新知识的意义，同时，原有的知识经验又因为新知识经验进入而发生调整改变。所以，学习过程不是对新信息的直接吸收和积累，而是新旧知识的相互作用的过程。这种作用包括主体对知识客体的选择、分析、批判和创新，当然这种作用更离不开接受性学习获得知识的赞助。

## 三、拥有创新意识，越磨砺，越光芒

创新精神中一个重要的因子就是独创，没有创见，匍匐在前人的脚下，社会就永远不会进步，人类就永远没有发展。老师没有独创，就会倒在课本下，学生没有独创，就会倒在讲台下。

深圳有一个学生，在地理课上看到人的最佳体温应是23℃，而实际上人的正常体温却是37℃，他百思不得其解，询问老师遍查网络也没有得出结果。但他没有放弃，一直在苦思和探求。功夫不负有心人，有一天的数学课，老师恰好说到了黄金分割点，他马上得到启发，拿37乘以黄金分割点0.618，正好是22.866，近似于23。一个多年来被人忽视的问题，有了一个较为科学的解答，最后，在老师的鼓励下，他把自己探索的过程和创见，写成了一篇小论文，并且获得了世界性的大奖。这种发现就是独创性。

## 四、总是大胆怀疑，又能小心求证

怀疑主义是整个世界哲学的核心，人类从脱离单纯的物质依赖到寻求精神突破的过程中，无时无刻不在怀疑身边的一切，通过怀疑来寻求真理，通过怀疑以达到自己精神层面的提升。斯宾诺莎甚至说：“一切确定的皆否定。”

吾爱吾师，吾更爱真理。怀疑，是人类理性的基石，智慧的起点。但大胆怀疑之后，还得小心求证。

对学生而言，怀疑不是对自己没有信心，而是一种态度，一种取向，一种逻辑上的清醒。理性的怀疑，是智慧的新芽，它靠逻辑去推断，靠实践去检验，最终由怀疑达到判断，由判断达到清晰，由清晰达到理性。

孟子曾说：“尽信书，则不如无书。”亚里士多德也说过：“思维从疑问和惊奇开始，疑是思之源，思是智之本。”

没有怀疑，就没有创新。没有对开普勒的怀疑与否定，就没有哥白尼的“日心说”；没有对牛顿的怀疑与否定，就没有爱因斯坦的“相对论”；

没有对资本主义社会的怀疑与否定，就没有马克思的科学社会主义；没有对闭关自守的怀疑与否定，就没有今天的改革开放。但是，怀疑，也要不失理性和尺度，超出这个度，就会走向其反面。——怀疑一切，和没有怀疑一样是不可取的。因为在极端的怀疑主义者眼中，没有什么是确定无疑的，就连怀疑本身也大可怀疑。

适当的怀疑，可以磨亮我们的一双眼睛，不被假象的灰尘所掩盖。

## 五、善于合作，在碰撞和打碎中成长

从本质上讲，我们目前的中小学教育带有浓厚的竞争色彩。他人即对手，学校是竞争场所，每个人都想胜过他人。这种你死我活的竞争教育，把一个人的成功建立在其他人失败的基础之上。在这样的氛围中，学生们大都缺乏合作意识，更少有利他行为。面对信息共享和开放的社会，这种状况显然是危险的。

合作学习认为，学习是满足个体内部需要的过程。只要满足学生对归属感和影响力的需要，他们就会感到学习是有意义的，有价值的，才会愿意学，才能学得好。基于这种认识，合作学习将教学建立在满足学生心理需要的基础之上，使教学活动带有浓厚的情意色彩。从合作学习的整个过程看，其情意色彩渗透于教学过程的各个环节之中。

合作学习还把“不求人人成功，但求人人进步”作为教学评价的目标，有效地把竞争性情境、个体性情境换算成了合作性情境，极大地消除了学生对于竞争失败的恐惧，增强了“利益共同体”的集体荣誉感，从而激发了学生参与学习、乐于学习的兴趣和动机，为他们主体性的培养与发展提供了无穷的动力。

当然，合作学习在突出合作的主导地位的同时，并没有否认竞争与个人活动的价值，而是将之纳入了教学过程之中，使它们兼容互补，相得益彰。学生就在这种互相碰撞中和对原有知识结构的打碎中潜滋暗长。

合作不仅是学生之间的一种共生双赢，还包括学生和老师的合作、学生对文本的尊重。以语文教学为例，教学实质上是教师、学生与作者以文本为中介而展开的一次融学生主体感悟、作者真情倾诉、教师真切关爱于一体的言语对话过程。只有把学生的问题、兴趣、困惑作为触摸文本的脚手架，把学生的见解、经验、感受等作为教学新的生长点，通过师生之间、生生之间的和谐合作，通过大量的对话、唤醒、启发、激励、展示，才能让课堂教学充满生命的活力。

世界上最经典的合作案例是英国的甲壳虫乐队，他们提出了“甲壳虫合作原则”。第一，熟知信任，永不解散；第二，博采创新，与时俱进，高人一等；第三，个人与集体，人人有机会，人人都发光；第四，专才与通才，相互补充，合作供应。甲壳虫乐队创造了无数的乐坛神话，不能不说与他们的善于合作有关。这种合作的典范对学生合作学习有重要的启发意义。

## 六、把追求卓越当成一种习惯

吉姆·柯林斯在《从优秀到卓越》中这样表述：“优秀是卓越的大敌。”要达到卓越，一定要战胜优秀的惰性，把追求卓越当成一种习惯，而不是把优秀作为一种资本。就像很多人都知道失败是成功之母，却很少有人知道，成功常常也是失败之母。因为优秀，因为所谓的成功，让我们懈怠，让我们失去了最初的豪情和追逐梦想的冲动，让我们在更进一步时猝然跌倒。

谦逊而坚韧，谦逊是一种姿态，因为目光和志向的远大，更显得低调和谦恭，而坚韧则是达到远大目标的最大保证，有了它，就能屡败屡战，胜不骄，败不馁。柯林斯用“窗口与镜子”来打比喻，把成功归于窗外的因素，而把失败归于镜中的自己。李昌钰博士也曾说：“每一个成功者都有一个计划，而每一个失败者也都有一个理由。”卓越的学生总是有一个完美的计划，而绝不会为失败寻找理由。他们总是把卓越当成了一种习惯，像我们习惯平庸一样，他们习惯卓越。

弄清了优秀学生的这些特点，我们就可以有意识地引导他们，强化他们，把他们的这些优点变成他们的习惯，让他们获得更好的人生基点和助力。

# 生死攸关的教育前奏

在新课程影响之下，我们由过去的注重结果，到现在的越来越注重过程，这不能不说是一个很大的进步。但教育是一个非常微妙的精细活动，任何一个疏忽都有可能导致教育的失败，我们切不可忽略教育前奏。从某种程度上来说，教育前奏直接影响教育过程的推进和教育结果的达成。

## 一、良好的学习氛围

学习氛围有两个方面，一个是客观的环境氛围，一个是主观的情感氛围。

美国人本主义心理学家罗杰斯认为“促进学生有意义学习的关键乃是教师和学生关系的某些态度品质”。这些态度品质对建立和谐的学习氛围至关重要。传统的“教师中心论”，过分强调教师的师道尊严，教师成为“知识权威”“道德说教者”“道德偶像”，忽视了对学生人格的尊重，不利于形成和谐的师生关系，从而影响教育效果。

要知道教师与学生都是教学过程的主体，都是具有独立人格的人。两者在人格上完全平等，没有高低、强弱、贵贱之分。在和谐、民主、平等的师生关系中，学生会体验到平等、友善、宽容、亲情与关爱，同时受到激励、鞭策、感化和召唤，形成积极的、丰富的人生态度和情感体验。在这样的课堂氛围中，学生会有自信，敢于以自己的方式去解读文本，敢于形成或发表自己的独特见解。如莫泊桑所说：“大狗要叫，小狗也要叫。”在这样的课堂之上，没有对错误的嘲笑，只有善意的提醒和彼此欣赏的微笑，只有共同成长带来的快乐。

建立和谐的教学氛围，对教师而言，我提出“四个多”。

多一些尊重。在课堂上没有什么比学生的尊严更加重要，学生是学习的主人。伏尔泰说：“我不同意你的观点，但是我誓死捍卫你说话的权利。”

最美丽的氛围是互相欣赏，互相支持，互相学习，共同提高。

多一份真诚。和学生平等相处，坦诚相见。敢于承认自己的错误，勇于面对自己的无知领域。教学中，最美妙的事情就是和学生一同成长。

多一点微笑。鲁迅当年说："我虽然自有自己的痛苦，但我不愿意把自己的痛苦传染给你们这些正做着好梦的青年。"作为新时代的老师，我们更应该调整好自己的情绪，永远带着微笑出现在课堂上，在教与学之间架起一座情感交流的桥梁，让心灵在快车道上沟通交融。

多一些幽默。有人说，幽默是生活中的盐。研究表明，教学幽默能够活跃课堂气氛，和谐师生关系，激发学生求知欲，开启学生的心智，优化学生个性。如此看来，我们幽他一默又何妨？

和谐的教学氛围，对学生而言，我提出了"四个一"。首先让学生"照一照"，注意自己的形象，保持饱满向上的精神状态；其次是"跳一跳"，每天都锻炼身体，身体是革命的本钱；再次是"叫一叫"，合理地发泄一下，闲暇时吼几嗓子，给自己一个兴奋的理由；最后是"笑一笑"，笑看风云，笑对人生。好的心态、好的身体、好的师生关系建立起来了，理想的学习氛围也就建立了。

## 二、和谐的人际关系

苏霍姆林斯基说："上课则是儿童和教师的共同劳动，这种劳动的成功首先是由师生相互关系来决定的。"课堂人际关系首先是师生关系，教师尊重爱护学生，学生尊敬欣赏老师。

马卡连柯说过："要尽量多地要求一个人，也要尽量可能地尊重一个人。"尊重学生，就是尊重学生的人格，允许学生在思想、感情和行为中表现出一定的独立性，给他们提供更大的独立的活动空间，尊重他们的意愿和情绪，善于倾听他们的意见和要求。著名教育家周弘说，要让学生感到生命的安全感，感到做人的快乐，相处的快乐，求知的快乐。而学生尊敬欣赏教师，不仅仅是对老师个人的尊敬，还有对老师职业的敬重，对知识的敬畏，对合作者的良好认同。从教育的效果来看，师生关系的影响至少表现在以下几个方面：

影响学生对教师所教课程的学习兴趣；影响学生学习的劲头甚至动机；

影响学生与教师交往的频率，甚至影响教学情况的反馈；师生关系的状况日积月累，还会对学生的思想、志趣乃至学习方法、生活习惯等产生影响。

其次是学生关系。同学之间，互相尊重，和谐相处，平等协商，合作学习，互帮互助，每个人都珍惜相处的日子，都把“同桌的你”当作自己最好的朋友和参照，彼此见证成长，都感到共同成长的快乐。

于漪所说：“师生处于平等地位，感情才会融洽，思想才会一致，上课就能心心相印，浑然一体。”可见，教学气氛的优劣主要取决于教师的人格和师生关系，教师应当努力创造美而和谐的课堂气氛。

## 三、举足轻重的情商

智商和情商是两种可用来衡量个人素质的关键因素，智商反映人的智慧水平，情商则反映了人在情感、情绪方面的自控和协调能力。

对哈佛大学一些学生进行的研究证明，在个人的成功中，智商只起20%的作用，80%靠的是社会环境、机遇，尤其是靠标准测试所没有考虑进去的那部分智力——情感智力。

美国心理学家萨洛维提出，不能把情商理解为智商的对立物，当代教育应该关注学习者情绪智力的成长。

“知人者智，自知者明”，要引导学生认知和控制自己的情感，学习的结果和动机有很大的关系。记得当年的女排名将孙晋芳有一句名言：“为个人奋斗，动摇不已；为祖国奋斗，一往无前。”良好的动机，能把兴趣和自我激励整合起来，产生强大的心理动力，把兴趣学习转化为意志学习。同时，良好的情商还能妥善处理好人际关系，为自己的学习创造一个优良的外部环境。

尤其重要的是，良好的情商，还使得一个人总是具有积极心理，具有积极心理的学生，大多数不把结果当成唯一的目的，他们知道“没有一条路通向幸福，幸福就在这个过程中”。这种心理特别有助于学生学习，不仅课堂接收信息特别快，而且抗挫折力强。

## 四、成长的饥饿感

朱永新老师说得好，人的成长最初要靠母乳，后来还要消耗各种各样的食物，人才能发育为一个躯体健康的人。任何人一天不吃东西，就会饿得头昏眼花，但是我们却没有意识到人的精神也需要吃东西，也会有饥饿感，精神也需要食粮充饥，这就是成长的饥饿感。这种饥饿感迫切需要教育来提供营养和维生素。

教育就是在物质产品和精神产品的生产上，培养学生宽广的精神视界、远大辉煌的文化理想和对人类的终极关怀，让他们感受到世界的纯真和美好、青春的绚烂和可贵、生命的灿烂和光华；还要让他们认识到生命是一个偶然的过程，人与自然是一次美丽邂逅，爱情中弥漫着甜美和忧郁，真理既充满钻石一样的光芒，又像雨巷中的丁香姑娘一样可望而不可即……

在这个吸纳精神营养的旅程中，学生发现自己，认识自己，体验自己，丰富自己，体验到做人的快乐，能够自主给自己的人生赋予意义，进而树立起一种最充盈的幸福和最宽广的精神自由。

一旦教育做到了这些，那么学生成长的饥饿感就会不断产生，学习就会成为他们的第一需要，人总是因为需要而执着。这就走入了良性发展的轨道。

## 走向未来课堂的关键词

未来的教育有哪些诉求？如何构建走向未来的课堂？未来课堂必不可少的关键词有哪些？

不论问题如何变化，教育者一定要传授“知识”，这一点永远不会改变，但这里所讲的“知识”，不能理解为静态的写在书本上的可以朗读出来的知识，而要视为一个动词，一个有待重新发现的事物奥秘，以及发现这种奥秘的方法和过程。课堂的中心，应该是一个问题的提出、理解及解决的过程，是一个知识——作为问题解决的工具被探索、被发现的过程。优秀的课堂教学，一定要重现这一神奇的创造过程。

在此过程中，我们还要搞清楚一个重要事实。自然科学和社会科学处理的是“我—它”关系，人文学科要处理的则是“我—你”关系。在“我—它”关系中，研究对象是作为“物”进入我们的视野的，而在“我—你”关系中，研究对象是作为“人”进入我们的视野。比如我们阅读文学作品，不仅仅是为了获得某种知识，而是为了获得某种体验，是在和自己对话，这就是“我—你”关系。“你”即是另一种方式存在的“我”。

教学不是重复前人定下的知识，而是重现这个知识发现的过程，是重新经历，经历原初的困惑与探索，以及喜悦。布鲁纳曾经说过，在这一点上，儿童学习这一知识的历程可以与当初科学家发现这一知识的历程相媲美。在这一伟大的发现过程中，以下的一组词语链异常重要。

话题—探险—对话—冲突—建构—绵延

## 一、话题

注重话题，要在两个方面下功夫。

1. 主题朝话题延伸。

由于过去的知识单元，逐渐让位于主题单元，而主题单元的包容性和广阔性，实际上给我们提供了一个开放的话题领域，教师可以通过组合、删减、变形、改写等方式，来实现话题的最大拓展，引导学生看到事物的两面性，认识世界的多元性，还要提倡包容性，承认差异性，鼓励个性，增强批判性，鼓励创新性，反对僵死性，提倡灵活性，让学生形成丰厚的人生积累和文化积淀。

2.“只读”向“可写”转化。

“只读”和“可写”，是法国当代结构主义大师罗兰·巴尔特提出的一对概念。“只读”又叫“作者文本”，“可写”则为“读者文本”。“作者文本”使读者成为多余物，“只剩下一点点自由，要么接受文本，要么拒绝文本”，读者只能以“屈从的”态度面对文本；“读者文本”则赋予读者一种角色和功能，要求读者自觉地阅读它，允许并鼓励他去发挥，去贡献，去创造，“参与”并意识到写作和阅读的相互关系，激起读者共同创作的乐趣，从而在更深的层面上理解作品，并丰富作品的内涵。

新课程很好地借鉴了“作者死了”的观点，把“作者文本”演化成

"读者文本"，读者的地位大为提高，读者不仅是一个"读者"，还可理所当然地在作品中"写入"自己的看法和见解，这不仅是被容许的，而且是被鼓励的。

## 二、探险

有人认为写作是一场对抗，是作家和读者的对抗，作家要尽量提出读者所不能知的隐含事实，要最大程度地陌生化。

既然作家写作是一次冒险，那么教学当然就是一场探险。探险中总是存在着未知和刺激，我们始终不知道将来的那个领域有什么在等待着我们，教学也就有了探究和发现的魅力。而重新经历探究发现过程的，不应该只是教师，而更应该是全体学生。这样，课堂教学上的三个元素：知识、教师、学生，就不应该是教师隔在知识与学生之间，用某种手段，将现成的知识转交给学生。优质的教学应该是师生共同围绕在"问题—知识"的周围，共同进行的一场艰苦卓绝的探险。

鉴于此，教学中要注重两个问题：

第一就是溶洞理论。

微格教学法的溶洞理论认为：溶洞里的石头奇形怪状，千姿百态，十分迷人，因为它能激起游人丰富的想象。一旦贴上标签，一锤定音，就会切断游人的联想和想象，必然损失溶洞的魅力。因此教师的导游角色也不能适应教学的需要了。教师应该是一个同路人。

第二是美国作家海明威的"冰山理论"。

"冰山理论"认为：冰山之所以雄奇神秘，是因为它有八分之七藏在水里，只有八分之一露出水面。教学之所以有活力，是因为教师把八分之七隐藏在情境中，只有八分之一的知识情境展示给学生，让学生去感悟和揭示，这个过程就是探险的过程。

在共同探险的过程中，教师还要不断对知识进行遮蔽，努力把学生搞糊涂，须知没有知识的遮蔽，就没有探究学习，教师把学生搞糊涂，再由学生把自己搞清楚。"先糊涂，后清楚，再糊涂，再清楚"，在这种循环往复、螺旋上升中，对学生进行思维训练和智力挑战。

## 三、对话

什么是对话？什么是真正的对话？对话的目的是什么？对话应当遵循什么样的原则？怎样才能有效地开展对话？厘清这些对开展对话教学很重要。

从狭义上来讲，对话是人们的一种特定的交流和沟通方式。这种方式突出了参与各方的平等性、差异性和互补性，彼此之间特定的人际关系的形成，参与者表达意见和观念的自由与权利，个体思维与集体思维的本质等众多方面。

对话不是东拉西扯，海阔天空，也不是证明我对你错，我赢你输，我的真理是正确的，你的真理是错误的；更不是互相妥协，彼此让步，搞一个折中的结果。

对话作为一种教育原则，从简单的意义来讲，强调的是师生的平等交流与知识共建。从深层的意义讲，它挑战我们关于师生的关系、知识本质，以及学习本质等方面的思维成见、定见和主观认定。依据建构主义教育学的观点，我们可以把对话分为三个层面：人与知识（世界、文本）的对话，人与他者（教师、学生、其他读者）的对话，人与自己的对话（反思的、历史性的、生长性的）。

这三重对话的本质都在于推究真理，绝不对真理做任何折中。它不在乎谁赢谁输，也不关心对话能否达到什么样的结果，它追求的是平等、自由、公正地进行交流和沟通，谈话者之间互相尊重彼此的人格、观点和观念，能够形成充分的友谊感和信任。每个人都认真地倾听他人的意见和想法，每个人都彻底表达出他内心深处最真实的想法和看法，然后，让不同的观点和意见之间彼此碰撞、激荡、交融，从而让真理脱颖而出。对话的目的是为了实现最自由、最彻底、最无拘无束的交流和沟通，在对话的过程中去探索和发现真知灼见。这也包括对文本的认识、否定、再认识，包括对自己的内心体验的提炼、构建和提纯。

对话的内涵十分丰富，新课程要求我们通过对话走进作者的情感世界，走进作品的人物灵魂，走进大师所营造的艺术氛围，感受到灵魂的高贵和思想的纯真，艺术的震撼和精神的历练。在具体的对话中，教师引导学生在关注文本创作的背景中，通过语言文字媒介，与文本对话，与作者对话，与作品中的人物对话。因为这些文本是经过岁月淘洗的经典，因此，和文本对话，实际上就是和经典对话，和大师对话。通过对话，学生濡染了经典，走近甚至走进大师的心灵世界，枯燥的文化因此栩栩如生，狭窄的视界因而豁然开朗。学生一旦打下坚实的精神的底子，势必增强对话的能力、思维的辩证，在未来一定能够指点江山，激扬文字。

课堂上的这种对话具有很多的特殊性，首先有编者的挑选，要知道选编也是一种解读；还有教师的指导，指导也是一种解读，还有很多学生交流来的“哈姆雷特”，因此，这种对话，是多边的、多重的、互动的和立体的，是思想碰撞和心灵交流的动态过程。

## 四、冲突

文学作品，最大的特点就是充满着冲突，这种冲突，给文章带来了巨大的张力。比如说戏剧，有人说，没有冲突，就没有戏剧。比如小说，作者也总是在冲突的情景中，把人物打入第二情境，让人物性格充分地表现出来。还有诗歌，也总是在冲突中展现出诗歌的婉曲美。

教学上，没有冲突，就没有教学。教学由冲突引起，围绕冲突展开。教学的过程就是冲突的形成、展开和解决的过程。教师要精心创设冲突情境，把学生搞“糊涂”，让学生不断产生问题，问题就是冲突。高质量的问题，有利于充分调动学生参与和探究的积极性，还有利于推动教学顺利完成。

从学生的角度来说，在学习的过程中，总有着认知上的冲突，建构上的冲突，良好的教学，就是在这种动荡的冲突中，重新生成和谐的知识。

契诃夫说过，人有三个头脑：父母给一个，书本给一个，生活给一个。这句话意味深长，我把这三者理解成生命、知识和生活。我们所有的教学冲突，都是为了实现新教育理想课堂的最高境界，即知识、社会生活与师生生命的深刻共鸣。唯其如此，我们才能说课堂教学在实现人与知识深刻共鸣的同时，也实现着人与人之间、自我之间的深刻共鸣！我们才能说，课堂教学不仅实现了知识的复现，而且也实现了人的复活——学生与教师生命的复活。但在实现人与知识、人与他者、人与内在的灵魂深刻共鸣的同时，我们还需要实现最后一个维度：课堂与社会生活的息息相通，课堂与人类命运的息息相通。我们希望，在我们的中小学课堂上，“与其粉碎任何刚刚觉醒的意识所具有的自然的好奇心，不如把它引向最初的探询：什么是人类、生命、社会、世界、真理”。[①]

## 五、建构

建构主义认为，学习活动包含四个因素：学生的背景知识，学生的情感，新知识本身蕴含的潜在意义，新知识的组织与呈现方式。学习活动要发生则必须满足两个条件：学生的背景知识与新知识有一定的相关度，新知识的潜在意义能引起学生情感变化。

在对知识的看法上，建构主义者认为：知识并不是对现实的准确表征，它只是一种解释，一种假设。科学的知识包含真理性，但不是绝对的唯一的答案，需要学习主体针对具体情况和具体情境进行再创造。另外，建构主义认为，知识不可能以实体的形式存在于具体个体之外，尽管某些知识得到了较普遍认可，但并不意味着学习者对这些命题有同样的理解。

在认识论上，建构主义认为人作为认识的主体，不是对现实的“复制”，而是根据自己原有的经验，以自己个性化的方式，对现实进行选择、修正，并赋予现实特有的意义。因此，认识不是来源于现实本身，而是来源于主客体之间的相互作用，这一点正是建构主义在认识论上的飞跃。建构主义的认识论是能动的反映论，它对认识个体的主体性给予了前所未有的关注，为科学处理教学过程中的师生关系，充分发挥学生的主观能动性提供了认识论方面的理论依据。

新的课堂，可以说充分关注了学生知识背景和情感变化，开放性的话题的引入，有助于每个学生从自己的背景知识入手，参与到讨论和交流中去。而探险的过程能够始终保持学生积极的情感。对话中要悬置自己的思维假定，似乎和建构主义强调的“前见”有矛盾之处。但千万不要忘记了，在对话中，发现自己的思维假定（个人意识）、个人无意识、集体意识、集体无意识，然后，在对话中不断修正谬误，至少可以达成相对清晰的认

---

① 埃德加·莫兰《复杂性理论与教育问题》，P164.

识或临时性共识。

在建构的过程中，在师生共同探险、共同对话的旅程中，矛盾冲突必不可少。而建构的过程，新知识达成的过程，恰恰就是在矛盾中产生。新知识、新观念的到来，必然使原有的知识结构失去平衡，而失衡自然是反常的、不稳定的，它必然要在一个新的过程中，通过激烈的斗争，达成一种新的平衡。这个过程就是和谐的建构过程。

## 六、绵延

绵延是我取自柏格森的一个概念。在柏格森看来，绵延是一种不能用知性和概念来描绘，只能用直觉来把握的、不可预测而又不断创造的连续质变的过程；是包容着过去，而又突向将来的一种现时的生命冲动。

也就是说，生命是由时间绵延而成的，世间万物都在时间的绵延中变化创新；人作为最高知性的生命体，正是在课堂中，正是在这种变化创新中实现自我价值，从而获得更大的充实感。时间的绵延就意味着发明，就意味着新形式的创造，就意味着一切新鲜事物连续不断地产生。

外在世界之所以千变万化，其根本原因在于构成世界终极本体的绵延是川流不息的，“对有意识的存在者来说，存在就是变异，变异就是成熟，成熟就是无限的自我创造”。从这个层面上来看，课堂的结束只是空间授课的结束，而在时间的绵延中，下课只是一个新的开始，是过去之物连续不断的一个前进的过程，它与未来连接，并且在前进的过程中不断壮大。

问题是思维的发动机，思维，永远从问题开始。而答案，却成了谋杀思维的刽子手，思维，在找到答案时往往突然死亡。因此，要保持绵延的态势，就要保持新问题的不断产生。从这个角度说，课堂是让学生“自己带着问题来，生出新问题去”，如何让学生在离开语文课堂之后，不离开语文呢？答案是让问题伴随着每个学生，在绵延中潜滋暗长。

# “三有六让”

## ——让学生真正成为课堂的主人

理想课堂的表征，我把它归纳为“三有六让教学法”：“三有”——有趣，有情，有理；“六让”——目标让学生清楚，疑问让学生讨论，过程让学生经历，结论让学生得出，方法让学生总结，练习让学生自选。

“三有”应该属于我的整体教学风格，“六让”可以看成是我对有效课堂的一种探索。

### 一、“三有六让”提出的背景

由于考试的异化，现在的学生很苦，教师很累，教育很危险。很多学生说，他们头上也有三座大山，家长的压力，学校的压力，社会的压力。很多教师一年年一天天，“毁”人不倦，把没有文化的奴隶培养成有文化的奴隶。

新教育的理想课堂：应当是预设与生成、封闭与开放的矛盾统一体。它的核心理念是“为了一切的人，为了人的一切”。“为了人的一切”，就是要以人为本，以生为本，促进每个个体最大限度的全面发展。新教育提出了理想课堂的“三层”“六度”。

第一个层面是教师层面。亲和度，教师要有大爱和大智，渊博、理解、宽容、睿智，让学生喜欢自己，达到亲其师信其教传其道的教育效果。整合度就是教师具有对教学资源宏观驾驭的能力，以语文课为例，文路决定学路，学路决定教路，打通这三路的联系，寻找“作者心、教者心、学生心”之间的情感点，狠抓“调动点、制高点、增长点、延伸点”，注重课堂的“乐趣、情趣、理趣”。把这些整合好，教师就可以闲庭信步，游刃有余。

第二个层面是学生层面。参与度是学生整体在课堂上思维活跃程度的真实写照，是学生主动学习、能动学习的真情流露。参与度很大程度上建立在学生对自己学习意义的认知上，建立在老师的魅力引导上。由于新教育倡导的是老师行走带动学生行走，所以，能够很好地保证学生的课堂参与。练习度是学生运用知识、解决问题的能力，是学生把知识转化为技能的过程，是学生进入知识海洋并自由畅游的深浅度。

第三个层面是师生互动的层面。自由度是师生互动共同营造的一个民主和谐的场，也是和谐课堂形成的必要元素。在课堂教学中，师生共同营造民主宽松的学习氛围是培植学生生命活力的土壤。在一定意义上说，教师善于为学生营造宽松愉悦的学习环境，甚至比自己学识渊博显得更为重要。为此，教师要积极营造一种“同行、同心、同乐”的民主氛围，在课堂中，力争做到人人心胸开阔，个个阳光灿烂。让学生获得一种生命安全感，让微笑从心底流淌出来，让每个个体都赢得统一的尊重，得到同样的重视，获得同等的发展机会。让每个学生都有成功感，都有灵魂的依靠，都感到做人的幸福和快乐。教师能够用激情和智慧点燃学生，学生能够自由洒脱的发挥，课堂在一种民主、和睦、融洽自由的状态中达到最佳教学效果。拓展度是师生的互为拓展，是知识双向流通的渠道。课堂的延展度，不仅包括课堂上打开学生视野、拓宽学生思维、培养学生探究、鼓励学生质疑，还包括课外的多种形式的小组活动和交流，课外的师生互动就是最好的延伸。

正是在这个基础上，我提出了“三有六让”的教学方式。

## 二、“三有”

兴趣是最好的老师。那么，什么是高层次的有趣呢？

那就是要教给学生终身有用的东西，对学生的生活有意义、有价值。联系活生生的社会生活，注重思维训练和智力挑战，让学生变得更聪明。对学生而言，这些知识就是有用的、鲜活的，也是有趣的。

教育是科学，也是艺术。是科学，就有理性，是艺术，就有感性，充满着审美。

有趣就是发扬审美感受力，有理就是提高逻辑推导力，这样一来，课堂中既有文学的阐发，又有科学的概括；既有艺术的具象，又有科学的抽象；既有文学的“结晶”，又有科学的“结论”。理想的课堂，就是要实现“感性”和“理性”的沟通，“艺术”与“科学”的匹配，让学生最初在形象感染中陶醉，最终又在逻辑推理中清醒。

## 三、“六让”

**目标让学生清楚。**

当然，我这里强调目标，不是老师一个人的闭门造车，而是师生合作共同制定的目标，而且决不拒绝未曾预约的精彩。

目标要明确、具体、集中。明确，才能起到定向的作用；具体，才好落实；集中，才便于组织教学。

目标之间要紧密联系，这种联系，我认为不仅是知识上的联系，还应该是逻辑上的关联，认识上的深入。

**疑问让学生讨论。**

罗素曾经问穆尔，谁是你最优秀的学生。穆尔回答说，是维特根斯坦。因为只有维特根斯坦在听课时，有迷茫的神色，而且有问不完的问题。后来，又有人问维特根斯坦，罗素为什么退步了。维特根斯坦回答说，因为罗素没有问题了。由此可见，问题的重要性。

教育最大的问题，就是学生没有问题。要知道问题是前进的号角，提问是智慧的表现，有问题的学生，一定是有收获的学生。

爱因斯坦说，发现问题，提出问题，永远比分析问题，解决问题更重要。对于学生提出的问题，老师不要抢答，而要无限相信学生的潜力，让学生讨论，群策群力地完成解答，让他们获得成功的乐趣。毛泽东当年相信群众，依靠群众，发动群众，取得了中国革命的胜利；我们今天只要相信学生，依靠学生，发动学生，也一定能取得教学上的胜利。

**过程让学生经历。**

经历体验式的学习，是人本主义学习理论的精髓，也是无为教育的核心。过程远比结果更重要。这种探究式的强调过程的学习，并不在于让学生得出什么结论，更不是引导学生搞发明、搞创造、搞科研，而是要让学生立足于长期的、大量的、平凡的、琐碎的探究过程，养成严谨的态度，批评的意识，独立的精神，以及相应的合作能力和实践习惯，并积极配合新课程标准中所提出的“倡导自主、合作、探究的学习”，真正来一次“学习的革命”。

**结论让学生得出。**

不要让学生做结论的见证人，而要让学生做结论的证明人，真正把课堂还给学生，让学生自主学习，自我约束，自立发展，教师只以平等的学长身份，参与学生的发展过程，决不越俎代庖。

**方法让学生总结。**

教师教给方法，就好像父母挣钱给孩子花，孩子没有体验到挣钱的艰辛，也就认识不到挣钱的价值。只有自己辛苦挣来的钱，孩子才能学会合理地使用它。学习方法的总结也是这样，自己总结的方法，哪怕是失败的教训，对学生都有百利而无一害。

**练习让学生自选。**

练习分层，让学生各取所需，这里的练习不是知识的重复，而是课堂的延伸，是在巩固所学的基础上，提出新的问题，是进一步把触角深入未知的领域里去，让学生拾级而上，享受智力挑战的乐趣，享受生命成长的快乐。

# 非常班主任的非常教育

## 一、写了一篇文章

1995年大学毕业，我一个人挑着沉重的担子，来到一所乡镇中学——汤沟中学教书。

校园对面就是长江，这个地方本来叫芦花荡，一个很诗意的名字，但诗意常常是和荒凉冷落放在一起的。

可能是假期的缘故，一进校门，我就吓坏了。那里哪像学校啊，几栋歪歪扭扭的平房，走廊上漏得一塌糊涂。到处是野草，到处是鸟粪，好几辆大卡车把这里当作了免费的停车场。我的自尊心遭到极大的打击，落叶似乎也不近人情，一片一片的，宽大的，随着风刮过来，就像恐怖片。

不久，任务分派下来，我担任初一（2）班的班主任。

与学生见面，是在一个我特意营造的和谐的氛围里。我给学生写了一篇美丽的文章。在这篇歌颂校园的文章中，我把所有学生的名字镶嵌在其中，我大声地把这篇文章朗诵了一遍。

之后，我说，从现在开始，我们就是这篇文章的组成部分，我们镶嵌在一起，起承转合，密不可分。我希望我们不仅是一个整体，一篇美文，我还希望我们是一个家庭，有着温暖和期望。如果站在真理的一边，我们可以无所畏惧，当然也不用说怕校长了。同学们读啊读啊，读到最后，都熟读成诵。我巧妙地展示了我的写作才华，并恰到好处地安排了我和孩子们的第一次见面。

## 二、做了两次“恐怖分子”

匆匆“组阁”之后，我发誓要给学生完全的民主，让学生学会在和谐中相处，在文明中自律，但民主有时候是要付出代价的。

首先，因为我的民主、平等，班级一部分孩子认为，班主任是老实人，好欺负。一些“根红苗正”的孩子，甚至认为我不负责任。不如老师说了算，既方便又简洁。到了后来，民主宣扬到了极点，学生民主意识空前高涨，甚至演化成了放纵意识，让很多授课老师大为不满。我也承受了巨大的压力，校长也来找我谈话，谈得很委婉，但意思表达非常明确。

鲁迅先生说，民主是最容易滑入专制的，可谓不刊之论。我一怒之下，立马从民主滑入了专制。

“整风运动”的第一刀，就选择了班里一个最大的刺头谢××，这家伙有点痞气，有点满不在乎，似乎一切都不在他眼里，都是老师玩的小儿科。

我选择杀鸡骇猴的对象就是他，只能是他，兵法上说“擒贼先擒王”的道理，我当然懂。老天有眼，有一天，谢××竟然没有交作业，我逮住了这个机会，就像中了大奖。那天上课之前，我就准备好了“刑具”，一根粗壮的柳条，还有春天的痕迹。上课的时候，我先把柳条郑重其事地放到了桌上，我的孩子们哈哈大笑，他们不知道厄运就要来临了。我耐心地等他们安静下来，一字一顿地说，我今天要打人，狠狠地打，因为有人放纵到作业都不做了。我命令这个人自动站起来，孩子们大气也不敢出，教室里沉寂得就像死亡一样，谢××终于缓缓地站了起来，佝偻着腰，低着头，像一个犯人。看到他那副蔫巴巴的样子，我更加愤怒，我大声呵斥："说！为什么不做作业?"他什么也没有说，但，眼睛里已经有了泪水。那一刻我心里一动，几乎就要前功尽弃了。但想到我先进的教育理念，都被这帮家伙糟蹋成笑话，我就咬紧牙关。我让他伸出手来，挥舞着胳膊狠狠打去，柳条呼啸而过，他像被枪打了一样，浑身猛地一颤，身体倾斜了一下，又把手伸出来，于是，我继续打……到了后来，他反而没有眼泪了，机械地把手伸出来，被抽打缩回去，再伸出来……他的眼睛里有着决绝的味道，那种眼神我怎么也忘不了。

孩子都吓傻了。先还有人看，后来所有的人都低着头，在鞭子呼啸声中，每个人都在颤抖。我的效果达到了，我立马约法三章，并且说，违反这些规定的，打无赦！

那以后，令行禁止，但我却怎么也高兴不起来。我是用拙劣的恐怖手段，实现了我的教育目的。更严重的是，我失去了孩子们的笑脸，原先只要我到班上，孩子们就会围住我，看看我书上写着什么，他们把本子交过来，会折在作业的那里，省得我翻来翻去。还有一次，我的钥匙落在班上，好几个学生争抢着给我送过来。可后来，有一次我的书忘记拿了，找回去，发现我的书就躺在讲台上，上面满是粉笔灰，孩子们连我的书也惧怕了。

那以后，我想了很多办法改善和学生的关系，但都没多大效果。终于，一次运动会改变了一切。在运动会上，我为我们班每一个孩子加油，我喊破了嗓子，奔走在每一个角落，最终，我们获得了团体总分第一名。我们都高兴得疯了，跳啊跳的。在胜利的庆祝中，面对全班同学，我向谢××说了"对不起"。尽管那是一个迟到的道歉，但我最终解除了内心的魔咒，也重新获得了孩子们的喜爱。但是，假如缺少运动会这样的契机，假如没有这些善良可爱的孩子，我可能会永远遗憾下去的。那个时候，我还是没有想到，简单的一个道歉，谢××的伤痕就能够被抚平吗？谢××后来辍学了。我不知道是否与这件事有关，这只能是我终身的遗憾了。

还有一次打人，是到初三了。

一次模拟考试中，我巡视班级，看到了我班的郑俊生正在偷看。他突然看见我了，浑身抖了一下。我从来不因为成绩不好歧视学生，只要努力了，就是好学生。但我无论如何不能容忍我的学生作弊。

放学的时候，郑俊生主动找我来了。这家伙很聪明，干脆“送货上门”。他说：“老师，我知道错了，很后悔。老师，你打我吧。”我说：“你啊，知道错，就好了。下次不要再犯了。”他还是不走，说：“老师，我愿意受罚，这样我心里好过一些。其实，我不想抄的，但糊里糊涂，没有管住自己。打我吧，老师，我就记住了。”

我心头一热，宿舍里正好有一根棍子，我拿起来就打，打了三下，棍子就断了。我的心痛到了极点，打完后，我对他说，你是好学生。老师今天打了你，也要惩罚自己。我把左手伸出来，用吃奶的力气，狠狠地打了我自己三下。这个秘密，只有我和郑俊生知道。在中考前最后的三个月里，郑俊生每天都在进步，我也每天都和他交流。中考成绩出来的时候，老实说，我最关心的就是他。那年，我们班级考得真好啊。但他还是没有考上，差了两分，这对他而言，已经是奇迹了，但我仍然感到遗憾不已。成绩出来的第二天早上，很多考得好的同学簇拥着我，这个时候郑俊生也来了，他问我：“老师，我有没有考上？”他的眼睛里流出乞求的光。我像一个犯错的学生，低声说：“就差一点，你……你已经很好了。”他扭过头，紧紧地趴在教室的墙上，大颗大颗的眼泪顺着他的胳膊流下来。我什么话也说不出，眼泪也流下来了，从后面紧紧地搂着他。这是两个男人的拥抱和哭泣。

后来，郑俊生给我来信，他当兵了。再后来，他告诉我，他在部队里多次立功，再后来，他成为一名军校的学生。还给我邮来了相片。他想告诉我，他和那些孩子一样优秀。当然，他还在信中回顾了我的那一次刻骨铭心的惩罚，还有那一次伤心欲绝的拥抱。

## 三、从实质正义到程序正义

1998年，我完成了我的首届初中班，校长和老师们给了我很高的评价。下半年，学校委以重任，让我接任高二（5）班班主任。在长长的暑假中，面对即将到来的新挑战，我反思了我三年的班主任经历。老实说，不为成功找理由，也要为失败找教训啊。我逐渐意识到：

1. 民主实际上是一种妥协。

民主是一种妥协与合作的机制，一种讨价还价的机制。为了争取自己的民主权利，每个同学势必要尊重他人的民主权利。

2. 平等实际上是一种制约。

平等不是口号，而是行为，不仅是行为，更是一种思想。因此，要把平等转化为长期实践，转化为自然而然的行为，转化为一种精神的本能冲动。

3. 自由实际上是一种超越。

自由观念的产生过程，正是人一步步实现超越的过程，其标志就是自我意识的萌芽和主体意识的苏醒。人在追求自由的过程中，逐步完成了对“物”的超越和对“他”的超越。对“物”的超越，表明人越来越关注到自己的内心和精神。而对“他”的超越，标志着对自我的解放。

4. 宽容实际上是一种力量。

天底下没有完全相同的两片树叶，当然也就没有两个完全相同的人。教师应宽容学生的思想，宽容学生的个性，甚至宽容学生的缺点，让学生在关爱、自由的空间中成长，才能培养出自尊、自爱、自强的真正人才。

5. “唯新”实际上是一种本色。

“唯新”本质上是对新领域的探索和求知。我们每天都必须吃饭，不吃饭就活不下去，但我们仍然要换个花样，挑个菜肴，才吃得舒心，吃得精致和畅快。班主任工作也如是。

在所有的总结之中，我最重要的反思是，整个初中，我更注重教育效果，或多或少轻视了教育的过程。为了效果的达成，我甚至运用了各种各样的手段。这种白猫黑猫论的方法，让我十分痛苦，我只注重了实质正义，而忽视了程序正义。换句话来说，我是用专制的方式来完成民主的启蒙，这种启蒙依然是可怜的，不值一提的。在总结了诸多教训之后，我开始获得了很多认知，并走马上任。

## 四、从“我—它”到“我—你”

接手高中开始，我不再是培养学生，而是“驯养”。我和学生互相“驯养”，把对方变成生命中的独一无二。“驯养”实质上是把“我—它”关系，转化为“我—你”关系。

所谓“我—它”，就是将对象工具化，“它”被物化，是我利用、支配、控制的对象。而“我—你”，则是恢复“它”的主体性，变独白关系为对话关系。在对话中，每个人都不丧失自己，同时都在平等地表达自己，彼此之间建立起一种“驯养”关系。

接手高二的时候，我只提出一项条件，就是学校必须让我有独立的想法和思路。我要让学生的思想有自己的跑马场，我不再是一个指导者，我是一个参与者。接手班级以后，我有一周没有上课，而是和学生重点讨论四个话题：你了解你的父母吗？你懂得父母的艰辛吗？你知道农村的贫困吗？你有信心吗？

最后，我们每个人都发出呐喊，我们要把未来掌握在我们手里，我们自己改变命运！

课堂永远是班主任获得尊重的重要途径。升入高中，我对课堂教学进行了大胆的改革，率先创建“高中语文自读课文小组授课式”。我们通过换位，引导学生研究教师的教学方法，实践教师的教学过程；再在实践之后的评价中，加深对教与学的认识。对教法的深入理解和感悟，有助于学法的更新和改进，更何况学生在小组授课中，培养了团队精神，加强了合作意识，还体验到老师的艰辛，也有助于和谐师生关系的建立。

德育是教育的第一生产力。班主任不仅要关注学习，更重要的还要注重道德教育。道德教育不仅是终身教育，还是其他所有教育的助推器。一旦我们的学生成为一个文明的人，一个大写的人，学习和发展自然就成为他们的第一需要。

我仿照央视节目《道德观察》栏目，由学生自荐或民主推选班级的“道德模范”。然后，我聘请这些“道德模范”担任班级的“道德观察员”。“道德观察员”负责监督班级的道德建设，并向班主任和同学们反映本班的道德建设情况。学生往往反感老师的道德说教，却愿意接受“道德观察员”

的监督，不少学生甚至采用签名的方式，支持“道德观察员”的工作，并主动向他们学习。事实表明，道德水平的提高还有助于学生降低内耗，提高学习效率，并且有助于他们发展健康的个性，逐步形成健全的人格。

还有班级文化建设，在高中这几乎是班主任工作的重头戏。班级文化建设，我主要从氛围营造、环境布置、活动开展几个方面来进行。

在集体之内，我积极营造一种“同心、同行、同乐”的民主氛围，力争做到人人心胸开阔，个个阳光灿烂，让生命获得一种安全感，让微笑从心底流淌出来，让每个个体都赢得统一的尊重，得到同样的重视，获得同等的发展机会。让每个个体都有成功感，都有灵魂的依靠，都感到做人的幸福和快乐。

在环境布置上，我采用“每周一新”的方式，包干到组，每组四人，每周之内，让班级焕然一“新”。通过张贴大师画像、名言精粹，介绍名人传奇、名人业绩，让班级充满文化气息。同时让资料的提供者，举办一次主题名人的讲座或故事会，让名人的经典在学生的脑海中潜移默化，润物无声。

在活动开展上，我坚持一项原则，活动内容由学生讨论决定，不拘一格，唯求实效。可以是经典影片的影评，可以是读书经验的交流，可以是有关阅读的辩论，还可以是文化遗迹的走访……特别是美文荐评活动，深受学生欢迎，成效显著。

事实证明，我的这些措施取得了重大的收获。高三最后一个学期，我和学生做了一个刺激性的游戏，我用一个特大的信封，装好学生给自己设定的目标和梦想。然后，我们师生把它用封条封起来，等待高考尘埃落定，我们一道揭晓。那以后，我们常常提到我们的梦想，但谁也没有权利打开它，这是一个我们共同沉睡的梦！

2000年高考揭晓，学生一个接一个打电话向我报喜，那一刻，我满眼都是泪水，那一刻我只会说两句话，一句是好，一句是谢谢你。结果，我们班级高考指标300%完成。我们用自己的汗水诠释了一句名言——除了自己，没有谁能够把你打倒！

2004年，我转战到了一个新的天地，班主任工作也告一段落。然而，每每想起那段激情燃烧的岁月，我依然激动不已。得天下英才而育之，不亦乐乎？

# 一个人的阅读史

**作者：**王开东

**点评：**干国祥

皮鼓昨天和我说：“开东，你也写一写你的阅读史吧，我们都写了。这也可以作为研究中心的案例。”我其实对这个史那个史非常惧怕，以为很宏大叙事，和我这样的小人物是绝无关涉的。但反过来又一想，瘌痢头的儿子自己的好。每个人的阅读，虽然与外人无关，但对自己而言，这种阅读串联起来的人生种种，不是潜移默化了我们？既然我们绝难两次跳进同一条河流，称之为史，又有何不可呢？

【**评点：**典型的文青或才子型开头，总要铺叙一下，哈哈。】

## 一

小学的时候，家里极其贫穷。现在想来，我并不以为痛。也许正是这种贫穷磨砺了我，使我在以后的人生中，无论遇见什么样的困难，总能谈笑自若，从来没有苦累之感。但是这种客观的家境，却使得我小的时候，很少有机会真正地阅读。

【**评点：**穷、富都只是物质条件，真正影响人的是心理，即人对环境的理解与解释。但这个解释，事实上又不是天赋，而是来自父母的人格、父母的教育，以及周围的文化环境。所以，生命最早的阅读，是父母，是文化环境，是文化语言下的自然环境。开东虽未把这个列入阅读内容，但书写这个阅读史时，显然有种感觉。】

我最初的读物只能是小人书，我对四大名著的原初认识，就是从小人书中来的。对小人书，我如此痴迷，只要有时间，我就整天泡在书摊上。那时候，我们只需花一分钱，就可以在小人书摊上看书，一般是一本，但老板其实并不深究，有时候，你完全可以看半天，甚至更多。宁可不吃饭，多看小人书，成了我许多周末的常态。

**【评点：**人小书，即连环画，上世纪50—80年代的绘本。但同样的小人书，导向哪里也是个未知。开东讲由小人书而四大名著，这里是能够说明一些东西的。**】**

我还曾经偷过书，印象非常深刻。

**【评点：**轻轻一笔，可见当年对书的痴迷，也可见开东的本质是审美、情绪而非道德的。**】**

有一天晚上看露天电影，放的是《白莲花》，一个漂亮的女强盗，英姿飒爽，惯使双枪，武功深不可测。她总骑在一匹高高的白马上，打家劫舍，来去一阵风，后来在我们党代表的影响下，也许是在爱情的吸引下，白莲花改邪归正，投入革命的怀抱。但最终她却壮烈牺牲了。她战死的时候，电影里的歌声响起来："白莲花，白莲花，幸福的花，投身革命，找到了家……"

我的眼泪止不住地狂流，擦也擦不完。回家的途中，我泪眼婆娑，看不清地上的路，好几次跌倒在地，甚至觉得活着没有意思了。白莲花死了。那么美好的东西消失了，我们这样渺小的东西，还在活着，有什么意思啊？我怀疑我最初英雄主义情结的萌生，就与这个人物有很大的关系。我常常怀有一种侠义精神，喜欢主张正义，我虽然没有武力摆平别人，却总是不由自主地挺身而出，尽管内心里非常胆怯，我常常色厉内荏。后来德国媒体嘲笑中国球员邵佳一是"没牙的老虎"，这个比喻用在我身上，真是异常妥帖。

**【评点：**开东自诩是侠义，但我读来读去，读到的却是审美与情感。我认为，与其说开东从这里获得的是道德正义，不如说是怜香惜玉——包括对美好事物、柔弱事物的珍惜。**】**

因为父母管教严格，只要我打架，无论对错，那就是天大的罪过，就是"竹笋炒肉丝"。小时候我虽然常常管闲事，但挨揍并不多，因为我总是抬出大人和大道理来说服他们。

**【评点：**是聪明也是狡诈，呵呵，不过也因此，真正的正义与挺身而出就会比较困难。因为在这种关系中，人习得的是另外一种生存模式。甚至我们可以更进一步推论，在这样的关系中，孩子会发现道德话语（大道理）是一种极高明的武器，谁拥有这种武器，谁就能够无往而不胜——我是说，这可能是潜意识形成的，他会真诚地认为，自己是信奉这些“大道理”的。】

有一次在小人书的摊上，突然间看见了《白莲花》，我简直癫狂。我以为只要我拥有了这一本小书，就可以让白莲花不死，至少永远活在我的眼前。我用我自己的一本《乔老爷上轿》调换了《白莲花》，结果被胖胖的老板娘当场捉住。因为老板娘有客人在场，并没有难为我，但我从此就不敢去那个书摊了。小人书的缘分从此断裂。以后只能是自己买了，但总是不满足，要积攒很多天的钱才能买一小本，而一小本我一会儿就读完，何其痛苦哉！

**【评点：**开东的特点是我欲我求，但不强取；泛读广猎，但不做深究。这也是典型的文学阅读。当然，有另外一路文学阅读，是品味语句型的，譬如读诗，摘妙句。而开东是形象型的，形象之次为情节为故事，情节故事之次为语文之精美。】

《三国演义》的小人书，我好像觉得是每回一本，比如《李郭交兵》《甘露寺》《张松献地图》等等。《水浒传》中的人物图也很有意思，至今李逵、宋江等人的影像，还深藏脑海之中。为了读到好书，每天我上学的途中，都要给别人说书，我的说话能力，因此而形成。

**【评点：**多读书的优势就是能讲故事，多讲故事的好处就是因此而善于讲述。但善于讲述的人有两种，一种不仅善讲而且善听，另一种善讲而不善听。开东有幸，是属于能听的类型。】

我们村上有一个木工，那个时候，手艺人是很受尊重的。他家常常有一些好书，我对《少年文艺》的喜爱，就是从他家开始的。有一次我看到上面一篇文章，叫《捉蜜蜂的孩子》。就算在今天，这样的文章，应该还是经典。

男孩子很喜欢蜜蜂，常常在路上捉蜜蜂，忘记上课。

有一天照例男孩子又迟到了，老师提问他，问：上节课所学课文的中心思想是什么？男孩子竟然回答：四则运算的顺序是先乘除，后加减。同学们大笑，男孩子慌忙又改掉了，说：不对，是先加减，后乘除。同学们更加爆笑。他连语文课、数学课都没有搞清。

老师让男孩子坐下了，继续讲课。男孩子担心火柴盒里的小蜜蜂闷死了，想让它们透透气，就轻轻地打开一条缝，谁知道蜜蜂们一下子全挤出来了，到处飞。

女生们吓得尖叫，到处乱跑，男生们却来劲了，追着蜜蜂打打闹闹。班级乱成了一锅粥，老师发火了，让捣乱的学生站起来，男孩子吓蒙了。最后，女班长把他的火柴盒交给了老师，还狠狠地瞪了他一眼，那双眼睛漂亮极了。

男孩子却不喜欢她，女班长和他同村，成绩很好，对他也不赖。但她也有不好的地方，一是不给抄作业，二是喜欢告状。这一次出卖自己的，又是她，男孩子在心里骂她——长嘴鳗。

回家的时候，男孩子又爬到树上，弄一个大大的蜂窝，结果蜜蜂们倾巢而出，男孩子失手从树上跌下来。男孩子晕过去了。

男孩子醒过来的时候，发现自己躺在椅子上，长嘴鳗正在和他的妈妈“告状”，说他不小心跌倒了，扭伤了脚。然后，拿了一盆热水，给他洗扭伤的脚。她的手指，那么纤细，摸过他的脚，很舒服，摸过的地方好像就不痛了。然后，就有几点滚烫的泪珠，砸在他的小腿上，或许也是热水吧。有一种异样的情愫升起来，男孩子心里不再骂她了。

第二天，小姑娘又来了，搀扶他上学去。他们俩约定，她教他学习，他告诉她怎么样养蜂。她后来还征得老师的同意，在学校里弄了一个蜂房，给蜜蜂们安了一个家，老师还聘请男孩子做蜜蜂讲解员，一个怪异的孩子养成了好性格。两个人的友谊也加深了。

我之所以不厌其烦地叙说这个故事，是因为它历尽三十年在我的脑海里仍不褪色，这绝对是有原因的。我怀疑是这个故事，启发了我内心里一种朦胧的情愫，纯真的友谊，还有淡淡的异性间的好感，那么纯，那么美。包括以后在教育中，我从来尊重孩子们的个性和愿望，世界上没有两片相同的树叶，当然也没有两个一模一样的人，我们为什么要强求孩子们一样？

【**评点：**叙事与议论之间有些脱节。开东的意思是说，生命是如此神奇、偶然、偶遇，我们岂能简单规划？但说成强求孩子们一样就有些把这个故事的丰富性给窄化了。这个故事确实耐人寻味，更耐人寻味的是它居然对一个青春期前的孩子产生了如此深刻与久远的影响。总是这样，在海量的故事中，从海量的接触过的文字中，不同的生命因为不同的“因缘”，会与不同的诗句、不同的形象、不同的故事产生“缘起”，相互编织。那么多看过《白莲花》的男孩，就这一个成了情种，成为护花英雄，美的追求者与塑造者；那么多读过《捉蜜蜂的孩子》的孩子，就这一个影响终身。其实缘起之初的神秘，有时甚至已经不可能再复原，但缘起之后的“后果”，我们却可以看得清清楚楚。开东如果没忘记的话，可能你喜欢我的《天虫》，也正与这样的故事有关。因为它们在某种程度上是相似的叙事。在这样的叙事中，我们也憧憬着、书写着我们即将启动的青春。我们总是成为那个捉蜜蜂的男孩，总是不愿意做一个百分百的乖乖儿，总是希望自己的独特，引来另一个生命的青睐——这个原型，在《活了100万次的猫》里写得更为清楚。我们都是那只想成为野猫的虎斑猫，我们都盼望着有一天一只白猫，而不是那些庸俗的家猫走到我们面前——不，不是它走到我们面前，是虎斑猫走到它的面前。】

## 二

初中的时候，我迷上了武侠。第一次看武侠小说，把我惊得魂飞魄散。我以为武侠也是真的，一如当初以为白莲花死了，就是一个美好的生命逝去一样。我读的第一本武侠是《失魂引》。一个白衣书生，带着一个书童，偶然间来到一个庄园，这个庄园里到处都是死人，每个人的舌头都被割掉……究竟是谁杀了这些人？杀掉这些人的目的何在？而所有的指向，好像都是要嫁祸于这个书生。那么，这个书生是谁？他从哪里来？要往哪里去？所有这一切都是一个阴谋，一个悬念被揭开，另一个悬念又会产生。这种武侠模式后来十分常见，但当初给我震撼之巨大，简直无与伦比。这和我小时候听评书，截然不同。《岳飞传》《杨家将》的英雄算什么啊。《隋唐演义》中的第一条好汉李元霸，第二条好汉宇文成都，第三条好汉裴元庆，第四条好汉新文礼……第七条好汉小罗成，谁也不能传音入密，在千里之外，就可用声音杀人，在我看来，这才叫真正的武功。

**【评点：**正因为误以为它是真的，所以它才起到了那么深刻的作用。你相不相信童话？重要的不是童话是不是真的，重要的是只有你相信了童话，

你才能够从童话中真正地受益。武侠，以及言情，这是青春的宿命，一场青春的宿命，谁也不能逃脱——逃脱事实上是一种疾病。】

后来，《射雕英雄传》热映，我很快就迷上了金庸。有一天我在书店看到了《射雕英雄传》小说，大开本，封面上用简笔画画着射雕英雄，字是竖排的。我非常想买，书很贵的，上下两册，好像是一块二，这个价格在当时有点吓人。我昏头了，我一定要买。那个时候还是生产队，我父亲是生产队里的保管员，有一次我看到他把生产队里的钱藏在一个茶叶筒里，然后放在抽屉里。当时，我什么也没有想。

等到父母亲都下地了，我把门闩好，把小手伸进去，掏啊掏，终于摸到了那个茶叶筒，我的心都要碎了，心跳的声音今天还能听得见！我不敢拿出来，我害怕那个钱刺了我的眼睛，我随便从里面掏了一张，5元钱。我出了门，疯跑到街上，把两本书全买了，剩下的钱，我把它们藏在一个隐秘地方。

农村那个时候，每家每户都有大桌子，大桌子的上方都有放开水瓶的茶几，一般都是水泥砌的，也有有钱的人家是用木制的。我们家是泥砌的，下面是竹子担的，竹子头露在下面，我把钱塞进去，外面再用一大团纸死死堵住。我整天提心吊胆，提心吊胆。好在我父亲和母亲都没有提起，我也渐渐地忘记这件事情了。只是，我不敢再动用那一笔钱了，我心里很惭愧，毕竟我是一个好孩子嘛。至于以后那些钱怎么用掉的，我今天已经记不得了，老房子早就拆了。也许最终没有拿吧。

直到有一天晚上，父亲在黑暗中问我母亲，有没有在公家堆里拿钱。母亲说没有拿，责怪父亲记错了。父亲马上找出账本，两个人对了半天账，还是少了5元钱，最后似乎还吵了架，母亲骂父亲，父亲嘟嘟囔囔……

我后悔死了，巨大的负罪感压迫着我的心，这么多年，我不敢回首，甚至到我父亲去世了，我也没有和他说起这一段过往。现在我很后悔，我知道如果后来我说起来，不仅我会放下这一段罪孽，我父母亲也会大笑，说不定会感叹，果真是家贼难防啊。

【**评点：**似乎每个人都有过小偷小摸的记忆，不过开东这个经历时年岁已长，有点令人诧异。当然，在开东当时的心里，这是朝向美好事物，即便上刀山也是值得的。】

不过，我用《射雕》做诱饵，交换了很多好书看。我就是从《射雕》开始，看完了金庸的所有作品，从此只爱金庸，一直到我工作的第五年才接受古龙。金庸作品直接启发了我的爱情观，我最喜欢的人是小龙女，冰清玉洁，不食人间烟火，单纯到极致，睡在绳子上，养小蜜蜂，在桃花丛中练双剑合璧，在绝情谷中喝断肠水。

【**评点：**这生意做得好！小小的偷窃，迷人的书籍，大量的故事，完美的形象……就这样，生命被神秘地交织，我们谁能判断这其中的是是非非？开东喜欢我《不听话的意义》，也许只是因为读到了自己吧。】

那个时候，除了读武侠，我还读过一本奇妙的书《特殊身份的警官》。这本书常常是好人遭殃，敌人得志，而且敌人的智慧一点也不比好人差。可以说，这本书启蒙了我的认识观，后来，很多丑化、脸谱化、千人一面的文艺作品，包括大量的国产电影，我都嗤之以鼻。里面有两个人物，给我留下深刻印象。一个是敌人的警察局长，叫骆伯谦，老奸巨猾，他有一个口头禅，就是“啊”。这个“啊”，通过各种各样的声调，能够表示无比丰富的含义，比如惊讶，愤怒，吃惊，思考，沉吟，观察，等待，倾听……

有一次，我们地下党，抓住了敌人的特派员，掌握了特派员的所有信息，冒充特派员打入敌人的内部。老奸巨猾的骆伯谦想试探他，于是采取了几个步骤，他先坐在特派员的上手，然后喝酒，依次行酒令。

第一个行酒令的是一个大老粗，说，排排肉骨如黄金。第二个接——金浆美酒送远情。第三个说，情人夜归空房静。骆伯谦接，静心独坐思佳人。骆伯谦之所以这样对，是因为特派员那个地方的人，说话有个细微的习惯，总喜欢把“人”说成“银”，特派员果然中计。骆伯谦还是不动声色。接着又装作喝醉，和特派员一道上厕所，故意把钱包掉在地上，里面掉出一张照片，上面是一个女人。骆伯谦问特派员，那个女人美不美？特派员急得满头是汗，自然说女人很不错。骆伯谦哈哈大笑，喝令把特派员拿下。原来，那张照片正是特派员的妻子，岂有丈夫不认识自己的妻子？

更厉害的还有一个老特务，原来竟然是警察局扫地的老秦，常常被警察局里的人骂，连警察局局长骆伯谦都被骗过了。

真正厉害的是他，这个大菩萨。老秦的成家过程，简直神乎其神。他出身贫穷，本地有一个大财主，老来得子，老秦经常带这个小孩子玩。这个孩子后来就离不开老秦了，老秦因此和财主夫妇也熟络了。老秦就开始一步步策划。他先经常逮青蛙给小孩玩，小孩追青蛙，一看到就追，这简直成了条件反射，他还经常告诉孩子水里很好玩，而青蛙就住在水里。有一天，财主和老秦带着小孩来到一条小河边，快到冬天了。老秦偷偷地放走一只青蛙，那青蛙一下子跳进水里去了。小孩子也扑通跳水里去抓。老财主急得抓耳挠腮。老秦一下子跳进湍急的水里，摸到小孩，抓住他的两条小腿，把小孩的头栽在泥地里，呛死了他。然后，假装摸了很长时间，最后才把小孩子的尸体弄上来。老秦自己也冻死过去。老财主安葬了儿子之后，非常感激老秦，就收下老秦做了义子。后来老秦又神不知鬼不觉地害死了老两口，从此发迹起来，一发不可收拾。这个人的毒辣心机缜密，神鬼莫测。我们的地下党哪里是他的对手，屡屡被他整得狼狈不堪。

【**评点：**开东叙事，有时候不做节制。不过开东为何如此细密地重叙这个故事？也许这里面有许多开东自己也未解开的结。事实上，开东也是一个“地下工作者”，他从独特的经历，从偶然的阅读遭遇中，养成了自己独特的性格，但这个性格，却需要若干真诚的假面。我前面说，开东是审美的，而非道德的，在这个故事里，这个密码有了进一步展开。但是，如果这个社会是道德而非审美的，你怎么办？当然是要像地下党员一样，或者特务一样，善于伪装。要能够纯熟地操纵另外一套语言，用另外一套语言赢得胜利。每个隆重讲述的故事背后，都有着深刻的生命密码，只是有时候，甚至连讲述者自己也未必能够看清它。于是开东是一个寻找蜜蜂的男孩，一个在其他语言环境中左右逢源的潜伏者。】

好像是初二的时候，下午上地理课，我一直偷着读这本书，读完之后，浑身通泰，依然沉浸在小说中。四下里一点声音也没有，老师上完课了，余下的时候，同学们在自习，我伸了一下懒腰，突然间说了声——你的，八路的干活。同学们先是惊呆了，接着哄堂大笑，我被老师揪着耳朵，拉到了门外，耳朵火辣辣地痛，我知道我闯下了大祸，不仅书被老师没收了，更重要的是，人生中第一次被老师请出了教室。

【**评点：**人生中第一次——因为开东是“好孩子”啊，他一直潜伏得很好啊。】

我孤零零地站在教室外，许多学生交头接耳，向我做鬼脸，我心里羞愧和愤怒交织，又害怕被坏孩子传到我家里，那个时候，我知道了孤立的可怕。在我以后的教育生涯中，我从来没有孤立过一个学生，也绝不请孩子走出教室，更不在家长面前告状。善良如我，家教如我，也有犯错的时候，孩子的过错，有什么不能原谅？真正不可饶恕的过错，常常是大人们犯下的。孩子是水做的骨肉，大人们才是泥做的骨肉。

**【评点：**是善，不是良。开东做这些，不是出于道德律令，而是出于对生命的敏感，是同理心。**】**

还是在初中的时候，我读了无数的话本小说，《三国演义》《水浒传》《隋唐演义》等等。我对上面的小字尤为感兴趣。我对诗歌的敏感，可能就形成于这个时期。那上面所有的小字我都能背下来。

比如描写两军交战，常常用一段诗词来渲染：

一队兵，一排枪威风凛凛。
二队兵，二刃锋神鬼俱惊。
三队兵，三股叉叉挑日月。
四队兵，四棱锏锏放光明。
五队兵，五节鞭鞭打上将。
六队兵，六花棒棒打天灵。
七队兵，七星剑吹毛利刃。
八队兵，八宝刀刀下无情。
……

**【评点：**这就非常非常幸运了，因为语言形式、叙事结构，这些形式方面的艺术成就，是属于浪漫文学中的精确部分。一般来说，若没有老师、家人指引，自由阅读中往往极少可能进入这种阅读的自觉。**】**

当时，对兵器谱非常感兴趣。后来读到古龙，发现他也用兵器谱来为英雄排名，真是深得我心。《水浒传》中的一百〇八将，每个人的绰号和兵器，我是随口说来。尤其不了解宋江何以能够降服众人，这个困惑很多年之后才解开。直到读到“上古竞于道德，中古逐于智谋，当今争于气力”，才明白仁者无敌。

**【评点：**有困惑才有所得，这是思维的真正的长度。但若当年阅读中有导师加以指点，那么精确阅读的目光，加上浪漫阅读的感受力与数量，将

会使得开东既有其丰其厚，又得其深其锐。】

至今犹记得有一段描写宋江的武艺，众人都要求宋江舞棍助兴，宋江趁着酒兴，也不推辞，有诗为证：

棍起朝天一炷香，
上前一步点胸膛，
上打泰山压顶式，
下打蜈蚣扫地忙，
左打大鹏单展翅，
右打猛虎下山冈，
八八六十四棍随手转，
才见得英雄棍法强。

【**评点：**这里不是宋江在舞棍，这里是开东在舞棍。一字一句，莫不是开东棍法，列位看官不可不察。】

## 三

高中生涯也许是我最贫瘠的几年，所读的书寥寥可数，不过这个时候，正是香港电影风靡大陆的时候，我看了无数的录像。周润发、刘德华、张国荣、任达华、成龙、元彪、万梓良等等，我都耳熟能详。女星中林青霞、林凤娇、何赛凤、恬妞、胡慧中、杨紫琼等人，从第一代霸王花开始，直到一代代凋谢。

只觉得香港的黑帮片很好看，我们常常几个人在一起交流精彩的镜头。常常是黑帮老大从监狱里放出来，从此改邪归正，屡受挑衅，就是不出手，直到亲人遇害，终于“收拾旧山河，朝天阙”。

尤其是周润发身高一米八，黑色风衣一穿，头发梳得流油，嘴里咬着一根香烟。面对着他人的枪口，依旧不慌不忙，常常把烟嘴吐到别人脸上，然后高高跳起，从长筒马靴里拔出两支枪，杀得天昏地暗。至今犹记得《英雄本色》的小马哥，还有梅艳芳用白丝巾裹住头发，简直明艳不可方物。

【**评点：**讲到梅艳芳处，才是开东本色。前面都只不过是男孩常色，只有于此处，才见开东本来面目。爱美、惜美，对细微之美的敏感。】

引以为耻辱的是，我是在高中阶段读琼瑶的，而且居然感觉还不错。

第一次读的是《窗外》，琼瑶的自传体小说，她爱上了语文老师康南。那个上面有琼瑶的一张黑白照，非常漂亮。后来是《彩霞满天》。觉得琼瑶的作品如果是外人写的，就庸俗不堪，但因为是琼瑶的创作，我能够原谅她的庸俗。琼瑶不矫情，她活在她小说的世界里。

琼瑶和出版商平鑫涛的见面，就很琼瑶化。在火车的喧嚣中，平鑫涛在万人之中，一眼就认出琼瑶，她穿着一身黑色的连衣裙，仿佛来自另外一个星球。琼瑶在那一刻被打动，从此两个人《心有千千结》，开辟了一个小说、电影、电视王国的建立。

琼瑶小说第一部还行，第二部就感到平淡，再就是逐渐平淡，终于味同嚼蜡。

高中阶段，我特别迷恋唱歌，对歌词有一种天然的喜欢。我记得无数的歌词，这加深了我对现代诗歌的喜爱。

最喜欢的是《木棉袈裟》的歌词。

难说我无情，
难怪你伤心，
难得三生有幸，
难忘一往情深。
……

轻舟流水同行，
相依相助相亲，
何必当初相识，
你我原本是路人。
……

茫茫天涯路，
处处是浮云，
只因辛劳伴我，
何苦枉自痴情。
不断须断该断，

不尽须尽该尽，
不了须了该了，
不分须分该分，
情，耽误锦绣前程。

**【评点：**高中阶段，看似错过，其实倒真是开东真面目。开东是文学青年，是才子佳人，至今仍然脱不净这模子。严格来讲，开东身上缺超越之气，而有随俗之心，这既是一种生存智慧——前面所说的地下党员，又是一种生命本色。因为超越的需要，往往起于大挫折，大磨难。开东智慧足以应付生命各阶段的困难，一直生活得圆融自然，所以，其情也温，也性也细。若今天社会流行这些歌词的研究，开东必定成为此中高手——不是顶类级，但一定是卓然。请记住，开东是感性的，用一种感性智慧在世间游走，乐感原则在他身上表现得淋漓尽致。**】**

## 四

大学阶段，微型小说一度兴起。我非常喜欢这种文体，几乎读遍所有的微型小说选本。然后开始读莫泊桑，读契诃夫，读马克·吐温，读川端康成。并关注文艺理论，当然最主要的是微型小说的理论。也就在这个时候，我开始进行微型小说的创作，大学期间我总共发表微型小说20多篇，很多作品至今收藏。微型小说特别讲究构思，讲究灵感，讲究炼字，我真正的写作功底，应该是这个时候打下的。如果说有浪漫期的话，这才是真正的开始，大学期间，我开始阅读大量的外国文学作品。

**【评点：**开东智慧面，便表现于细节的琢磨，而不表现为一种超越性思考。**】**

《战争与和平》《复活》《简·爱》《呼啸山庄》《刀锋》《德伯家的苔丝》《基督山伯爵》《理智与情感》《白痴》《汤姆叔叔的小屋》《傲慢与偏见》，读得比较杂，图书馆的外国文学作品基本上都看了，不过真正有什么影响，只有天知道。

**【评点：**因为其宏大，其主题有超越性，故开东得其一端，弃其整体。**】**

大学阶段由于老师的指导，开始喜欢马原，读了他的一些作品。感觉很难读懂，后来作罢。比较好读的是路遥的《平凡的世界》《人生》，还有就是张贤亮的《绿化树》《男人的一半是女人》，还有《穆斯林的葬礼》和《红嫁衣》，那时候就隐约感觉路遥是苦吟诗人，注定要短命，不过他用生命写作的人生姿态，还是给我很大的撞击。其次读的是王朔，我几乎读完了王朔的所有作品，当时是四卷本，对王朔的语言，叹为观止。尤其是《空中小姐》结尾的那一段，让人目眩神迷。

【**评点：**本体上，是性情，是生活，是爱情，而不是宏大事件，不是终极追问；方法上，是语言技巧，是言语智慧，而不是逻辑思辨。这就是开东。】

我非常不喜欢后来装神弄鬼的王朔，但是王朔不装神弄鬼，他还是王朔吗？

散文中，我读了梁实秋、周作人、张爱玲、北大的一个叫洪烛的人的散文，也很喜欢。不过，系统阅读的还是贾平凹，从他的商丘散文开始，一直读。再后来是读贾的《废都》，感觉贾想模拟《红楼梦》和《金瓶梅》，这本书后来禁掉了。相比较《废都》，同一时候诞生的陈忠实的《白鹿原》，绝对是经典。我读《白鹿原》，整整花了两天，读得满嘴的烟云和沧桑。

渭河平原五十年的风云变迁，画卷一展开，就是大手笔。尽管第一句“白嘉轩一生中一共娶了七房姨太太”很像《百年孤独》的开头，时空一下子拉开，正好施展拳脚。后来看到《白鹿原》中也一连好多天下起了血雨，模拟的痕迹太浓了。《废都》中直接抓住牛的奶就喝的疯子，《白鹿原》中神奇的白鹿，都很像《红楼梦》中的唱《好了歌》的癞头和尚。某种程度上，《红楼梦》也是中国作家的一个桎梏。

【**评点：**这是形式分析。这时候，开东已经有形式分析的自觉，是文学批评的某一路子，不是文化批判，也不是哲学追索。】

## 五

1995年我毕业回乡，来到长江边一所学校执教。

这是我人生中最美好的一段时光，每天上两节课，然后，在大树下打牌。

1998年，我一路过关斩将，获得无为首届教坛新星光荣称号，后来又荣获“十佳”师德标兵。这个时候，我开始研究教学，读了很多课堂方面的书，比如《魏书生、欧阳代娜思想集》、《爱心与教育》、《中国特级教师思想录》、《特级教师教案》（1～6册，山东教育出版社）等等。这个时候我关注的人物很多，比如余映潮的板块碰撞教学、李镇西的爱心教育、蔡澄清的点拨教学、钱梦龙的导读法，同时关注的还有培养语感训练的洪镇涛。一直到今天，我还是喜欢洪镇涛的风格。后来去北大的山东泰山六中的程翔，上课行云流水，不蔓不枝，也是我汲取营养的主要对象，至今还有印象的是，他上莫怀戚的《散步》，一堂课就是一次亲密无间的散步，还有就是他的《琵琶行》。

今天看来，这一阶段，我重点关注的还是课堂构思之精巧，导语之新颖，过渡之自然，思想内容的认识之深，课堂之上有高潮，有起伏，错落有致。也就是说，我还是在教课文，还没有上升到教语文，更没有任何课程意识。

【**评点：**一是现实的生活需要，二是这也是一个新的叙事领域——请注意开东对蔡、程课程的描述，就是自觉的叙事方式的。所以，文学的形式分析，既成为课堂的内容，也成为课堂的形式。这种自觉使得开东在此方面也得心应手。在专业化的道路上，自初中时自发养成的语言形式的关注，到大学时的自觉的形式创作，可以说是本体性知识上的自觉；而这一块，正是职业知识上的自觉。不过正如文学文化上的随流而不溯源一样，开东在教育学等方面，也是随流而不溯源的。其得在厚，其失在浅尝辄止。】

好像就在这个时候，我看了余杰的《火与冰》，这套丛书有一个很豪放的名字，叫草原部落丛书。这套丛书出一本我看一本，《铁屋里的呐喊》《耻辱者手记》《一个学者的智慧罐头》《深呼吸》《407楼208室》等等。认识了摩罗、孔庆东、毛志成等人，并一直关注他们的写作。直到后来看到钱理群的《拒绝遗忘》，这本书对我的思想发展有重要影响。我反复读这本书不下十遍。我真正认识鲁迅就是从这本书开始的，明白了真正的读书要看到书缝里的字，一直到后来我读钱理群的《我的精神自传》，这种想法愈益真切。

【**评点：**刚说不溯源，忽然就有了一点追本溯源的契机与味道，有了从文学走向文化的岔路。】

这段时间的某一个暑假，实在是无聊，图书馆的藏书基本上都是垃圾，只能借古龙聊以度日，谁知道竟然“沉醉不知归路”。也就在这段时间，我读完了古龙的所有作品。

古龙作品意境疏朗，意出尘外，想象诡谲，简直有庄子之才。古龙应该钻研过哲学，很多话富有哲理。

【**评点：**看来前面的岔路，一个人还是走不下去，于是回去，回到古龙。古龙的文字人物，来自日本；日本文化，深受庄禅影响。所以开东读出了庄子味，但其实应该是日本味。】

比如，亲吻表达爱意，楚留香却用一个死亡之吻杀死了水母；棺材是诅咒人死的，却让陆小凤在大海上死里逃生。这些奇思妙想，对我的写作以及以后的文本解读，都有莫大的帮助。

【**评点：**好在开东毕竟有形式分析的功力及自觉，所以无论读什么书，总是能有所得。武功到一定境界，摘叶飞花，俱能伤人。当然，这还只是一个理想的比喻。】

## 六

男儿何不带吴钩，收取关山五十州。

2004年，我来到苏州，豪情万丈，开始自己人生的又一个天地。在这里我发了第一篇教育文章，《马加爵：你把屠刀挥向谁》。在这里，我认识我生命中两个最重要的朋友：干国祥和铁皮鼓。我们在深度语文的旗帜下，互相唱和，快意恩仇。正是在他们的导引之下，我才开始思考教育的终极价值，并反思过去的教育。一定程度上，我做出了妥协。我提出，不跪着教书，但跪着考试。也就从这个时候起，我不再沉迷于所谓的教育业绩，而更关注教育的内核，关注真正的人的教育。

这段时间，阅读的书不少。其中北京大学曹锦清先生的《现代西方人生哲学》，一本薄薄的小书，使我对哲学产生了浓厚的兴趣。我后来曾经写过一篇文章——《与一本书相遇》，一本书能够唤醒一个人，始信。于是准备看一些哲学的著作。

【**评点：**这其实就是大多数人的“网络期”，只不过开东以前的网络经历没有走向启蒙与哲思，而是走向了“寻找知音”，成为其文学人生的延续。】

我最初看的是《苏菲的世界》，在哲学的天幕上，这是一本为每一颗璀璨的哲学明星确定他们位置之所在的一部书。为了免除哲学的艰涩，我第二个阅读的是文聘元博士主编的《哲学家的故事》，这本书文笔诙谐，取材机智，很对我的胃口。继而阅读了他的《文学家的故事》《西方历史的故事》《西方地理的故事》等，受益匪浅。《20世纪西方哲学思想发展》这部书，我每隔几天就看一次。

粗略看来，这一时段阅读的书还有：《语文课程的当代视野》、《英美小说的叙事研究》、《艺术的法则》、《万历十五年》、《语文教学优课论》、《教育的艺术》、《后现代课程观》、《美国语文》、《听王荣生教授评课》、《人文通识讲演录》（文学卷上下，哲学卷上下，美学卷上下）、《诗经的文化阐释》、《历代志怪大观》、《唐代的美学思潮》、《中国神话哲学》、《逃避自由》、《规训与教化》、《德性与教化》、《教学勇气》、《静悄悄的革命》、《儿童的人格教育》、《教育人类学》、《生存与智慧——庄子哲学的现代阐释》、《作品与阐释——文学教学引论》、《有效的学习型学校》、《哲学与宗教》、《论对话》、《结构主义与符号学》、《文学批评理论》、《文学性讲演录》、《破译教育的密码》等等。

比较系统阅读的是叶嘉莹的作品。包括《好诗共欣赏——叶嘉莹说陶渊明杜甫李商隐三家诗》《叶嘉莹说汉魏六朝诗》《叶嘉莹说阮籍咏怀诗》《叶嘉莹说陶渊明饮酒及拟古诗》《叶嘉莹说唐诗》《叶嘉莹说诗讲稿》《唐宋名家词赏析》。对叶嘉莹的文本细读有了一定的体悟，但也觉得叶嘉莹的批评武器非常有限，尽管叶先生学成于国外，但更多的还是中国式的解读。

【**评点：**一个自觉的精确期。因为前面功力既深，所以读来便容易，便快捷。丰富的浪漫——数量多、时间长、品质高，都是精确的最大奠基。】

这些书中，对我影响最大的是《教育人类学》，让我明白危机和遭遇的价值，尤其是对时空簇新的认识。干干的《破译教育的密码》给我诸多启迪，尤其是解释学和课堂。《文学性讲演录》是孙绍振的文本细读的巨作，这是我迄今看到的最好的文本阐释类的书。

【**评点：**这是不同的类型，这些书勾勒出开东当前所思的几个方向：教育哲学，文学解读，介于二者之间的教育实践。】

当然，最好的阅读还不能忘记朋友，朋友们谈天说地，每有会意，辄欣然忘言，这种阅读共同体的作用不能低估。和干干、皮鼓等人聊天，更是如此。这些“只可对智者道，难以为俗人言也”。

**【评点：**文章开头的阅读，是无字书，是父母是家庭是故乡氛围；文章结束的阅读，亦是无字书，是朋友，是生活。这是一种有意无意地对死读书本者的消解，一种对阅读与生活关系的思考。

纵观开东的生命史——阅读史是一小部分，妙趣横生，感慨良多。生命之缘起，凑成今日之开东，今日之缘生缘灭，又带来明日之开东，这样的缘起缘灭间，生命如此偶然与精彩，怎能不让人感慨？

初浏览开东的阅读史，我写下观感：彻头彻尾的无可救药的浪漫。浪漫深入骨髓，但深了却还是浪漫，入了骨还是浪漫。

再回味一下，这几句话，仍然成立，但需要辨析。

一、开东生命的最大特征就是浪漫性，我是指他在书与生活之间，他是生活的，但是为了生活之丰富，他不断地引入了书本；在文学和其他成分之间，他是文学的；在感性与思辨之间，他是感性的。

二、虽然，开东仍然拥有极罕见的文学的精确——我是指对语言形式的一生的自觉，无论是中学时期的语言琢磨，还是大学时的微型小说发表，以及参加工作后的语文教学、阅读，都是一种极其难能可贵的精确阅读、知性阅读。因此，虽然开东所读的书籍数量并不是太多，质量也并不是太好，但是其研读方式却是知性的、自觉的、高明的。

三、文学与生活究竟何种关系？开东从文学中获得了许多智慧，这一点颇像韦小宝（哈哈，开东是极真诚的虔敬者），但确实，开东从书本中自觉汲取的，是人物智慧与文本智慧，而不是文本之后的“道”。这一方面是因为他所读的书在超越层面有所欠缺，另一方面也是兴趣之所至。这既是开东之长，也是开东之蔽。去蔽即有遮蔽，这本是无可避免的。

四、仅从语文职业讲，开东先期阅读与后期自觉的阅读与弥补，已经构成了一个非常理想的结构，这甚至可以说是一个完美的语文教师框架。但是，若我们以欲穷千里目的心态来思考开东后面如此漫长的余生，那么我们可能不得不追问：仅有这些，就真的够了吗？

五、最后，文化与文明之维，文史哲之所归处，哲学与宗教之源出处，尚有神秘与值得敬畏的事物在等待着去蔽而重新涌现，等待着向一个智慧的生命言说自己。这并不是说，一定要皈依某个宗教，这是说，即使是知、智，也一样有其源初之思，值得我们去探究。更何况，信仰一事，毕竟要求人做出终极的回答。这一点，开东今生是否有缘，也是个悬而未决的大事。

六、我其实是说，开东仍然遗憾“缺其根本”——其现在的根本表面看是一种道德姿态，其实是一种存在智慧，但是，它仍然有待被重新书写、诠释。

短尺不能量长物，我写开东，未尝不有捉襟见肘之叹。一笑。】

第四辑

# 课堂视野

# 豪华落尽见真淳

## ——评李镇西老师的《一碗阳春面》课堂教学

我“听”过李老师的很多课了，但亲密接触李老师的课堂还是第一次。所以，北京的《一碗阳春面》，我听得特别认真，特别投入。

听完之后，我就在想一个问题，这节课上了之后，学生的知识收获在哪里？学生前后的情智落差在哪里？学生通过这节课建构起了什么？他们对我们授课的老师满意不满意，有没有获得一种生命的安全感，有没有建立起一种亲近的情感和交流的愿望？这些我认为都很重要。也正是在这个基础上，我认为李老师这节课是一堂平实的饱满的成功的语文课。

套用托尔斯泰的一句话，失败的课堂，各有各的不同，而成功的课堂，却是相似的。具体来说，这节课值得探究的有以下几个方面。

### 一、阅读初感和阅读更新

教者很好地把握住了阅读初感和阅读更新的“度”。

从伦理学的意义来讲，学生的阅读初感是学生宝贵的阅读体验和个性表现，尊重学生的阅读初感就是尊重学生的人格。但从教学的意义上来讲，我们尊重学生的阅读初感却是有条件的。阅读教学的目的就是使学生与文本的对话得以进行，学生的阅读初感作为对话中不可或缺的一极，是语文教学的基本出发点。正是在这样的意义上，我们必须尊重学生的阅读初感。但尊重学生的阅读初感，不等于迁就学生的阅读初感。阅读教学之所以存在，就在于阅读初感有缺陷，需要提升，需要拔高。老师作为平等对话中的首席地位的体现，很大程度上，就在于如何引导学生，在生生对话、生本对话、师生对话中，提升学生的阅读初感。

能否既尊重学生的阅读初感，又引领学生阅读更新，这之间的度确实很难把握。李老师在这一点上表现得极其出色。

我一直坚持认为，在引导学生把握文本时，一定要尽可能做到忠实。为了做到这起码的一点，需要一种阅读上的“假定主义”，即在阅读文本之前，假定作者忠实地转达了时代的普遍情感，假定他们的全部观点是正确的、可信的，因而在阅读的过程中，思维主要执行“理解”的任务。在读完之后，掩卷反思，再根据自己的经验和学识引导学生，加以分析总结，以便取舍褒贬，批判吸收。如果在阅读别人的作品之前，先存“否定”和“批判”意识，似乎不批判别人的观点就无法显示自己的高明；又似乎自己那里有一条绝对无误的先验真理，自己的阅读，只是寻找相应的材料以便装入预先准备好的条条框框里，否则就用先验的标准和模式妄加抨击，这显然是一种自负的不负责任。（这也是我们这些评课老师常常犯的错误。）所以，鉴定课例好坏的第一个标准，就是看课堂是不是真正弄懂了作者的观点，是不是在真实的阅读初感的基础上发散批判，是不是允许学生发表自己的观点并保留自己的观点，还有就是在课堂前后学生的认识上是不是有了落差，这个落差也就是阅读初感和阅读更新之间的落差。

从李老师这节课来看，学生由先前认为，这篇课文只是写母子的坚强和老板娘夫妇的善良，绝大多数同学把母子的坚强和老板娘之间的善良帮助加上因果关系。我相信这也是教材的观点——因为这母子三人的自强不息，感动了老板娘夫妇，所以，他们尊重他们，并且含蓄地帮助他们。而老板娘夫妇的这种帮助，又感动和激励了母子三人，使得他们能战胜黑暗，走向光明。但，李老师却引导学生继续挖掘，老板娘的善良，不仅仅是一种品格，更是一种习惯，是从骨子里透露出来的一种人性的光辉。就算母子三人不是自强不息的人，老板娘夫妇也一定会帮助他们；就算老板娘夫妇不是面摊的老板，他们还是会善良地帮助他们，这与他们夫妇所面对的人，和他们自己的职业无关，而与他们内心善良的秉性有关。而母子三人也绝不仅仅是因为老板娘夫妇的善待，才坚强地走了下去，换句话，就算母子三人遭到了别人的歧视，他们也未必会自暴自弃，因为坚强也是一种不易疲倦的品格。

如此说来，那么这两种人的相遇和碰撞，还有什么意义呢？

通过师生的研讨，阅读初感有了更新，这是几个善良人之间的互相取暖、互相唤醒、互相依靠的故事。甚至我们可以说，老板娘夫妇从母子三人那里所获得的丝毫也不比母子三人获得的少。二号桌其实是所有人“幸福的桌子”，它使得每个人内心善良的种子，被唤醒、被鼓励、被照亮、被欣赏、被认同，以致他们在感动别人的同时，也感动了自己！也正是因为这个原因，这篇小说就成了一个场，一个互相感动的场，一个用善良互相照亮的场，一个精神上互相提升的场。这种精神有关善良，有关坚强，有关尊重，有关平等，但又绝不仅仅只是一个方面。李老师这样表述：善良的人之间有时候需要互相抚慰，互相促进，互相激励，互相唤醒。当我们一颗善良的心照亮别人的一颗纯粹的善良的心的时候，我们的心里才能共同开出美丽的精神之花。

在这里，善良成了一个关键词，对自己而言，善良不是施恩图报，对他人而言，善良不应成为一种负担。善良的表达常常是宁静的、默默的、含蓄的，是一种静默的美。但这种静默的美，既能维护人的尊严，又能使人获得无限的精神力量，在时间和空间上绵延、伸展。正因为如此，我们这些读者也不由得沉进去，“沉醉不知归路”。正是在这个主题的挖掘上，我认为体现了李老师的深度，这种深入浅出的带出，提要钩玄的点染，“轻拢慢捻抹末复挑”的高妙，要远比那些脱离实际的所谓创新课堂、先验课堂要实在得多，也有效得多。

## 二、生成和预设

“生成”现在很时髦，似乎一沾到它就能与新课程的“新”打得火热，就是进步的、生气的、活力的。甚至有老师把学生发言量的多少，换算成了新课程“新”的成色多少。反之，“预设”就要反动得多，在某种程度上“预设”成了僵化、衰落和垂死的代名词。在对李老师的评课上，就有人提出了这个问题，事实果真如此吗？

从教学的常规来看，我们知道，课文编排、单元组合、训练分类都是计划的、系统的、科学的。在难度系数和培养能力上呈螺旋式上升，任何揠苗助长、急功近利都是不可取的。鉴于此，教师在教学时，不可能完全置编者的意图而不顾，不可能完全置单元训练的要点而不顾，而一旦有所顾忌，就不可能没有“预设”，单纯地否定“预设”，不仅是不负责任的，而且也是可笑的、愚蠢的。我这样说，不等于说没有“预设”就没有“生成”，我甚至认为，没有“预设”，“生成”会更简单，更丰富，更有生命力。但那样一来，就只有零散的“珍珠”，而不见精美的“项链”。

从李老师这节课来看，面对初一的学生，要在四十五分钟之内，完成高中的一篇长文，难度是可想而知的，因此，李老师的“预设”也是很明显的，比如，按照阅读的几个层次有条不紊地推进。首先来看李老师的课堂开始：“同学们，拿到一篇小说，你们首先关注的是什么？哦，情节。然后呢？在故事当中很自然地有人物，在故事中展开人物。小说说了什么，就是要表达什么，这就是小说的中心、主题。”这几句话虽然很简单，但是，我认为很重要，对初一的学生来说，这是对小说阅读一个简单的梳理。在此之后，李老师有几个设问：读完文章后，你最感动的地方是什么？（因为这是一篇感动的小说，把感动的地方都找出来，文章的情节和细节也就因此而清晰起来。）你为什么而感动？能否用一个词语表明这是一个什么样的小说？（挖掘感动背后的真实原因，其实质就是对人物形象进行分析；而这是一个怎么样的小说，又呼应了开头的对小说主题的梳理。这两个“问”之间是一种和谐推进、层层深入的关系。）这篇小说的结构有什么特点？我们如何写出让别人也感动的文字？（这是一篇很简单的文字，但为什么能够强烈地打动我们，除了这个故事本身，还有哪些感动的要素和因子，而我们一旦掌握了这些因子，势必会对我们今后的写作产生有益的影响。）你看，李老师也有预设，但这种“预设”不是僵死的，它是话题，是方向，是师生共同努力的动力目标。它最大的特点就是具有指向性、开放性。而这种“预设”，势必带来大量逻辑性的“生成”，从课堂效果来看，学生课堂前后的认识上有了很大的落差，思维得到了锻炼，思想经受了洗礼，所有这些都是“生成”的具体表现。

由此看来，“单纯追求生成”的课堂是玻璃花，缺少生活的露水，是很难兑现的空头支票。倒是“预设的生成”，却很有可能获得未曾“预设”的精彩。

## 三、解决问题和生成问题

据说西方老师的口头禅是“有问题了吗”，而我们中国老师的口头禅常常是“都懂了吗”。袁振国在《反思科学教育》中，曾经这样说过：“中国教育注重解决问题，教育是要把学生教得没有问题了。而西方教育注重提出问题，教育是看学生能够提出多少问题。因此，中国教育越往后，问题越大。”事实就是这样，在小学的时候，孩子们还能问几个为什么，可是到高中，到大学的时候，学生连一个“为什么”也问不出来了。这正是中国教育落后的原因之所在，千万不要轻视这两个口头禅，其实它是两种理念，两种思想，甚至是两种文明的碰撞。

具体到阅读教学中，如果老师是“教教材”，那就是要把学生教得没有问题，如果教师是“用教材教”，则是要把学生“教得会提问题”。李老师这节课下课的时候，浙江的一个特级教师和我交流，说，李老师上这节课之前，她读这篇文章很感动，两次流下泪水，可是，听完李老师的课后，她竟然没有眼泪了。我认为关键点就是在这里，我们当然应该沉浸到文章里去，我们感动了，我们流下泪水了，这正是文学的感染作用之所在，但，对老师而言，这还仅仅是“教教材”，教师更有义务引导学生从教材中走出来，从感动中走出来，远距离地审视文本，探究文本成功的因子，“用教材教”学生，放出眼光，运用脑髓，以便拿来！

李老师的这个课例应该是“用教材教”的典范。包括李老师自己对主题的理解，也是和学生的一种碰撞，也是一种唤醒，是对学生主题的一种丰富和提高。之后，李老师补充的那个感人的故事，与《一碗阳春面》同质同构，这是李老师建立在自己生活理解的基础上，对主题的理解和把握。李老师说，有时候人与人之间一句问候，一个眼神，一个亲切的抚摸，都可以让我们感觉到莫大的勇气，无比的温馨。而学生在感动之余，自然可以用自己的生活经历，来比照和补充对这个主题的理解，以完成自我的解读，并在这种解读中，获得一种精神的愉悦。翔宇的诸老师担心，李老师把写作知识介入课堂，会不会冲淡文章的主题。我认为这种担心也是多余的。李老师这里的写作知识的介入，不是粘贴式的强行介入，而是水乳交融的软着陆。我甚至认为，李老师这节课最大的价值，就在于最后对文本成功因素的探究，这种探究建立在前面文本的叙事、情感、主题的基础上，是对前面的表象的解读。最感动你的是什么？为什么你感动了？你如何写出感动别人的文字？这样的水到渠成的自然流淌，有助于学生深入了解这个文本，并建构起自己的阅读和写作认知。在这种建构中，势必会有碰撞、抵触，势必会有许多新的有价值的问题生成。

美国社会学家戈夫曼在《日常生活的自我表演》中这样说："人们在塑造他人能接受的形象时，应把能为他人和社会接受的形象呈现在前台，而把他人和社会不能或难以接受的形象隐匿在后台。前台是让观众看到并从中获得特定意义的表演场合，后台则是相对于前台而言的，表演者在后台为前台作准备，掩饰在前台所不能表演出来的东西。"某种程度上，写作也是一种表演，也当作如是观。那么，教师当然有必要引导学生，从前台走入后台，探究表象背后的深层原因，做到知其然，知其所以然，并最终使自己能站在一个高度，不仅做到阅读上的高屋建瓴，还能做到写作上的倚马可待。

## 四、熟悉化和陌生化

熟悉化还是陌生化，这是一个很难取舍的问题，"陌生化"理论来自俄国诗人文艺理论家什克洛夫斯基。他认为，在日常生活中，无论是动作还是言谈，一旦成为习惯，就会带有机械化、自动化的倾向。一切极为熟悉的动作、言谈，都会进入无意识领域，这是我们感受的一般规律。如步行，我们每天都进行，就不再意识它、感受它，而舞蹈就是相对陌生化的行为，它强化了肢体的感知，因而成为一门艺术。

对于我们听课的老师来说，同样怀着一种陌生化的期待。期待李老师的陌生化教学，会给我们带来新奇、愉悦和快感。但新奇、变异、夸张的陌生化教学，根本就不属于李镇西，在上课之前，李老师已经表明了自己的态度，他给我们带来的不会是满汉全席，而只是一道家常菜。李老师的风格在于风行水上，浑然天成。以李白的诗歌来说，就是"清水出芙蓉，天然去雕饰"，而这种风格，不仅是李老师主观上的价值取向，客观上也是对当前虚假热闹公开课的一种矫正。还有，当我们面对初一学生的时候，我们当然要选择那些熟悉化的事例，比如与笔友的通信，让学生有体验、有感受，这种同质同构的材料，很容易让学生明白道理，获得情感的共鸣。从现场学生的震动和感染，可见一斑。

但是，李老师并没有放弃陌生化，探究这篇小说的写法，就属于一种陌生化处理。那些陌生化的活性知识，为学生打开了另一片天地，能把学生从感性中拉出来，进行理性思考。为什么我们会感动？我们如何写出感动的文字？激活了学生的思维，唤醒了学生心中原始的好奇心理，让他们对熟视无睹的东西重新审视，进行陌生化观察，对观察物进行多角度思考、换时思考、换位思考、换情思考，挖掘出观察物内在的情感因素，让学生不断产生新的感受、新的发现，并为之震颤，为之激愤，从而激发认识的激情，获得精细化的感知。所以，我说，《一碗阳春面》不能不让人感动，但如果仅仅沉溺于感动之中，不去触摸自己感动的原因，不去探究感动的机理，那简直就是暴殄天物，要知道，一味地感动，掉眼泪，只可能在浅层次上滑行。

王安石评论张籍诗歌的风格是："看似寻常最奇崛，成如容易却艰辛。"李老师的课堂艺术也当作如是观。

## 玫瑰，华丽地绽放

### ——窦桂梅课堂教学述评

北大刘云杉教授曾经说过："窦桂梅，小学教师，却活出了大气象。"2007年，有幸聆听了窦桂梅老师的好几节课，这种感觉更加强烈。课堂上，她就像她的网名"玫瑰"一样，美丽地盛开，一层层地绽放，香气馥郁，沁人心脾。

窦桂梅用一个小学老师的课堂，捍卫了母语教育的尊严。实际上，任何事情，做到极致，就是一种境界，一种意志，一种九死未悔的宗教。像精卫填海，像夸父逐日……

课堂也是如此，都云"玫瑰"痴，谁解其中味！

### 一、课程意识

冰心说："成功的花儿，人们只惊羡它现实的明艳，却不知当初的芽儿，历尽奋斗的泪泉，洒满牺牲的血雨。”

据科学家统计，蜜蜂每酿造一斤蜜，大约要采集50万朵花的粉。窦桂梅也不是天才，她每一堂课的“锻造”，就像煤的形成，当初是那么一大片森林，最后，只有那么一小块，而且还要经历漫无天日的沉淀。“千淘万漉虽辛苦，吹尽狂沙始到金。”正因为如此，窦桂梅的每堂课，都像一首诗，其中有她的意象，更有她的寄托，具有清晰的课程意识。

简单来说，就是微观课堂和宏大叙事的结合。

清华附小，每年都有重大的阅读方向和崭新的阅读领域，这些领域涵盖了古今中外最优秀的文化，可以说是“宏大叙事”，但如何保证这些读书活动的顺利开展和持久有效，答案还在于“微观课堂”。

以“三打白骨精”为例，2007年上学期开始，窦桂梅就发动学生们读《西游记》图画书，进行有关《西游记》的讲故事大赛、漫画大赛、知识抢答竞赛等活动，充分调动起了学生兴趣，然后，再布置学生假期自主阅读《西游记》。同时，要求所有老师在假期中和学生同读《西游记》，并且要写一篇有分量的研究，备一堂有特色的《西游记》课。假期中，老师们还定期开展沙龙活动，交流阅读情况，探讨备课思路和进展。同时邀请著名作家格非讲小说的创作和欣赏，邀请《西游记》研究专家讲《西游记》最新研究成果。

新学期开始，《西游记》的研究早已如火如荼，有学生甚至已经画出了唐僧取经的路线图了。但真正理性阅读的课堂才刚刚开始。那个打磨数十次的《三打白骨精》终于登场了，它就像一扇窗，给学生打开了阅读《西游记》的神秘之门，以往模糊的变得清晰，清晰的变得深刻。比如紧紧抓住“三”：“白骨精三‘变’”“孙悟空三‘打’”“猪八戒三‘挑’”“唐僧三‘怪’”。“三”这种反复叙事手法，逐渐深入学生的内心，而一旦学生领悟了这种反复叙事的手法，以后遇到“三顾茅庐”“三气周瑜”等等，学生就会轻车熟路。

西天取经的道路是十万八千里，孙悟空一个筋斗也是十万八千里，为什么不让孙悟空一筋斗就取回真经呢？这些疑问一旦产生，学生就会逐渐明白，一切神话都是真实现实的反映。取经之路，隐喻着人生之路，没有妖魔化的取经之路是一条南辕北辙的路；而学习之路，也是取经之路，当然也不会一帆风顺，但只要取经的意志坚定，也就一定能取回“真经”。

《三打白骨精》也只是一个例子，一个导引，一个催化剂，目的在于指导学生读懂《西游记》一本书，而《西游记》一本书，也不是目的，而是牵引出有关神话故事一类题材的阅读。作为四大名著之一，它还肩负着打开《红楼梦》《三国演义》等阅读之门的作用。这就是《三打白骨精》“微观课堂”背后的“宏大叙事”。

2008年上学期的《丑小鸭》，这个“微观课堂”，目的是从课堂压缩文，引入6000多字的原译文阅读，再引入安徒生《我一生中的童话》的阅读，再引入安徒生所有童话作品的阅读。而背后的走向则是把东西方的童话集中做一个比较和梳理。

从《牛郎织女》到《三打白骨精》，再到《丑小鸭》，窦桂梅带领着自己的学生，完成了民间故事、神话故事、童话寓言阅读的原始积累。这就是窦桂梅的“宏大叙事”，我以为这既是窦桂梅的野心，也是一个母语工作者的时代良心。

## 二、教学美感

传说月中有桂树，高五百丈。河西人吴刚，因不遵道规，被罚至月中伐桂，但此树随砍随合，总不能伐倒。千万年过去了，吴刚总是每日伐树不止，而那棵神奇的桂树却依然如故，桂花飘散，香远益清。

这个故事意味深长，充满着隐喻，和西方很多故事形成同构。比如普罗米修斯每天晚上肝脏都被老鹰啄食，但白天就会复原；比如西西弗斯每天推石头上山，但石头马上就滚落下来。它们都象征着，一种极致的追求必须付出的代价和承担。当艺术的至美到来之前，痛苦和等待就是它的名字。比如，每一个小小的珍珠，都是牡蛎肚子里的砂石，是用泪水和血水浸泡出来的。

也许正因为经历了千磨万凿的“窦”造之辛，窦桂梅的课堂才散发出如诗如幻的桂香之美。宋之问诗云：“桂子月中落，天香云外飘。”桂花之香号称“天香”。

听窦桂梅的课，常常就弥散在“天香”之中。

首先，是窦桂梅自身的美。

有一种人，天生是为课堂而生，窦桂梅就是这样的人。哪怕旅途憔悴，哪怕辗转不堪，只要一到课堂，窦桂梅马上就焕发青春的光彩，顾盼神飞，眼波流转。《诗经》里说“美目盼兮，巧笑倩兮”，课堂上的窦桂梅就有那个味。她的课，节奏匀整有致，有时如风行水上，风光旖旎，让人心旷神怡；有时又疑高山坠石，余音不绝，让人惊叹不已。她的身上仿佛沾染了一种魔力，紧紧抓住孩子们的眼光，三言两语就把孩子带入情境，那些孩子呀，似乎忽然之间变得聪明了，开始大声说话、讨论、交流，自信就写在他们的脸上……无一例外，孩子们沉迷在她的课堂里，如醉如痴。而那些听课的老师，也是如痴如醉。2007年在常州湖塘桥小学，我听窦桂梅上《我爸爸》，多次不知不觉流下泪水。

其次，是结构之美。

窦桂梅的课堂都有一个共同的特点，它不是单线条的，它是复线，是多线，而每条线又自然衔接，构成完整的网络，同时又回环曲折，螺旋式上升。课堂中，到处有思维训练，充满着智力挑战的快感。孩子们在老师的带领下，拾级而上，每一层风光迥异，越往高处，风光越美，最终，师生共同登顶，“一览众山小”。

从“三个超越”到“主题教学”，窦桂梅一直在“为生命教育奠基”。她试图借助来自主题的“牵一发”，而“动”知识与能力体系的“全身”，实现课堂教学高效和优化，经由温度、广度、深度，通过一个个智力挑战的梯度，最终抵达一个个高度，而这种高峰体验，应该能够唤醒、感染学生，实现阅读的拓展、思想的延伸、意义的建构乃至人生的洗礼和奠基。

在执教《圆明园的毁灭》时，窦桂梅抓住标题循循善诱：“圆明园的毁灭，毁灭的究竟是什么？必须毁灭的是什么？不应该毁灭的是什么？永远也毁灭不了的是什么？”“毁灭”贯穿了整个课堂，牵动到每一个环节，步步登高，像一首乐曲，渐趋高昂，给学生打下深刻的人生烙印。《晏子使楚》中，窦桂梅把“尊重”作为课堂的落脚点，从对晏子的尊重，走向对人的尊重的思考；从对人的尊重，导向对国家的尊重的思考；从对国家的尊重，引向首要是自我尊重的思考。学生在这种智力的冲浪中，感受到了刺激、惊喜、挑战，更感受到成长的快乐。

多年来，语文教学少慢差费，一个很重要的原因在于那些单调的年复一年的重复教学，磨钝了学生母语的感觉，付出那么多，丝毫不见拔节成长的快感。看不见上了某篇课文和没有上有什么区别，有时候，学生本来很喜欢的一篇文章，老师上完之后，反而让学生失去了好感。这就是鲁迅说的："你不说我还明白，你越说我反倒越糊涂了。"于是，造成了这样一种奇怪的现象，一方面是很多经典文本被肢解，被坐实，被贴上现代化的标签，实质是庸俗化标签，语文课堂的浪费，简直是暴殄天物；另一方面，学生精神的底子，越来越苍白，越来越孱弱，以致形销骨立。

再次，手法之美。

窦桂梅的教育手法，早已脱离了技术主义的层面，充满着美感和意蕴。每一种手法都有一种质地，一种大气，一种圆润。

比如从孔子开始，有一种手法就在萌芽，叫"一字贯穿法"，它能够很好地组织语言，显示脉络，深化情感。

《论语·阳货》记载："小子何莫学夫《诗》。《诗》可以兴、可以观、可以群、可以怨……"这里的"可以"就是用来贯穿的"一词"。窦桂梅在教学中很好地继承了这种手法，并且运用得出神入化。

在《秋天的怀念》中，她引导学生关注母亲的行为，通过三个"悄悄地"这个细节背后传递的信息，让学生体会母亲对残疾儿子的"细心""耐心"和"小心"，进而感受母亲的"苦口婆心""良苦用心"，最后是儿子无法报答母亲春晖的"寸草心"。这里用一个"心"字，贯穿了母子两人的精神世界，也把师生的评价巧妙寄寓其中。

再比如《珍珠鸟》中，三个层次，解读小鸟眼中的信赖——解析大鸟眼中的信赖——解构人与鸟的信赖。

从解读到解析，再从解析到解构，课堂的脉络何其简洁！再紧扣"信赖"这个主题，课堂流程摇曳生姿，妙不可言。

孙绍振教授说，窦桂梅老师是懂哲学的。确实，她课堂上时时运用哲学的思辨手法，来开启学生的理性思维。

比如《秋天的怀念》中，在分析了三个"悄悄地"之后，又抓住一句："母亲扑过来抓住我的手，忍住哭声说……"这一"扑"一"抓"与上句中的"悄悄地"形成了强烈的反差。这里静中有动，动中寓静，鲜明地映衬出一个失控母亲的焦灼。失控越深，爱之越切。

比如《游园不值》中，先是点染游园为什么不值，“不值”，就是“不遇”。真的“不遇”吗？不是，遇见红杏了。想到了关在红杏背后春天的灼灼生机，那就是“有遇”了，反过来就是“游园有值”，而且“大值”了。这是中国古诗手法中的抑扬之美，当然也是辩证之美。

当然，还有很多其他的手法的使用，比如替换法、吟诵法、图画法、回环法等等。手法是死的，关键的是人，是人的艺术细胞和文学敏感，还有教育学的素养，才使得手法物尽其用，点石成金。

最后，意境之美。

王国维在《人间词话》里说：“有我之境，以我观物，故物皆著我之色彩；无我之境，以物观物，故不知何者为我，何者为物。”

窦桂梅备课时，完全是一种“有我之境”，这是对文本、对课堂的一种壮美之感情。穿行在文本中，文本皆着我之色彩，痛苦、震惊、彷徨、抑郁、伤痛……个性化的感悟由此而来。在感情激烈的喧嚣之后，达到了宁静的观照。这时候文本和自己的情感都成了观照物，这就是把自我对象化。在有我之境中，再接受他人的观照，文本解读的丰厚性自然不言而喻。比如在《丑小鸭》的诞生中，窦桂梅就请教了国内好几个一流的儿童文学家，征求他们对自己《丑小鸭》有我之境的再分析。然后，再观照，循环往复。

在真实的课堂上，窦桂梅又进入了一种“无我之境”，正如王国维所说的“优美之感情”。在此境界，教师与外物化而为一，不知何者为我，何者为物，物我两忘，信物相化。人就是课，课就是人。窦桂梅的课堂，就达到了这种“落花无言，人淡如菊”的境界。归纳起来，窦桂梅课堂的意境之美在于：

首先是交融之美。师生的交融，人本的交融，情理的交融，自然巧合，妙在无形。

其次是真实之美。面对真实的文本，袒露真实的内心，探究真实的内蕴，语必从肺腑出。

再次是自然之美。这就是所说的“意与境浑”，人与课“不隔”，如“池塘生春草”般自然，如“清水出芙蓉”般清新。

最后是意蕴之美。窦桂梅的课堂，象外有象，韵外有致，味外有旨，显中有露，露中有藏，直中有曲，实中有虚……具有丰富的包容性、蕴藉性、完满性和虚灵性。但无一例外，都指向学生精神生命的建构和成长。

## 三、课堂之魂

江为有诗为："竹影横斜水清浅，桂香浮动月黄昏。"诗句很平庸，但林逋稍加点化，只改动了两个字，变为"疏影横斜水清浅，暗香浮动月黄昏"，遂成千古绝调。何也？

江为原来是写两种物，竹的影子怎么样，桂花的香味怎么样，如此而已。但林逋变动两字，专状摹梅花，既写尽了梅花外在的体态，又道尽了梅花的内在精神和风骨，还能和作者的志趣与情操交相辉映，这就给梅花赋予了魂魄。

同样，教育是立人的事业，没有灵魄的教育，必然让学生失魂落魄。我以为，主题教学的主题，就是窦桂梅课堂的魂魄。是主题教学的价值指向，是"宏大叙事"的运用，使窦桂梅超越了一般的优秀老师，超越了美的课堂，而具有梅花一样的精神风骨，这就是"零落成泥碾作尘"的课堂魂魄。

窦桂梅的主题，属于生命价值观的范畴，从母语的担当、生命的层面、文化的高度入手，回归生命价值本身，指向儿童精神生命的建构。

毕淑敏在北大演讲时说，生命本来是没有意义的，但我们必须给它赋予一个意义。如何给生命赋予意义？教育，进一步说语文教育责无旁贷。

窦桂梅认为，人之所以异于万物，就在于人寻求价值和意义的冲动，生命的主题其实就是一个个价值主题。主题教学就是文本主题与生命主题相遇处的价值主题。主题教学促使文本主题与生命主题相遇，在师生的合作探究中，价值主题得以浮现。也就是说，价值主题于文本中提炼并返回到生活中，生命获得锻造，精神获得成长。

在玫瑰的课堂中，总能提炼出有精神生命力的主题：《圆明园的毁灭》中的"毁灭"、《秋天的怀念》中的"好好活"、《晏子使楚》中的"尊重"、《游园不值》中的"不值"、《珍珠鸟》中的"信赖"、《牛郎织女》中的"美满"、《丑小鸭》中的"高贵"等等。

这些主题都源于课本，但又高于课本。经过窦桂梅的提炼和打磨，主题有了灵性和色彩，语词也有了故事和生命。主题是知识主题、写作主题的升华，还是思想主题、文化主题的生发和燃烧。

惠特曼说："一个孩子向前走去，他看见最初的东西，他就变成那东西，那东西就变成了他的一部分。"当我们在孩子成长过程中，能够和他们共同经历"和平、尊重、爱心、宽容、乐观、责任、合作、谦虚、诚实、朴素、自由、团结、专注、想象、宁静、勇气、敬畏、热忱、虔诚、感恩、纪律"等价值主题，让这些语词获得丰富的精神生命力，让它们和故事结合在一起，成为孩子们的语码，并且用这些语码编织成一张美丽的网，我们还担心孩子们不能保存纯真、快乐、自信和勇气吗？

我们完全可以想象，这些师生共同探究出来的主题，散落在孩子的心田里。这些梦想的种子，或者静静沉睡，或者单薄地醒着，但总有一天它们会发芽，生长，开花，结果，并且成长为参天大树，枝繁叶茂，花果飘香，让孩子们充满对生命的敬畏，对远方温暖生活与日俱增的爱和关怀。

商友敬老师在《我有一个梦想》中说："没有梦想的生活是灰色的生活，没有梦想的教育是黑色的教育，没有梦想的教师是可怜的'口力劳动者'。"让我们像窦桂梅那样，做有梦想的老师，给孩子点一盏心灯，让这盏心灯薪火相传，永不熄灭，永放光芒。

## 为君谈笑净胡沙

### ——试评李元洪老师的《古典诗歌的双重价值透视》

朱自清先生说：经典的价值不在实用，而在于价值。

今天张高中这三堂课都是经典课堂，不仅实用，更有价值，借用陈凤娟老师课堂中所引用的顾城的三句诗来评价他们的课堂：

宋淑芳老师的课是：在生命停止的地方，灵魂前进了。

李元洪老师的课是：在语言停止的地方，诗歌前进了。

陈凤娟老师的课是：在玫瑰停止的地方，芬芳前进了。

李元洪老师所授课题是《古典诗歌的双重价值透视》，其课堂程序为：

一、呈现一首诗歌。

**闺意献张水部**

朱庆馀

洞房昨夜停红烛，
待晓堂前拜舅姑。
妆罢低声问夫婿，
画眉深浅入时无？

二、带领学生攀登第一座山峰，探讨这首诗歌的审美价值中的表层叙事价值。

概述：时、地、人、事。

新婚之夜，洞房里，新娘很早就梳妆打扮为天亮后拜见公婆做准备。

艺术特色：运用对话、细节、心理等描写方法，刻画出洞房花烛之夜新娘子的羞涩形象和战战兢兢、如履薄冰的紧张心理，生动形象，细腻传神。

三、带领学生攀登第二座山峰，探究审美价值中深层的隐喻价值。

艺术特点：通篇运用比喻，借新媳妇拜见公婆前的心情，形象地表现了诗人考前紧张忐忑的心理，委婉含蓄地表达了求助的心愿。构思极为精巧，可谓不着一字，尽得风流。

四、带领学生深入一步，着眼于诗歌“史”的性质，探究诗歌的认识价值。

1. 新婚礼仪—女子地位—恭谨心态。

2. 行卷风气—人际交往—人文风尚。

3. 学优则仕—人生追求—文化心理。

五、问题在延续。

古人曰：来而不往非礼也。朱庆馀写了求助诗，张籍是不是也应该回一封信呢？他的信会不会也是一首诗呢？他的这首诗会不会也用类似的比喻的方法？他们还写过哪些诗呢？那个时代是不是有很多人用诗来写信呢？他们诗的风格是怎样的呢？他们的诗风的形成与那个时代存在着怎样的联系呢？这样，一步一步地走下去，你便走进了历史，你便融进了文化！

**现场点评：**

李老师的这堂课不仅具有强大的实用性，更具有极大的价值意义。某种程度上他捍卫了我们语文课的尊严，保留了语文课专业素养和价值理性。当我们都用一条腿走路的时候，李老师却用两条腿走路，健步如飞，把我们远远抛在身后，让我们望洋兴叹，叹为观止。

好的课堂，应该要精选一粒种子—长成一棵大树—伸开几根分枝—长出几片绿叶。

所谓一粒种子，就是一堂课的逻辑起点，也就是课堂具体的教学内容，明确的教学指向；一根主干，就是由逻辑起点延伸出去的一条清晰的教学主线；几根分枝，既指主要教学环节的不同层次，也指在紧扣围绕教学起点、突出教学主线的同时，不拘泥于“点”和“线”，根据具体教学情景和教学需要“旁逸斜出”的“节外生枝”；片片绿叶，是指无论是主干还是分枝，都必须追求鲜活的教学生成和教学细节。

首先，李老师精选了一粒好的种子，《闺意献张水部》堪为经典，能够完美演绎李老师对古代诗歌双重价值的透视。

其次，长出一棵大树。从《闺意献张水部》这颗种子出发，延伸出一条清晰的教学主线，就是三个层次的不断登高。第一层，审美价值中的表层空间，主要是叙事功能；第二层，审美价值的深层寄托，主要是隐喻功能。这两者交融合一，相映成趣。第三层，探究诗歌的认识价值，层次也极为清楚。因为借助新媳妇见公婆，势必介入古代的婚俗文化；借助于丑媳妇要见公婆的乡村俚语，又自然切入古代学子的行卷之风。那么，读书人本自清高，为何如此干谒？这又挖掘出了当时的社会文化——万般皆下品，唯有读书高。由这种社会文化的浸染，自然顺势导出一个普遍的社会心理：读书人学而优则仕，汲汲于功名。

再次，李老师课堂中有几处神来之笔，比如婚俗文化、行卷之风等等，旁逸斜出，妙趣横生，这可以看成是伸开几根分枝。而长出片片绿叶，整堂课比比皆是，鲜活的教学生成，含意无穷的教学细节，举重若轻，润物无声。

最后，从课堂达成来看，学生从审美价值入手，辨析了诗歌的表层空间与深层境界之间的联系，学习到了该诗在艺术表现上的特点。就认识价值而言，学生又从叙事的表层了解到一千二百年前的婚俗情况、妇女的社会地位以及文化心理，从情感寄托的深层了解到古代科举的行卷之风以及读书人的理想追求以及这种追求背后的文化背景。

举一反三，学生势必会在将来的诗歌学习中，学会对诗歌进行双重价值透视。所以，这堂课本身就是一首诗，意象是《闺意献张水部》，意象背后的指向却是诗歌解读的一种武器——古典诗歌的双重价值透视。也就是说，这堂课不仅深入地解读了一首诗歌，而且探索了古典诗歌的一种解读的办法，巧妙地传达给学生一种人文追求，让学生视野更加开阔，思考更加多维，认知更加全面，收获更加丰厚。

一堂优秀的课，很多时候是一座完美的坟墓，下课了，课堂死了，大幕落下，尘归尘，土归土。但李老师这堂课不同，下课了，真正的学习才刚刚开始。

比如张籍如何回信，会不会也用这种比喻的手法，其他人有没有这种癖好，行卷之风对整个诗歌有没有产生一些影响等等。

正是在这个角度上，我推崇李老师的这堂课，他的课堂完美再现了他自己的教学追求：语文老师要有点学术素养，语文课堂要有点研究元素，公开课要有点新东西。

跳出考试学诗歌，才能学好诗歌，才能真正地考好试，向德高望重的李老师致敬。可以想象，循着李老师别开生面的教学路径，诗歌教学就能避免直接沦为考试的工具，就能让学生在浮躁的学习中，能够有一点诗情、一些画意，能够诗意地栖居在大地上。

## 课堂像个爱情故事

——评熊芳芳的《远行希腊》

美国总统竞选顾问拉尔夫·里德说过：“政治在很大程度上就像个爱情

故事，它的诱惑力在于神秘。没有神秘，就不会有魅力。”某种程度上，课堂也像爱情故事。一成不变的课堂，哪怕是精美绝伦的一成不变，也会让人呵欠连天，味同嚼蜡。

熊芳芳显然熟稔这样的道理。近几年她的课堂一直在变，尤让人惊叹的是，她的每次变化都是因为需要而变，出神入化而又百般妥帖。她的课堂，就像一盒巧克力，你永远不知道她下一块巧克力是什么味道，但又总让人无限期待。每每看她的课堂，我总在想，她怎么能这样上？转而又想，她为什么不能这样上？课堂本天成，妙手偶得之。熊芳芳就有这样的妙手。在我看来，熊芳芳身上具有一种非理性的东西，她好像是凭直觉而不是凭逻辑在教书，而这，正是她课堂魅力的一部分。

《远行希腊》就是这样的一次课堂叛逆，她直接串讲，直接灌输，而且自得其乐，学生也是甘之如饴。

始终微笑着的熊芳芳老师，骨子里其实是叛逆的。当她读到了最美丽的叛逆女人邓肯的时候，如果她四平八稳地上完这节课，她就不是熊芳芳了。邓肯是一个异类，她对舞蹈的革命是反叛性的，熊芳芳也是一个异类，她对课堂的反叛也是颠覆性的。这一次，她必须要叛逆，酣畅淋漓地灌输一次，因为这是她欣赏的人，她所爱的人，也是她所爱的自己。她自信能够把一个原汁原味的邓肯传达出来，把自己生命和灵魂里的东西传达出来。她内心里，一定坚定，这也是一次洗礼，一次重生，她有信心，能够激发学生生命里同质的美感和赞叹，使得他们喜欢上邓肯，进而理解这一个特立独行的艺术家和情人，并深入她艺术生命里去。

邓肯的魅力，无须赘言，对邓肯自传任何的添油加醋，都是蹩脚和拙劣的。这是熊芳芳老师选择直接灌输的又一个理由。

很多的时候，我们被所谓新课程的理念绑架了，我们陷入了一种主体性神话，小狗在叫，大狗却不敢叫。面对自己喜爱的文本，就算有独到的见解，也不敢剖析，不敢批判，更不敢灌输，老师削足适履，逐渐成了课堂上可有可无的角色，甚至沦为插科打诨的小丑。久而久之，学生们夸夸其谈，眼高手低，却又浅薄可笑，我们还只能一味地赏识。语文课和语文老师的尊严都快被我们消耗殆尽了。然后，试图在高考指挥棒的干预下，通过提高语文的分值，获得一丝关注和同情分，真是岂有此理！

熊芳芳则不然，她用自己的课堂，给语文老师赢得了尊严。唯有拴住学生的目光，培养起学生对语文真正的爱，才可能获得语文老师完整的尊严。这是熊芳芳语文教学之路给我们的直观启示。

我们不妨来看邓肯。

这个超级梦想家，这个无与伦比的情人，她认为女人是大地之母，万物之精华，她赤着脚，身披薄如蝉翼的舞衣，抒发着女人身体的精妙，对着太阳和上帝，把造物主对女人的首肯、赞美和感激表达得淋漓尽致。她以独创一格的舞蹈，找到了人体与音乐的最佳结合形式，并集中表现了女性主义者立场，成为现代舞蹈之母。

直到今天，许多人对邓肯还存在着误解。一些人只看到邓肯惊世骇俗的爱情，一部分人只看到邓肯意志和精神的力量，只有很少人才看到邓肯人格的另一面，她反叛传统舞蹈，不是心血来潮，而是有着自己的美学价值与哲学观念。在她看来：美不仅在外表，也是人与自己、与社会中的他人及宇宙的和谐状态，因而舞蹈是社会、政治，也是宗教。

这很少的一面，正是熊芳芳老师所着力强调的。邓肯为何去远行希腊，其原因不也就在这里？

雨果说："西方文明有两大元典——《荷马史诗》和《圣经》，两种相辅相成的文化传统从中生成：一是肯定人类健全欲望的古希腊人本主义传统，二是关注人类精神道德价值的希伯来神本主义传统。"

邓肯之所以反对芭蕾舞，就是因为芭蕾舞的作假和束缚，高高在上，不食人间烟火。邓肯背后的美学价值和哲学思想都源自希腊，而芭蕾舞是与希腊精神背道而驰的。

邓肯去希腊，既是朝拜，也是寻根，更是皈依。

希腊首先是自然主义的，自然主义最大的对立面就是人为主义的。这就是熊芳芳老师所强调的自由精神。

邓肯的艺术极其强调自然、自由，最自由的身体里蕴藏着最高的智慧。邓肯甚至说："我得感谢上苍，因为我们小的时候母亲很穷，既养不起仆人，又请不起家教。正因为如此，我才得以自然健康地成长。"

希腊还表现出一种真性情和真血性。这一点也是邓肯所激赏不已的。

邓肯异想天开的爱情观和婚姻观可见一斑，她放纵自己的情欲，在男人世界中恣意游戏，但同时也被这种放纵所累。邓肯曾经表述过，“人生最伟大的东西是爱情”，她的舞蹈也是爱情。她是一个为爱而生的人，当然，也是为舞蹈而生的人。

希腊文化还强调一种高峰体验。喜欢把什么事情放在高峰和刀锋上体验，就是放在生与死的境界上去加以体验。古希腊的三部史书，都是描写战争的，希罗多德的《历史》、《荷马史诗》和修昔底德的《伯罗奔尼撒战争史》，都是在谈战争。这是为什么？因为战争把一切东西浓缩了，使好的更好，坏的更坏，这就是刀锋体验。

邓肯的艺术生命追求的就是一种极致的高峰体验，舞蹈如此，爱情亦然。在她的词典里，从来就没有什么苟且和折中，要不热烈地爱死它，要不愤怒地烧毁它。连最后她自己的死，都那么悲壮，也那么罗曼蒂克。

古希腊还具有一种形而上的动力观，注重把事物上升到某种主义。古希腊是很多主义的发明者，英雄不叫英雄，而叫英雄主义；浪漫不叫浪漫，而叫浪漫主义。

没有一片树叶是相同的，也没有一朵浪花是一致的。这是海洋文化的一大特点，充满着包容和浪漫气息。这也代表了邓肯的信仰和追求。在邓肯看来，“大自然，尤其是大海起伏跌宕的浪漫节奏，象征着宇宙间万事万物在地心引力作用下的运动规律、基本形态和自由精神，而古希腊民间舞和瓶画上的舞蹈形象最能代表这种本质性的运动规律、基本形态和自由精神，因此，她以这两种带有逻辑关系的东西作为自己的动作来源。一种是大自然本身，另一种是最接近大自然的古希腊艺术作为自己的动作来源”。

在君士坦丁堡，一位亚美尼亚老女巫对邓肯这样预测：“你是太阳神的女儿，你被派遣到这个世界上来，为人类播撒快乐。你所带来的快乐，将来会成为一种信仰……”

她的舞动，不是身体的，至少是身体主义的。而这，就是邓肯的信仰。

熊芳芳用重生、重建和重活来概括邓肯远行希腊的结果。重生是艺术的重生，重建是生活的重建，重活是生命的重活。这是邓肯希腊情结的集中体现。熊芳芳的创造性在于，她用心理同构和美学共识来解读邓肯希腊情结的原因，这的确是不刊之论。

邓肯寻梦而来，梦碎而去。正如课前演讲所说的那个成语——浮生如梦。既然是梦，就必然有梦醒时分。邓肯在《未来之舞》中说："复兴理想的古希腊世界，我不是指抄袭、模仿，而是被它的气息养活着，从神灵感应中创造个人的特色，牵引着它的美走向未来。"从这个角度来说，邓肯似乎并没有梦醒或者梦碎，她远行希腊的目的还是达成了。当然重活只能是泡影，正如她自己所说："我根本就是现代人，和别人没什么两样，这一点永远也不会改变。我们所追求的古希腊人的感觉，永远也不可能真正体会到。"这是梦醒之人最清醒的认识。

前面说的是邓肯，后面再说自传，第四部分，熊芳芳老师开始引导学生读《邓肯自传》。在区别"自传"还是"他传"谁更精彩上，熊老师的点拨极为精辟，好的传记在于"你的生命经了火，炼出了真金，也赔上了灰烬"。

在此如能推荐一部"他传"的经典，比如罗曼·罗兰给贝多芬所作的传记——《约翰·克利斯朵夫》，让学生互为参读，一个伟大舞蹈家的自传，一位伟大音乐家的他传，也许会更好。

文本的内容是邓肯到希腊的朝拜，是邓肯的重建和重活，我觉得这堂课对于芳芳也是重建，也是重活。尤其是看到邓肯教孩子舞蹈的那一段感悟："她不愿使自己的舞蹈系统化，成为一种固定模式代代不变地相传。她教的不是技巧，不是模式和方法，而是为她们打开一条精神的通道，它通向灵魂自由的艺术创造。"这是在说邓肯，更是在说熊芳芳自己。

作为课堂的阅读目标，这节课熊芳芳老师的指向就是让学生喜欢上邓肯，进而阅读《邓肯自传》，我觉得这个目标很切实，学生课后一定会兴致勃勃地去阅读，这就是目标的最好达成。

语文课有时候有不能承受之轻，有时候也有不能承受之重。

我曾经不止一次说过：语文老师不读书，是主动堕落，罪加一等；语文老师没有让孩子爱上读书，是客观犯罪，贻害无穷。

能够用一堂课，让学生喜欢上一个人，阅读一本书，并且意识到一种独立精神和自由意志之可贵，善莫大焉。